| 新型工业化丛书 |

瞰视变迁

三维视角下的全球新一轮产业转移

韩 力 梁一新 关 兵 等 著

电子工业出版社
Publishing House of Electronics Industry
北京·BEIJING

内容简介

全球产业转移的动因较为复杂，影响和应对也不能一概而论。我们需要从全球产业转移的发展历程中借鉴经验和教训，从多角度剖析全球新一轮产业转移的动因、趋势、特征，从不同维度评估产业转移的影响，进而提出统筹应对的思考与建议。本书将通过五篇十三章的内容对新一轮全球产业转移进行深入剖析。其中，第一篇主要总结了前四轮全球产业转移的经验和教训，梳理了新一轮全球产业转移出现的新趋势及出现这些趋势的深层次动因。第二篇至第四篇分别从国家、区域和行业三个维度评估了全球产业转移的影响，探索其中蕴含的机遇并指出可能出现的挑战。第五篇在新发展格局视角下分析新一轮产业转移，提出"一观三力"的应对思路，即构建推动产业有序转移全局观的同时，增强产业竞争力、挖掘承接潜在力和扩大国际影响力，以期能为在变局中开新局提供参考。

本书可为政府部门、相关企业中从事相关政策制定和咨询研究的人员提供参考，也可供对产业转移感兴趣的读者阅读。

未经许可，不得以任何方式复制或抄袭本书之部分或全部内容。
版权所有，侵权必究。

图书在版编目（CIP）数据

瞰视变迁：三维视角下的全球新一轮产业转移 / 韩力等著. -- 北京：电子工业出版社，2024. 11.
（新型工业化丛书）. -- ISBN 978-7-121-48629-6
Ⅰ. F269.1
中国国家版本馆 CIP 数据核字第 2024D3M770 号

责任编辑：杜 强
印　　刷：三河市良远印务有限公司
装　　订：三河市良远印务有限公司
出版发行：电子工业出版社
　　　　　北京市海淀区万寿路 173 信箱　　邮编：100036
开　　本：720×1000　1/16　印张：16.25　字数：312 千字
版　　次：2024 年 11 月第 1 版
印　　次：2025 年 4 月第 3 次印刷
定　　价：79.00 元

凡所购买电子工业出版社图书有缺损问题，请向购买书店调换。若书店售缺，请与本社发行部联系，联系及邮购电话：（010）88254888，88258888。
质量投诉请发邮件至 zlts@phei.com.cn，盗版侵权举报请发邮件到 dbqq@phei.com.cn。
本书咨询联系方式：（010）88254473。

新型工业化丛书

编委会

主　编：张　立

副主编：刘文强　许百涛　胡国栋　乔　标　张小燕
　　　　朱　敏　秦海林　李宏伟

编　委：王　乐　杨柯巍　关　兵　何　颖　温晓君
　　　　潘　文　吴志刚　曹茜芮　郭　雯　梁一新
　　　　代晓霞　张金颖　贾子君　闫晓丽　高婴劢
　　　　王高翔　郭士伊　鲁金萍　陈　娟　于　娟
　　　　韩　力　王舒磊　徐子凡　张玉燕　张　朝
　　　　黎文娟　李　陈　马泽洋

序言
Foreword

工业化推动了人类社会的巨大进步，也深刻改变着中国。新时代新征程，以中国式现代化全面推进强国建设、民族复兴伟业，实现新型工业化是关键任务。党的十八大以来，习近平总书记就推进新型工业化的一系列重大理论和实践问题作出重要论述，提出一系列新思想新观点新论断，极大丰富和发展了我们党对工业化的规律性认识，为推进新型工业化提供了根本遵循和行动指南。2023 年 9 月 22 日，党中央召开全国新型工业化推进大会，吹响了加快推进新型工业化的号角。

实现工业化是世界各国人民的期盼和梦想。18 世纪中后期，英国率先爆发工业革命，从而一跃成为世界强国。19 世纪末，德国、美国抓住第二次工业革命的机遇，也先后实现了工业化。世界近现代史反复证明，工业化是走向现代化的必经之路。习近平总书记强调，工业化是一个国家经济发展的必由之路，中国梦具体到工业战线就是加快推进新型工业化。新中国成立以来，我国大力推进工业化建设，积极探索新型工业化道路，用几十年时间走完西方发达国家几百年走过的工业化历程，取得了举世瞩目的伟大成就，为中华民族实现从站起来、富起来到强起来的历史性飞跃提供了坚实的物质技术基础。

2023 年 4 月，工业和信息化部党组决定依托赛迪研究院组建新型工业化研究中心，旨在学习研究和宣传阐释习近平总书记关于新型工业化的重要论述，深入开展新型工业化重大理论和实践问题研究。一年多来，形成了一批重要研究成果，本套丛书便是其中的一部分。

数字化、绿色化是引领时代变革的两大潮流，实现新型工业化必须加快推进数字化、绿色化转型。《数字化转型赋能新型工业化：理论逻辑与策略路径》一书认为，数字化转型正在深刻重塑人类社会，要充分发挥数字化对新型工业化的驱动作用，加快制造业发展方式的根本性变革。《数据基础制度：夯实数据要素市场根基》认为，数据基础制度建设事关国家发展和安全大局，要加快完善我国数据基础制度体系。《算力经济：生产力重塑和产业竞争决胜局》提出，通过算力技术的创新和应用，能够发展新质生产力，推动传统产业的数字化转型和智能化升级，培育壮大新兴产业，布局建设未来产业。《融合之力：推动建立"科技—产业—金融"良性循环体系研究》一书，总结了美、德、日等国推动科技、产业、金融融合互促的主要做法，并提出了符合中国国情和发展阶段的总体思路与具体路径。《"双碳"目标下产业结构转型升级》从重点行业、空间布局、贸易结构、风险防范、竞争优势等方面论述了产业结构转型升级问题，并从体制机制、要素保障、政策体系等层面提出对策建议。

推进新型工业化，既要立足国情，体现中国特色和中国场景，也要树立全球视野，遵循世界工业化的一般规律。《产业链生态：机理、模式与路径》一书认为，当前全球经济竞争已经进入到产业链竞争的时代，该书构建了产业链生态的"技术层-生产层-服务层-消费层-调节层"五圈层结构理论，提出了构建产业链生态的筑巢引凤、龙头带动、群星荟萃、点线面递进、多链融合、区域协同六种典型模式。《制造业品质革命：发生机理、国际经验与推进路径》认为，世界制造强国在崛起过程中都会经历"品质"跃升阶段，纵观德国、日本、美国的工业化历程莫非如此，我国也要加快推进制造业品质革命。《瞰视变迁：三维视角下的全球新一轮产业转移》指出，产业转移是不可避免的全球经济规律，对促进全球工业化、科技创新等有积极意义，应系统全面评估产业转移对新型工业化的综合影响，积极谋划并提前布局，增强在全球产业链供应链空间布局中的主动性。《跨越发展：全球新工业革命浪潮下中国制造业发展之路》通过国际和国内比较，对中国制造业实现跨越式发展进行了多维度分析，并提出了可行性建议。从知识层面来说，材料丰富、数据扎实与广泛性构成了此书的显著特色。《面向2035的机器人产业发展战略研究》一书为实现机器人强国战略目标，提出拥有核心关键技术、做强重点领域、提升产业规则国际话语权三大战略举措。

总的来看，本套丛书有三个突出特点。第一，选题具有系统性、全面性、针对性。客观而言，策划出版丛书工作量很大。可贵的是，这套丛书紧紧围绕新型工业化而展开，为我们解决新型工业化问题提供了有益的分析和思路建议，可以作为工业战线的参考书，也有助于世界理解中国工业化的叙事逻辑。第二，研究严谨，文字平实。丛书的行文用语朴实简洁，没有用华丽的辞藻，避免了抽象术语的表达，切实做到了理论创新与内容创新。第三，视野宏大，格局开阔。"它山之石，可以攻玉"，丛书虽然聚焦研究中国的新型工业化，处处立足中国国情，但又不局限于国内，具有较高的研究价值与现实意义。

本套丛书着眼解决新时代新型工业化建设的实际问题，较好地践行了习近平总书记"把论文写在祖国大地上"的重要指示精神。推进新型工业化、加快建设制造强国，不仅关乎现代化强国建设，也关乎中华民族的未来。相信读者在阅读本丛书之后，能更好地了解当前我国新型工业化面临的新形势，也更能理解加速推进新型工业化建设的必要性、紧迫性与重要性。希望更多的力量加入到新型工业化建设事业中，这是一项事关支撑中华民族伟大复兴的宏伟工程。

是为序。

苏波

2024 年冬

前言
Introduction

回顾世界经济发展史，除了率先进行工业革命的英国，全球其他各国的经济腾飞无不受益于全球产业转移大势。当前，国内外学者对全球产业转移的历史进程有不同的认知，但多数学者认为，自第一次工业革命至今，全球基本完成了四轮大规模的产业转移进程，且自2008年金融危机以后进入新一轮（即第五轮）全球产业转移浪潮中。每一次全球产业转移都伴随着世界制造业中心的变迁，其中，有美国的崛起、日本和"亚洲四小龙"的腾飞，也有近几十年欧美等产业转出地制造业的相对衰落，更有中国在第四轮全球产业转移进程中逐步成长为世界制造业中心。这些潮起潮落的背后，离不开经济、技术和政治三重动因之间的交叉融合。2018年以来，伴随大国博弈以及一系列"黑天鹅"事件的出现，第五轮全球产业转移被推向高频调整期，全球产业布局大洗牌、产业矩阵大调整的势头日趋明显，中国正不可避免地处于此轮大调整的暴风眼中，可以说没有哪一次产业转移如当下一样复杂、深刻地影响着中国未来的发展。

从数据看，中国仍是吸引全球投资的热土，并将不断加大对外投资。一方面，我国仍是全球产业的重要承接地，2022年我国实际使用外资金额1.2万亿元，按照可比口径同比增长6.3%，其中制造业使用外资同比增长46.1%；2023年，实际使用外资金额1.1万亿元，尽管规模仍处历史高位，但存在同比下降8.3%的问题。另一方面，我国不断加大对外投资，连续十余年位列全球对外直接投资流量前三，但对外投资区域存在一定的不均衡性。2023年全行业对外直接投资1.04万亿元，同比增长5.7%，其中非金融类直接投资同比增长16.7%；在"一带一路"共建国家非金融类直接投资2240.9亿元人民币，同比增长28.4%。从现象看，在大国博弈、地缘政治冲突、新冠疫情以及生产要素成本上升等叠加影响下，大型跨国企业订单转移等现象时有发生，但主流关注点主要是突发事件和个别企业的散点报道，缺乏全面、系统、客观的分析。

事实上，全球产业转移的动因较为复杂，影响和应对也不能一概而论。我们需要从全球产业转移的发展历程中借鉴经验和教训，从多角度剖析全球新一轮产业转移的动因、趋势、特征，从不同维度评估产业转移影响，进而提出统筹应对的思考与建议。本书将通过五篇十三章的内容对全球产业转移进行深入剖析。其中，第一篇主要总结了前四轮全球产业转移的经验和教训，梳理了新一轮全球产业转移出现的新趋势以及出现这些趋势的深层次动因。第二篇至第四篇分别从国家、区域和行业三个维度评估了全球产业转移的影响，探索其中蕴含的机遇，并指出可能出现的挑战。其中，从国家维度看，当前我国在新一轮产业转移中表现为"双重身份、四种路径"，虽然产业转移有进有出，但我国制造业并未出现成规模的"净外迁"现象；与此同时，欧美等地的发达国家，越南、印度、墨西哥等发展中国家在此轮全球产业转移中的地位和角色也为我们评估全球产业转移的影响提供了新视角。从区域维度看，中国中西部地区和东北地区加快承接国内外产业转移在对冲"双向挤压"风险中的重要作用不断显现；以中西部和其他发展中国家为样本分析各方承接产业转移的整体情况显示，双方承接产业转移的时间几乎同步，这凸显了中西部在承接产业转移中的潜力。从行业维度看，聚焦人工智能、纺织服装、电子、新能源汽车四大领域，对其转移路径及发展动向展开具体分析。第五篇在新发展格局视角下分析新一轮产业转移，提出"一观三力"的应对思路，即构建推动产业有序转移全局观的同时，增强产业竞争力、挖掘承接潜在力和扩大国际影响力，以期能为在变局中开新局提供参考。

目录
Contents

第一篇 总体篇

第一章
以史为鉴：从全球产业转移的历史进程中借鉴经验和启示 / 002

一、全球产业转移的重要作用和意义 / 003

二、前四轮全球产业转移的动因、重点和影响 / 006

三、前四轮全球产业转移带来的几点经验启示 / 023

第二章
两个阶段：全球新一轮产业转移呈现五大新趋势 / 026

一、政治化 / 027

二、多极化 / 030

三、双向化 / 032

四、绿色化 / 034

五、再垂直化 / 037

第三章

为何生变？从经济、技术、政治三重维度看全球新一轮产业转移动因 / 040

一、主导全球产业转移的市场基础被破坏 / 041

二、各国加大对技术资源的争夺力度 / 044

三、政治因素成为推动全球新一轮产业转移的重要力量 / 048

第二篇
国家篇

第四章

中国：双重身份、四种路径 / 057

一、历史回顾 / 058

二、最新进展 / 067

三、整体判断 / 078

第五章

发达经济体：产业转移的另一面"镜像" / 095

一、美国：主导全球新一轮产业转移的非市场力量 / 096

二、欧洲：再工业化与去工业化的两难 / 121

三、日本及韩国：全球新一轮产业转移的跟随者 / 134

第六章
新兴经济体：全球新一轮产业转移的受益者 / 143

一、越南：美国"友岸"供应链的最大受益者 / 144

二、墨西哥：美国"近岸"供应链的最大受益者 / 147

三、越南、墨西哥承接新一轮产业转移的共性问题 / 151

第三篇
区域篇

第七章
外溢或集聚？区域产业转移的量化评估 / 156

一、区域产业转移不同阶段的演变 / 157

二、分行业看我国制造业的区域转移 / 162

第八章
去向何方？产业转移的区域分析 / 174

一、我国中西部还是墨越印，制造业转移到了哪里？ / 175

二、我国中西部地区承接新一轮产业转移面临的问题 / 193

第四篇
行业篇

第九章
人工智能：审查力度加大，内接受阻 / 201

一、转移动因：人工智能等高科技行业对华投资被迫暂缓 / 202

二、主要动向：美对华投资已出现实质性下滑，转而流向印度、越南等其他国家 / 204

三、风险判断：美主导人工智能领域的排华供应链企图对我国低端锁定，但未必有效 / 206

第十章
纺织服装：时异势殊，外扩加速 / 209

一、转移动因：主动外扩与被动外迁往往交织在一起难以清晰地切割，最终影响企业决策的原因是多元的 / 210

二、主要动向：虽然出现部分"被动外迁"情况，但当前纺织产业转移仍以"主动外扩"为主 / 212

三、风险判断：存在出口订单受损等不利影响，但整体可控 / 214

第十一章
电子：因地制宜，内外同步 / 216

一、转移动因：多因素交织促进电子行业的产业转移 / 217

二、主要动向：我国电子行业的产业转移是内外同步的 / 218

三、风险判断：近期电子产业转移影响可控，但长远看仍要未雨绸缪 / 221

第十二章
新能源汽车：主动外扩，不止执黑 / 223

一、转移动因：新技术带来的新赛道改变全球产业布局 / 224

二、主要动向：我国新能源汽车产业加速向海外拓展的同时，吸引了大量外资品牌的来华投资 / 225

三、风险判断：政治风险在一定程度上干扰我国新能源汽车产业出口、外扩和内接节奏 / 230

第五篇
政策篇

第十三章
抓住机遇、迎接挑战，对全球新一轮产业转移的思考与应对 / 235

一、构建推动产业有序转移的全局观，掌握好产业转移的节奏性、原则性和针对性 / 236

二、提升产业综合竞争力，对冲局部性外迁带来的不利影响 / 238

三、挖掘内部承接产业转移的潜力，形成区域协调发展的格局 / 239

四、扩大国际影响力，增强我国在全球产业链供应链空间布局中的主动性 / 241

后记 / 243

第一篇
总体篇

CHAPTER 1

第一章
以史为鉴：从全球产业转移的历史
进程中借鉴经验和启示

当前，国内外学者对全球产业转移的历史进程具有不同的认知，但多数学者认为，自第一次工业革命至今，全球基本完成了四轮大规模的产业转移，且自2008年金融危机以后进入全球新一轮（即第五轮）产业转移浪潮中[①]。其中，第一轮产业转移发生在19世纪下半叶至20世纪40年代，主要是从英国向欧洲大陆和北美的转移[②]；第二轮产业转移发生在20世纪50年代至60年代，主要是从美国向日本和联邦德国等西欧国家的转移；第三轮产业转移发生在20世纪70年代至80年代，是从日本向东亚地区（以亚洲四小龙为主）的转移和美国的制造业空心化[③]；第四轮产业转移发生在20世纪90年代至2008年，主要是从日本、韩国、新加坡等国向中国及部分东南亚国家的转移[④]。本章通过梳理前四轮全球产业转移的动因、转移重点和主要影响，总结经验和启示，为应对全球新一轮产业转移提供借鉴。

一、全球产业转移的重要作用和意义

（一）全球产业转移促进工业化、全球化，并极大地影响全球经济格局

全球产业转移促进了工业化进程。大量制造企业将生产基地从一国转移到其他国家，以利用廉价的劳动力和资源成本。这种转移导致产业承接地工业规模迅速增长，促进了就业机会的增加和经济的发展，进而推动了整个国家乃至全球经济的增长。特别是，随着信息通信技术的发展，想法和知识可以通过光缆即刻传送到世界任何角落，生产变得更加模块化，远程合作也变得更加容易，发达国家的跨国公司有了劳动套利的可能，开始了以离岸外包

---

① 岳圣淞. 第五次国际产业转移中的中国与东南亚：比较优势与政策选择[J]. 东南亚研究，2021(4): 28.
② Pomeranz K. The Great Divergence: China, Europe, and the Making of the Modern World Economy [J]. Blackwell Publishing Ltd, 2008.
③ 王丽莉，文一. 中国能跨越中等收入陷阱吗？——基于工业化路径的跨国比较[J]. 经济评论，2017(3): 39.
④ 董小君. 通过国际转移化解过剩产能全球五次浪潮、两种模式及中国探索[J]. 经济研究参考，2014(55): 3.

和跨国海外投资为主要形式的向发展中国家的产业转移。与20世纪90年代之前的"北-北"产业转移相比，90年代后的"北-南"产业转移将发展中国家纳入全球价值链体系中，并对国际格局产生了深远影响[①]。

全球产业转移推动了全球化进程，重塑了全球政治经济格局。首先，全球产业转移导致了全球产业链的重新组织和重构。随着企业将生产活动转移到成本更低或更有竞争力的地区，全球供应链不再是简单地从发达国家到发展中国家的单向流动。相反，供应链变得更加复杂和多样化，不同国家和地区在供应链中扮演着不同的角色，从原材料采购到制造、组装和分销，这种重新组织使得全球经济更加紧密地联系在一起，形成了高度互补和相互依存的关系。其次，全球产业转移对全球经济的竞争格局产生了深远影响。许多发展中国家在制造业领域崛起，成为全球经济的新兴力量。这些国家通过提供较低的生产成本、大规模市场和良好的商业环境吸引了大量的外国投资者和跨国公司，逐渐从简单的劳动密集型产业转向技术密集型产业和创新驱动型产业，带来全球价值链的重新配置和再平衡，进而改变全球政治经济格局。

（二）全球产业转移优化资源配置，提高整体经济效益

全球产业转移意味着将资源从效率低下或成本较高的地区或行业转移到效率更高或成本更低的地区或行业，无论国家还是企业，参与产业转移升级都是为了实现自身有限资源的高效配置。以几轮全球产业转移中优先转移的纺织、钢铁行业为例，对这两个行业来说，最重要的资源就是劳动力和原材料，这些资源禀赋丰富的地方必然会吸引产业的转移——无论是最开始英国的纺织业和钢铁业向美国的转移，还是后面几轮受劳动力成本上涨再度转移，都是产业转移优化资源配置的体现。

从具体案例来看：一是欧洲汽车制造业的转移。欧洲一些发达国家的汽车制造业面临着高成本和激烈竞争的挑战。为降低成本并优化资源配置，一

---

① 梁一新，关兵，韩力等. 国际经贸规则变局与重塑[M]. 北京：电子工业出版社，2023.

些汽车制造商将生产基地转移到成本较低的东欧国家或亚洲地区。这种转移使得欧洲汽车制造企业能够将资源集中在高附加值的研发、设计和创新领域，而将劳动密集型的生产环节转移到成本更低的地区，实现资源的合理配置。二是中国珠三角地区的制造业转移。珠三角地区是中国重要的制造业基地，面临着劳动力成本上升和资源约束的挑战。为了优化资源配置，许多制造业企业开始将生产基地从珠三角地区转移到内陆地区或其他低成本地区。这种转移使得珠三角地区制造业企业能够集中资源发展技术、研发和创新能力，而将劳动密集型的制造环节转移到成本更低的地区，实现了资源的优化配置。

（三）全球产业转移带动承接地经济发展，带来弯道超车机会

通过产业转移，承接地通过产业转移可以吸引新的产业和企业进驻，填补原本的产业空白或弱势领域，有机会在短时间内跨越发展中的困难和挑战，为当地提供新的发展机遇，取得经济上的突破，并促进当地经济的快速发展。新进驻的企业和产业会带来大量的就业需求，提供更多的就业机会，改善当地居民的就业状况和生活水平。另外，产业转移通常还伴随着技术和创新的引入，新的产业可能带来先进的生产技术、管理经验和创新模式，促进当地企业的技术升级和创新能力的提升，推动整个产业链的发展。

纵观历史，在产业转移的过程中，有作为美国第四大城市的底特律等老牌制造业中心在几十年内沦为铁锈地带，也有"小渔村"香港、深圳跃居为国际大都市，珠三角地区更是从遍布农田成为"一地堵车、全球缺货"的"世界工厂"。这些区域经济的洗牌、城市矩阵的重塑，隐藏着科技进步、产业升级的影子[①]。比如，许多跨国互联网公司因为印度班加罗尔丰富的人才资源和良好的商业环境，将其业务转移至此。这种产业转移带动了班加罗尔经济的快速增长，促进了当地的创业文化和技术创新，而印度班加罗尔也一跃成为印度的信息技术中心和全球知名 IT 产业聚集地。再如，中国西部地区新

---

① 凯风. 中国城市大变局[M]. 北京：清华大学出版社，2023.

能源产业的发展也是一个典型的成功案例。凭借丰富的太阳能和风能资源，西部地区通过产业转移发展了新能源产业，实现了弯道超车。例如，青海省作为中国最大的太阳能发电基地之一，吸引了大量的光伏企业和项目。这种转移升级不仅推动了西部地区的经济发展，也促进了清洁能源的利用和环境保护。

总的来说，产业转移对于促进全球化、优化资源配置、带动经济发展等都有积极和正面意义。但是产业转移的负面影响也是不能忽视的，如环境问题、劳工权益问题，以及过急过快转移带来的就业和"空心化"等问题。

二、前四轮全球产业转移的动因、重点和影响

（一）第一轮全球产业转移（19世纪下半叶至20世纪40年代）：从英国向欧洲大陆和北美的转移

1. 历史回顾

18世纪60年代，英国率先开启了以棉纺织业的技术革新为开始的第一次工业革命。以瓦特蒸汽机的改良和广泛使用为枢纽，以19世纪40年代机器制造业机械化的实现为标志，英国完成第一次工业革命，成为名副其实的"世界工厂"。这一时期，英国控制着世界工业生产总值的1/3～1/2、世界贸易总额的1/5～1/4，国内市场有限以及劳动力的不足，让英国不得不扩展海外市场。工业革命浪潮下的技术进步向欧洲大陆和美洲大陆蔓延，到第一次工业革命后期，形成了以英国为转出国，以德国、法国、美国为承接国的第一轮全球产业转移，促成了美国作为新大陆的崛起。

2. 转移动因

从英国方面看，高度发达的棉纺织业聚集了大量劳动力，在英国内部形

成了工人阶级，改变了劳动力无限供给的局面。随着19世纪20年代周期性经济危机不断发生，社会阶级的两极分化加剧，无产者的人数增多，生活也更加恶化，到了19世纪30、40年代，工人运动在英国不断发展，工人开始罢工，提议加工资，提出政治诉求。英国棉纺织业的劳动力成本在100多年里攀升了一个台阶，政客和资本家的利益诉求渐渐发生分离，政客为了选票不得不考虑工人的意见，资本家们开始出海寻求更低成本的工厂[1]。

从美国方面看，美国具备了承接产业转移的基础。首先，美国制造业基础较好且进入快速扩张期，吸引了来自英国的产业转移。在大众教育上，从殖民时期就已经开始积极推行大众教育并在19世纪进一步发展，随着中学教育体系的不断拓展，美国人口保持了较高的识字率；在产业政策上，依托汉密尔顿《制造业报告》中提出的改善交通、扩大市场、提高关税等政策，制造业进入快速发展时期。特别是美国高水平的进口关税加速了英国向美国的产业转移。此外，英国与美国有着共同的语言和文化纽带，可以轻而易举地同化来自英国的新观点、设备和技术。美国还拥有良好的自然条件和资源条件，如1892年明尼苏达州梅撒比岭铁矿的开发，加速了英国钢铁行业向美国的转移。其次，为了寻找新的机会，大量移民前往美国，给美国带来充足的劳动力。1880年至1920年，大量英国劳动力——如电影《泰坦尼克号》中三等包厢的乘客——开始前往美国寻找新的机会，掀起了一波劳动力移民潮，为美国制造业的发展提供了充足的劳动力。1870—1913年的40多年里，美国人口从4000万人上升至9700万人，而英国人口仅从3100万人增至4500万人[2]。第一次世界大战后，一批欧洲的科学家移民至美国。其中包括现代电力之父特斯拉、著名物理学家爱因斯坦、利奥·西拉德、"原子能之父"恩利克·费米等，这为美国崛起奠定了人才基础。最后，技术的转移带动产业竞争力的上升，并促成更多的产业转移。前往美国的移民中包括一部分技术移民，美国对这些技术进行了大量的改良，使规模化生产成本进一步下降。

---

[1] 斯文·贝克特. 棉花帝国：一部资本主义全球史[M]. 北京：民主与建设出版社，2019.
[2] 道格拉斯·欧文. 贸易的冲突：美国贸易政策200年[M]. 北京：中信出版社，2019.

以钢铁为例，美国快速模仿并改良英国的研发技术，带来进一步的产业转移，贝西默（Bessemer）炼钢法在英国取得商业成功几年后，美国就与英国签署了专利协议，该技术也被迅速推广至全美国。

3. 转移重点

首先是纺织产业。1793年，美国人伊莱惠特尼发明了轧棉机，极大提高了生产效率，美国纺织业迅速扩张，并带动了美国经济的发展。19世纪50年代，英国拥有世界上最大的纺织业规模，每年消耗的原棉重量29万吨，美国排名第二，达到11.1万吨，第三名的法国仅消耗原棉6.5万吨[1]。后来，原本在英国诺丁汉生产花边、丝绸的制造业纷纷在美国设立分厂，几乎整个英国的丝绸业都在美国内战后转移至美国[2]。

其次是钢铁产业。美国内战结束后，由于铁矿石等资源的开发，相关产业竞争力进一步提升。1892年，明尼苏达州的铁矿开始开采，极大程度提高了铁矿石的供应。随着这些铁矿石进入市场，美国国内铁矿石的价格下降了50%，生铁制品、钢铁制品的生产成本也随之下降。作为当时钢铁制品出口第一大国的英国，面临着来自美国的巨大竞争。1895—1900年，美国钢铁生产在出口中的占比从4%上升至9%，且带动了其他钢铁制品的出口，如发动机、电机、缝纫机、农用机械、印刷机，以及钢轨、管道及配件、坯料、结构钢等。1900年，美国生铁和钢产量在全球占比分别达到34%和37%。

4. 主要影响

一是借助全球第一轮产业转移的大势，美国迅速崛起成为制造业大国，并为后续成为全球第一大经济体奠定基础。在第一次世界大战尚未爆发前，英国的制造业就已经开始落后于美国和西欧，战争加速了这一趋势。19世

---

[1] 罗伯特·C.艾伦. 全球经济史[M]. 南京：译林出版社，2015.
[2] 道格拉斯·欧文. 贸易的冲突：美国贸易政策200年[M]. 北京：中信出版社，2019.

纪 70 年代开始，欧洲大陆和北美在工业生产上超过英国，在技术上也遥遥领先。1870—1913 年，英美两个国家在 GDP 增长、制造业占比等多个经济指标上逐渐拉开差距。这一时期美国 GDP 增速接近 4%，英国约为 2%；人均 GDP 方面，美国年均增速约为 1.8%，英国约为 1%；制造品生产总量的全球占比上，1870 年美国为 23%，1913 年增至 36%，英国的占比则从 32% 降至 14%。

二是未承接产业转移的其他地区面临一轮"去工业化"局面。19 世纪初，中国、奥斯曼帝国、沙皇俄国等拥有世界上最大的制造业，但是到了 19 世纪末，在西方工业革命的冲击下，这些国家的传统制造业被破坏殆尽。应该说，不均衡的技术变迁和全球化的影响，推动了西方国家工业化进程，但对亚洲传统手工制造业造成破坏，甚至出现了"去工业化"局面[1]。从数据看，1820 年到 1990 年，A7 国家（Seven Ancient Countries，七大文明古国，包括中国、古印度、古埃及、古希腊、古罗马、古玛雅和古埃及）和 G7 国家（Group of Seven，包括美国、日本、英国、德国、法国、加拿大和意大利）的 GDP 一直占据全球 80% 左右。1820 年，A7 国家 GDP 占全球比重接近 60%、G7 国家 GDP 占全球比重 20% 左右；而到 1960 年，A7 国家 GDP 占全球比重下降至不到 20%，G7 国家 GDP 占全球比重则上升至约 68%，并一直持续至 20 世纪 90 年代。学者将这一巨变称为"大分流时期"[2]。

（二）第二轮全球产业转移（20 世纪 50 年代至 60 年代）：从美国向日本和联邦德国等国家的转移

1. 历史回顾

两次世界大战和第三次科技革命后，美国确立了全球经济和技术领先地

---

[1] 罗伯特·C.艾伦. 全球经济史[M]. 南京：译林出版社，2015.
[2] O'ROURKE, K., & WILLIAMSON, J. (2002). When did globalisation begin? [M]. European Review of Economic History, 6(1), 23-50.

位，对其国内的产业结构进行了重大调整：国内主要致力于发展集成电路、精密机械、精细化工、家用电器和汽车等资本和技术密集型产业。在此背景下，以钢铁、纺织、日化和普通工业机械为代表的低技术密度制造业从美国向日本和西欧国家转移，其中日本更是凭借良好的工业基础和极具竞争力的生产质效成为继英美之后的第三个"世界工厂"。

2. 转移动因

一是随着第二次世界大战结束，美国本土产能过剩，需要对外转移。一方面，美国对欧洲实施"马歇尔计划"，向欧洲转出产能和资本，帮助其复兴经济，并培育市场。该计划于1947年7月正式启动，并整整持续了4个财政年度之久，最后由于朝鲜战争不得不停止。在这段时期内，西欧各国通过参加欧洲经济合作与发展组织（OECD），接受了美国包括金融、技术、设备等各种形式的援助合计131.5亿美元，其中10%为贷款。另一方面，美国对日本实施"道奇计划"。"道奇计划"是第二次世界大战后，美国为稳定日本经济、平衡财政预算、抑制通货膨胀而制订的计划。1950年6月朝鲜战争爆发后，美国需要拉拢日本夯实意识形态阵营，以应对中国与苏联在东亚的影响，日本产业在美国的扶持下加速发展。

二是新技术的涌现。从20世纪40年代开始以原子能技术、航天技术、电子计算机技术、人工合成材料、分子生物学和遗传工程等高新技术为代表的第三次科技革命兴起。1946年，为了在奥伯丁武器试验场计算弹道，美国军方发明了世界上第一台电子计算机。这台计算机占地面积高达170平方米，重量达到30吨，而运算次数只能达到每秒5000次。20世纪60年代初期，计算机的体积依然过大——为了将IBM 7090运进NASA的机房，工作人员必须砸掉机房的门框[①]。但是到了20世纪60年代中期，随着IBM公司研制成功世界上第一个采用集成电路的通用计算机，计算机的发展出现重要转折——小型化，并带动个人计算机的快速发展。这种技术的更迭，促使美

---

① Margot Lee Shetterly. Hidden Figures[M]. William Morrow Paperbacks. 2016(12).

国将原有的传统制造业向外转移，从而集中资源发展计算机产业。

3. 转移重点

第二轮全球产业转移过程中，日本大量承接了纺织、钢铁产能，进而带动了汽车产业的发展。

纺织业。20世纪50、60年代，美国为了推销过剩的棉花，把扶植日本的棉纺织业作为提供经济援助的内容之一。援助方式是，日本企业向美国政府借款购买美国的机器设备，然后向美国出口棉纺织品，用所得外汇偿还债务。日本的纺织业因此得到迅速恢复。1955年，在美国纽约市场上，出现了日本生产、每件售价为1美元的廉价衬衫，被称为"1美元衬衫事件"。同年，日本棉纺织品对美国出口额比上年增长了1.9倍，其中二次棉纺织品出口增加3.9倍、女棉衬衫出口增加20倍。日本棉织品在美国棉织品进口市场中所占比例从1951年的17.4%提高至1995年的54.7%，1956年则达60%以上[1]。

钢铁产业。在产业转移的趋势下，日本的钢铁生产取得了巨大成就。1950年，钢铁有效生产的最小规模是100万~250万吨，美国多数钢铁厂可以达到这个标准，但日本只有八幡钢铁厂符合标准（180万吨），导致日本的钢铁价格比美国和欧洲高出50%。20世纪50年代，日本通商产业省开始重组日本钢铁产业，到1960年日本现代化的钢铁企业生产规模已经提高至2200万吨，有效生产的最小规模提高至700万吨。20世纪70年代开始，由于新技术的发展，日本的钢铁生产规模已经大幅领先美国，采用转炉炼钢法生产的钢铁占国内钢铁总产量的83%，美国这一数据仅为62%；采用连续浇铸法生产的钢铁日本的占比为35%，美国仅11%。日本已经成为世界上成本最低的钢材生产商。

汽车产业。20世纪50年代，汽车产业有效生产的最小规模是每年20

---

[1] 一件衬衫引发的血战：美日贸易战始末及启示[OL]. 岭南商业评论，2018.

万辆。美国的汽车厂商福特、克莱斯勒、通用每年的产量在 15 万～20 万辆之间。20 世纪 60 年代，日本汽车厂商采用现场冲压和多条装配线的生产方式，有效生产的最小规模翻了一倍，达到 40 万辆，本田、丰田等企业甚至可以达到 80 万辆。

4．主要影响

一是日本、西欧各国完成工业化，形成发达国家阵营。从工业化的主要指标看，人均 GDP 方面，日本在 20 世纪 60 年代达到 1000 美元，70 年代达到 2000 美元，虽然从人均 GDP 的评价标准看日本这一时期处于工业化初期，但是从城镇化率看，这一时期的日本已经进入工业化后期阶段。如图 1-1 所示，1950 年以后，日本城镇化率从 40% 左右快速上升至 65% 以上，1965 年为 67.9%，1970 年达到 72.1%。如图 1-2 所示，1950 年，德国城市化率已经达到 67.9%，1960 年至 1970 年，德国城市化率达到 71%～72% 的水平。

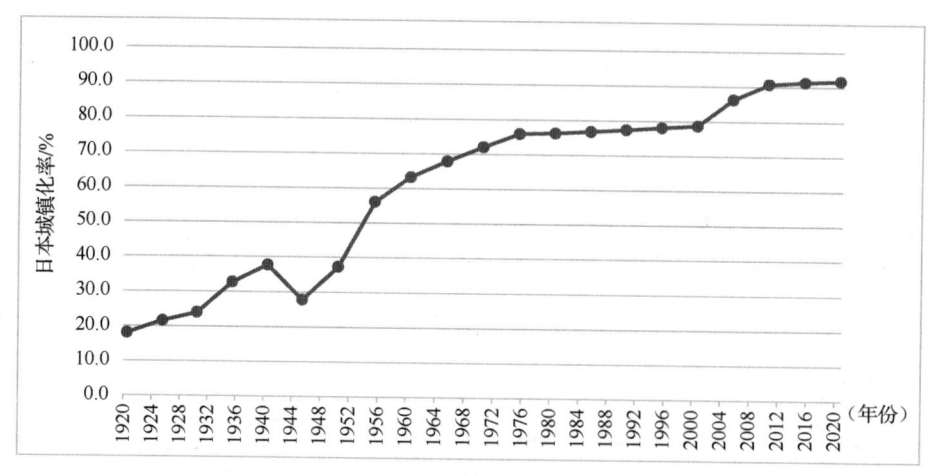

图 1-1　1920—2020 年日本城镇化率变化趋势

数据来源：日本统计局

二是对于美国来说，虽然美国在军工业和部分高端制造业上依旧令他国望尘莫及，但是在精密制造、电子业及部分美国的传统优势产业，如汽车和钢铁上，美国企业逐渐落后于欧洲和日本的企业，为日后持续近数十年的美日贸易战埋下导火索。特别是"1美元衬衫事件"彻底激怒了美国纺织业，有关工会组织掀起了反倾销运动，成为日美贸易战的起点。最后这场纺织品贸易摩擦以日本政府和纺织业界实行"自愿出口限制（VER）"（1956年）以及签订《日美棉制品协定》（1962年）而得到缓解。除了纺织品，美国的钢铁、家电、汽车等产业也面临来自日本的全面竞争。

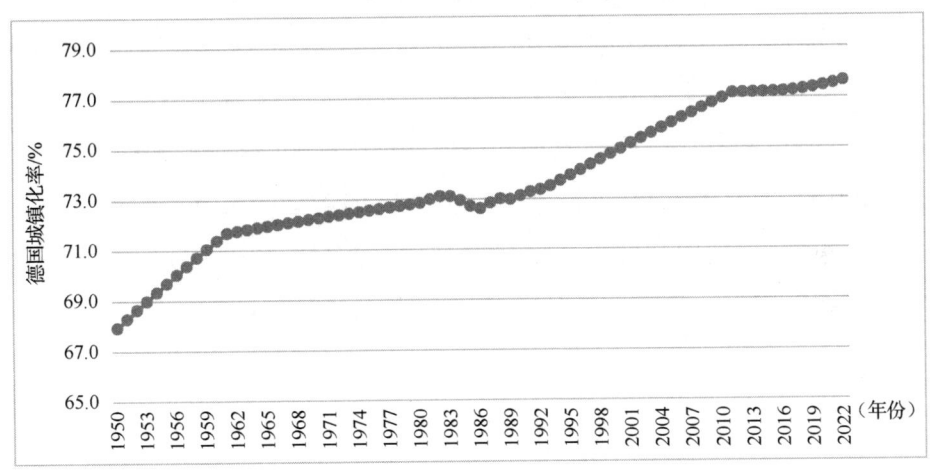

图 1-2　1950—2022 年德国城镇化率变化趋势

数据来源：联合国

（三）第三轮全球产业转移（20 世纪 70 年代至 80 年代）：日本向东亚地区（以亚洲四小龙为主）的转移和美国的制造业空心化

1. 历史回顾

跨国公司在这一时期逐渐发展成熟，全球范围内形成了以产业间垂直分工为主的模式，即以产业价值链为导向，把成本高的分工环节转移至低成本国家，把收益高的分工环节保留下来或控制在自己手中。美国开始将汽车和电子元件等技术密集型产业的制造环节转出。日本则以此为契机加快了国内产业结构调整，将劳动密集型产业率先转出，韩国、新加坡、中国香港和中国台湾四个经济体成为第三轮全球产业转移的主要承接方。

2. 转移动因

美国方面。首先，受战争、石油危机的影响，美国通胀高企，进一步加剧了资本的外逃。实际上，在20世纪60年代，为了应对经济衰退和越南战争，肯尼迪和约翰逊连续实施扩张性的货币政策和财政政策，到尼克松接手时，滞胀已初现苗头。20世纪70年代，美国在经历1973—1975年的滞胀后，通胀危机于1978年卷土重来。如图1-3所示，1978年4月，美国CPI加速上行，于1980年3月达到历史高位。整个20世纪70年代，美国CPI为7.1%，而60年代仅为2.4%。与此同时，随着第二次世界大战后大量投资、基建和科技的红利逐渐消失，朝鲜战争、越南战争对工业产能的拉动达到极限，美国经济发展缺乏新的增长点，对资本的吸引力下降。

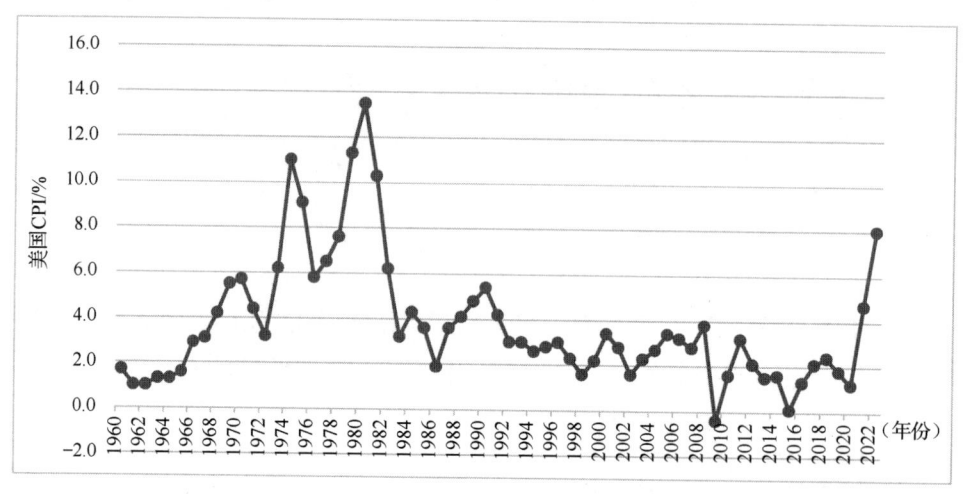

图1-3 1960—2022年美国CPI变化趋势

数据来源：美国劳工部

其次，计算机技术大量用于金融领域，华尔街的崛起带动美国经济走向金融化。20世纪70年代末期，信息技术革命爆发。20世纪80年代，华尔街的金融分析师是电子表格软件（如Excel）的早期忠实用户，此后计算机征服了金融业的大片领域。在计算机技术的加持下,此前人工无法进行的海量数据测算成为可能,大量金融衍生品由此诞生。这一时期,依靠资本市场推动,美国成功地实现了产业升级、经济转型,推进世界金融市场一体化,极大地加速了全球化进程,同时也加速了本土制造业的向外转移。

日本方面。首先,制造业成本快速增加促成部分产业向其他国家和地区转移。如图1-4所示,20世纪60年代至70年代,日本劳动力成本快速上涨,劳动者报酬占GDP比重从40%一路上升至55%,人口红利逐渐消失。产业结构也发生明显变化,钢铁、机械设备等资本密集型产业逐渐成长为支柱产业,食品制造、纺织等劳动密集型产业占比则持续下降。到20世纪70年代石油危机后,钢铁、化工等资本密集型产业的成本也急速上升,这部分产业也被迫向海外转移。

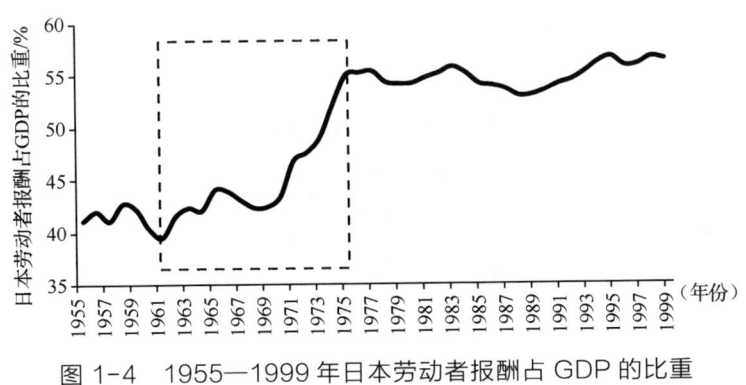

图1-4　1955—1999年日本劳动者报酬占GDP的比重

数据来源:长江证券研究所,2023.07

其次,日本自身产业结构升级特别是半导体产业的发展也需要主动转移劳动密集型产业。冷战时期,为对抗苏联,美国开始了对日本的大规模援助,日本以极低廉的价格获得美国大量技术授权,其中就包括晶体管技术。美国于1962年对日本开放当时最先进的集成电路平面制造工艺技术,日本的NEC公司从美国仙童半导体公司获得了集成电路批量制造的技术授权,在日本政府主导下,NEC又将技术开放给了三菱、京都电气等公司,由此形成了日本半导体产业雏形。早期的设备材料也多进口自美国,并逐步成立合资公司开始设备国产化：1967年，日本电气与Varian Associates公司成立合资企业，开始在日本开发生产自动铝线真空镀膜设备以及溅射装置等；日立制作所在1968年研究开发离子注入设备。到20世纪70年代，在美国施压下，日本被迫开放其半导体和集成电路市场，而同期IBM正在研发高性能、微型化的计算机系统。1974年6月，日本电子工业振兴协会向日本通产省提出由政府、产业及研究机构共同开发"超大规模集成电路"的设想，开启自主研发芯片之路。在政府大力扶持下，由半导体带动的日本自身产业结构升级也使劳动密集型产业主动转移成为必然。

3. 转移重点

日本在全球第三轮产业转移中呈现明显的梯度特征且分为三个阶段：第一阶段主要是纺织业等劳动密集型产业，向外转移的目的是确立资本密集型的钢铁、化工、汽车、机械等产业在国内的主导地位；第二阶段主要是资本密集型产业，如钢铁、化工和机械等；第三阶段不再局限于资本密集型产业，而是扩展到包括汽车、电子等资本密集型和技术密集型产业。日本的产业转移催生了亚洲"四小龙"（韩国、新加坡、中国台湾和中国香港）的经济发展奇迹，形成了东亚经济发展的"雁行模式"。

与此同时，"四小龙"劳动密集型产品出口快速提升并带动了整体出口快速增长。在"四小龙"出口产品中，劳动密集型产品占据主导地位，例如，1970年韩国商品出口占比最高的3项均为劳动密集型产品，仅纺织品占比就超过40%；中国香港出口的商品中，纺织和服装产品合计占比也超过了45%。韩国20世纪60—70年代年均出口复合增速高达45%；中国台湾也保持着25%以上的出口增速。韩国的半导体产业也在这一时期萌芽成长，以美日半导体厂商投资为主的组装基地开始起步，产品主要为记忆芯片、二极管和三极管等。

4. 主要影响

一是"亚洲四小龙"相继崛起、实现赶超式发展。20世纪60年代后，全球制造业中心由日本向"四小龙"转移；在出口导向战略下，"四小龙"大量承接纺织服装等劳动密集型产业。在出口拉动下，"四小龙"工业化进程明显加快，经济高速增长，实现赶超式发展。"四小龙"工业化率从1960年的普遍不足20%，持续增长到1980年的35%左右。制造业提供的就业人数也持续提高，1980年中国香港制造业就业人数占总人口比重的18%，是1950年的4倍。以制造业发展为核心，"四小龙"加速工业化进程，从20世纪60年代起，"四小龙"GDP增速显著高于全球总体水平，占世界GDP的比重从0.5%左右提高到亚洲金融危机前的3.6%以上。和东南亚其他地区相比，"四小龙"通过积极推行出口导向型政策，促进相关出口产业，尤其是劳动密集型产业发展，提高工业化水平、推动国民经济增长，最终实现经济的赶超式发展。

二是日本经济快速扩张，但也为经济泡沫的破裂埋下隐患。日本的GDP在20世纪70年代初期以每年约8%的速度增长，主要产业包括汽车、电子和钢铁等行业。尤其是汽车产业，日本在20世纪70年代初期成为世界上最大的汽车生产国之一。如图1-5所示，从20世纪70年代开始，日本汽车出口量快速上升，1970年汽车出口量约为100万辆，到1980年汽车出口量已经达到600万辆。

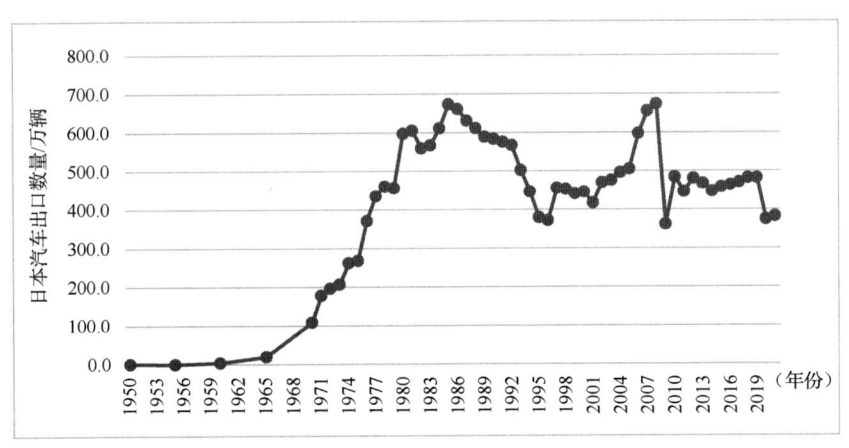

图 1-5　1950—2019 年日本汽车出口数量

数据来源：日本自动车工业协会

三是美国制造业空心化程度空前，五大湖重工业地区沦为"锈带"。尽管在第二轮全球产业转移中，美国已经将纺织业等劳动密集型行业陆续转移出去，但直到20世纪70—80年代，美国制造业才真正出现空心化。这一时期，美国汽车和钢铁行业面临来自日本的巨大压力。与此同时，随着1971年美元金本位结束，加之美国金融政策的放松，以及计算机技术和跨国公司的发展，进一步加剧了美国国内传统制造业的外移，钢铁、汽车等行业在这一时期出现空前的下滑。20世纪50年代末，美国企业的海外投资占全球外国直接投资（FDI）的一半，20世纪70年代，美国已经贡献了全球FDI的2/3～3/4[①]。1975年至1985年的10年间，马洪宁河谷失去了5万个工作岗位，克利夫兰、托莱多、阿克伦、布法罗、底特律、芝加哥、圣路易斯以及其他更多的城市也在发生同样事情[②]。由于失业率激增，社会治安问题也愈发严重，往日象征美国工业霸主地位的五大湖重工业地区最终沦为"锈带"。

（四）第四轮全球产业转移（20世纪90年代至2008年金融危机）：从欧美、日本、韩国、新加坡等地向中国及其他东南亚国家的转移

1. 历史回顾

第四轮全球产业转移，受石油危机及美日贸易战影响，日本开始将汽车、电子等行业向外转移。上一轮产业转移的承接国"亚洲四小龙"劳动力成本也上升到较高的水平，且由于承载的空间相对有限，逐步将纺织服装、轻工，包括一些技术密集型产业的中低端产业转移到中国、东南亚和拉美。这一阶段恰逢中国改革开放，伴随快速融入全球价值链，我国成为第四轮全球产业转移的最大受益者之一。

[①] 史丹，余菁. 全球价值链重构与跨国公司战略的分化[M]. 北京：中国社会科学出版社，2022.
[②] 乔治·帕克著，刘冉译. 下沉年代[M]. 上海：文汇出版社，2021.

2. 转移动因

一是从技术因素看，日本、韩国等抓住电子产业技术变革的机遇，开启了新一轮产业升级。20 世纪 80 年代，日本的电子表、电子游戏机、彩电、冰箱、空调、功能型手机等白色家电和电子产品风靡全球，我国家电产品也主要从日本进口，东芝、松下、索尼、夏普等日本家电品牌家喻户晓。随着韩国陆续从美国和日本获得半导体工业所需技术，到了 20 世纪 80 年代，在政府大力扶持下，韩国半导体产业也飞速发展，涌现出了三星、LG 等企业。

二是从成本因素看，日本延续了第三轮全球产业转移的高成本，到 20 世纪 90 年代，"亚洲四小龙"劳动力成本也上升到较高的水平，劳动密集型产业链开始转移到中国、东南亚等地。

三是从政治因素看，美日贸易战爆发，日本经济大衰退进一步加速了产业转移进程。从日本制造业崛起开始，美日贸易关系已经开始出现裂痕。到了第四轮全球产业转移，美国制造业空心化空前加剧，同时与日本的贸易逆差不断扩大，到了 1980 年达到了 120 亿美元。加上国际局势巨变，1989 年底开始的"东欧剧变"和 1991 年的苏联解体，日美两国政治紧密度下降，美国扶持日本的政治逻辑被打破。在广场协议的催化下，日本爆发泡沫危机，相关产业开始沿着成本路径转移至其他的新兴国家。

3. 转移重点

纺织服装。20 世纪 80 年代，我国开始逐步大量承接日本、亚洲"四小龙"转出的劳动密集型产业，纺织品、玩具、鞋帽等轻工类产品占全球比重快速提升，正式开始融入全球分工体系。如图 1-6 所示，1992 年和 1993 年纺织和轻工产品的出口在我国总出口中的占比高达 40% 以上，进入 2000 年后才逐步降至 30% 以下。

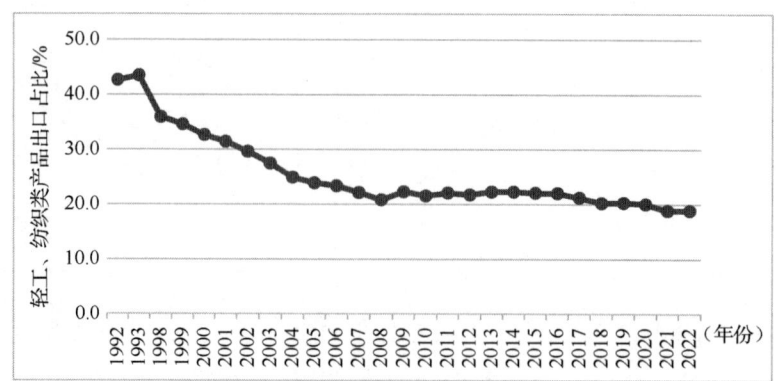

图 1-6　1992—2022 年我国轻工、纺织类产品出口占全国出口比重

数据来源：国家统计局

电子组装是我国承接的另一个重点产业。以半导体产业为例，20 世纪 90 年代以来，中国承接美、日等半导体产业（尤其是封装测试环节和制造环节），实现半导体产量的快速增长。如图 1-7 所示，1996 年中国二极管及类似半导体器件出口额为 3.2 亿美元，到 2000 年增长至 10.8 亿美元，到 2008 年已经达到 157.3 亿美元。

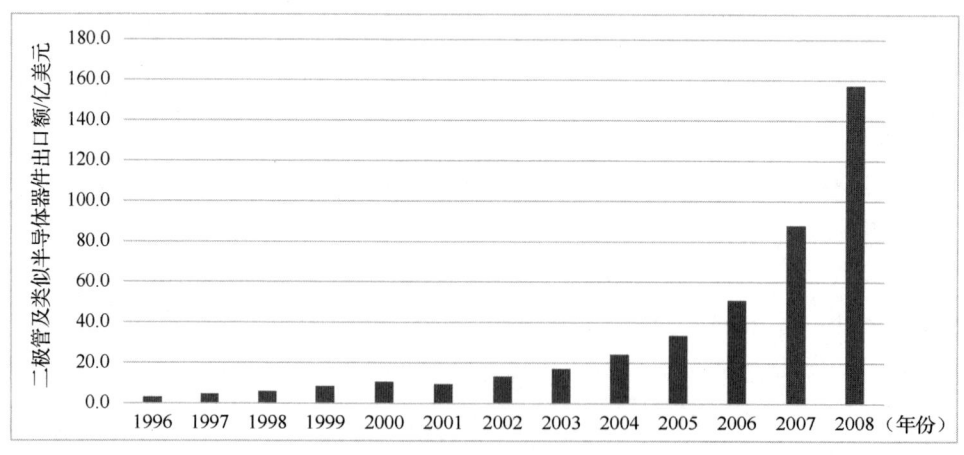

图 1-7　1996—2008 年中国二极管及类似半导体器件出口额

数据来源：国家统计局

4．主要影响

一是跨国公司成为推动全球产业转移和产业分工的主导力量，全球化进入全球价值链时代。在全球价值链时代，跨国公司作为跨境生产组织者可以根据不同国家或地区的比较优势，选择全球供应链上的某个或某几个环节在不同国家进行专业化生产和配置。在国际贸易中，随着产品制造环节被切割得越来越细，参与分工的国家数量不断扩大，全球中间品贸易的重要性和比重不断提高。在国际投资中，跨国公司通过在海外设立生产/加工基地的方式，使得发展中国家成为其全球供应链的一环，可以说跨国投资是全球生产力网络发展的主要动力，对不同国家之间贸易增加值的分配有着决定性影响。在跨国公司推动下，全球价值链时代的竞争优势不再体现为国家与国家之间的比较优势或者产业竞争，而是跨国公司重组不同国家比较优势的资源和能力的竞争。联合国贸发会议的研究报告显示，跨国公司主导的全球价值链贸易占到了全球贸易的 80% 左右[1]。因此，20 世纪 90 年代以来，以发达国家跨国公司主导、发展中国家和转型新兴经济体积极参与的全球价值链分工体系成为经济全球化背景下的典型特征。全球化的利益分配对象从商品全球化时代的发达国家经济体转变成具有竞争优势的国际性生产网络。

二是中国是第四轮产业转移的主要受惠国之一，以此为契机极大提升了工业化水平。20 世纪 90 年代末，第四轮产业转移进入规模化发展阶段，中国作为这一轮最主要的产业承接国，其吸收的 FDI 保持了近 10 年的连续上升期。2001 年加入 WTO 后，中国凭借改革开放红利和劳动力红利，吸引以美国为首的跨国公司通过国际技术迁移的方式大举投资中国制造业。从中国出口额占 GDP 的比重可以看出出口对中国经济重要性，1980 年出口额占中国 GDP 的比重约为 10%，到 2006 年这一数据已经跃升为 35.2%。

三是日本在"失去的 20 年"中被迫向上游核心部件和商用领域转型。

---

[1] 盛斌 吕越．从价值链视角探求全球经贸治理改革[J]．中国社会科学报，2020(08)．

20世纪90年代日本不少企业陷入经营困境，前有美国科技企业压制，后有中国廉价产品大举抢占，还有后来居上的韩国技术袭击。一方面，在互联网及信息技术领域，美国微软、谷歌、苹果、英特尔、高通等牢牢掌握技术标准和控制权。另一方面，中国海尔、格力、美的、海信等家电企业凭借性价比优势逐渐抢占市场，松下、东芝等日企逐渐在终端市场黯然退场。韩国三星、LG崛起，取代索尼、夏普成为全球最大的彩电供应商。无奈之下，日本企业界开启了大反思、大变革，索尼提出复兴计划，东芝、松下等纷纷剥离家电业务，向上游核心部件和商用领域转型，不少企业从B2C领域转到B2B领域。松下从家电，扩展至汽车电子、住宅能源、商务解决方案等领域；夏普转向健康医疗、机器人、智能住宅、汽车、空气安全技术领域；东芝进入大型核电、新能源和氢燃料电池电站业务领域。

四是亚洲"四小虎"（印度尼西亚、马来西亚、菲律宾和泰国）陷入"中等收入陷阱"。东南亚四国拥有丰富的自然资源和人力资源，为经济发展提供了良好基础。20世纪70年代以后，发达国家淘汰低端制造业，"四小虎"紧随"四小龙"的步伐，大量引进外资，优先发展以轻纺工业和装配工业为代表的劳动密集型产业。随着经济发展的稳步推进，"四小虎"很快便构建了以出口为导向的外向型经济。1988—1996年，"四小虎"经济发展达到顶峰，以马来西亚为例，这一时期，马来西亚年均GDP增长8.5%，同当时的中国、韩国不相上下，人均GDP在1996年达到了4798美元，成为拉动亚洲经济发展的重要引擎之一[1]。但是，"四小虎"以轻工业为主的工业格局却始终没有改变，为日后埋下隐患。此外，不同的产业政策也是导致"四小虎"国家没有继续实现腾飞的重要原因。2019年，国际货币基金组织发布《一个不能明言的政策回归：产业政策的原则》工作文件（下文简称"IMF工作文件"），对1960—2014年间跃升为高收入经济体（人均GDP达到美国的50%）的16个经济体进行分析后发现，日本、韩国、新加坡、中国香港和中国台湾5个亚洲经济体的崛起路径具有很强的共性，即产业政策在其发展

---

[1] 潘兆伟. 亚洲"四小虎"为何没有复制"四小龙"的成功[J]. 中国国家历史，2021(02).

中起到突出作用。IMF 工作文件同时指出，当一个经济体进入中等收入阶段后，低成本劳动力的数量和模仿外国技术的收益不断减少，如果不能从基于投资的战略转向基于创新的战略，就可能陷入"中等收入陷阱"，韩国和马来西亚的不同结果就是例证。与韩国等进入高收入经济体的国家或地区一样，马来西亚也遵循了大规模引入外资并实施出口导向的产业政策；区别在于，韩国通过重视研发以及大力培养高素质劳动力等政策将外国技术内化为本国的技术创新，并培育了一批创新型企业，但马来西亚则缺失这一关键环节（1984 年韩国研发投入占 GDP 的比重已经达到 1.3%，这一数据到 2012 年已经上升至 2%以上，但 2012 年马来西亚研发投入占 GDP 的比重刚刚高于 1%）。

三、前四轮全球产业转移带来的几点经验启示

（一）从转移动因看，市场因素和非市场因素交替主导产业转移，并遵循"先市场、后非市场"的顺序

从前面四轮全球产业转移的动因看，每一轮产业转移都离不开经济、技术和政治三方面因素的作用。而这些因素发挥作用有一定的顺序，往往都是技术、经济等市场因素先起效，政治这一非市场因素后起效。随着技术和经济因素带来的外溢效应下降，市场因素产生了新的不平衡且通过市场化路径难以解决，非市场因素便成为主导。当新一轮技术涌现并达到新的阶段之后，便停止这种"内卷"。由此可见，经济因素是产业转移的基础，技术因素是内核，政治因素则是一种补充。具体表现为：当新技术出现萌发新的利益，则技术领先方会将劳动密集型、资本密集型产业转移到其他国家或地区以集中更多资源获取新的利益；产业转移又深度地改变了承接国原有的产业结构，促使经济增长模式升级。随着产业承接国经济实力的上升，必将与转出国产生竞争，如果没有出现新技术带来的新增长点，双方的冲突加剧，政治因素成为主导，直至一方掌握新的技术并形成新的利益分配。

例如，日美贸易战就是日本崛起对利益蛋糕重新分配的必然结果。但是随着电子信息技术的发展，人工难以实现的海量计算得以实现，一系列的衍生金融产品随之出现，加上里根政府新自由主义经济学放宽了对金融的管制，互联网和华尔街迅速带给美国新的利益蛋糕，美国与日本之间的争端也暂时告一段落。

（二）从转移结果看，承接国基本完成了产业升级实现经济超速发展，但转出国的空心化问题开始暴露

美国、德国、日本以及"亚洲四小龙"均实现了工业化，并保留下具有竞争力的产业。例如，在第二轮产业转移中，美国将钢铁、纺织等行业向外转移，留下了飞机制造、医疗器械、生物工程、航空航天等产业，且至今仍然掌握相关技术发展制高点；德国、日本用了 20 年将纺织、服装等劳动密集型产业转出，保留了汽车制造、精密仪器、电子等产业。当前，德国、日本制造的精密仪器、光学元件全球领先，汽车产业也分别占据全球的高端市场和中低端市场。"亚洲四小龙"也用了 20 年把低端制造业转移出去，并形成了各自的产业竞争优势：中国香港地区形成了以金融和旅游为主的产业模式；新加坡形成了金融、旅游、造船和石油化工等产业模式；中国台湾地区成为全球最大的半导体芯片制造基地，几乎全世界每一台电脑里面都有中国台湾地区制造的产品，光学产品可以和日本同台竞争，联发科的 IC 设计也是全球一流；韩国的消费类电子产品已经超过日本，其他如造船、半导体、液晶面板也都是全球一流。在第四轮产业转移中，中国抓住机遇迈进中等收入国家序列。但是，以美国为首的发达国家制造业空心化问题在数轮产业转移中不断扩大，成为最终引发 2008 年席卷全球的国际金融危机的重要原因之一。

（三）从转移方式看，前三轮全球产业转移是商品全球化下的产业整体转移，第四轮全球产业转移是在价值链全球化的影响下，某一生产环节或工序的转移

从价值链视角来看，前三轮全球产业转移都是基于商品全球化的产业整

体转移,而第四轮全球产业转移是在价值链全球化影响下,某一生产环节或工序的转移[①]。价值链全球化极大促进了国际贸易发展,并在第四轮全球产业转移期间形成超级全球化周期。在全球价值链生产分工体系中,传统的"国家制造"转变为"全球制造",跨国原材料及中间品贸易成为国际贸易的关键构成。自1990年以来,在全球价值链相关贸易推动下,许多国家的交通和通信成本及各种贸易壁垒显著下降,全球贸易和世界经济都迎来显著增长。1995年WTO成立以后,全球化分工贸易体系进一步拓展,并随着2000年以后跨国公司在全球的投资布局而进一步扩大,并在2008年金融危机之前达到阶段性顶峰。这也带动了产业转移范围的扩大。可以说,第四轮产业转移与"超级全球化时代"相重叠。在这一时期,任何一个国家或地区一旦游离在全球价值链之外,就将错失经济发展的良机,越来越多的国家或地区意识到了全球价值链的重要性,积极主动融入全球价值链,成为新的产业分工和产业转移的参与者。

---

① 王德伦. 从四次产业转移看中国经济发展[R]. 兴业证券,2021(08).

CHAPTER 2

第二章
两个阶段：全球新一轮产业转移
呈现五大新趋势

2008 年全球金融危机以后,全球新一轮(第五轮)产业转移逐步启动。以 2018 年为节点,我们将全球新一轮产业转移分为两个阶段。第一个阶段是 2008—2017 年,基本以市场因素推动的转移为主。这一阶段,中国延续了前四轮的梯度转移模式,不仅是全球最大的产业转移承接地,同时在劳动力成本上升的压力下开启了部分劳动密集型产业的对外转移。第二个阶段是 2018 年之后,受大国地缘政治博弈、新冠疫情和俄乌冲突影响,发达国家推行以供应链安全为名义的"再工业化",全球产业转移呈现出不同以往的新趋势和新特点。

在第一个阶段,虽然部分发达国家已经在倡导制造业回流,但是由于第四轮产业转移和全球价值链带来的长尾效应,政治因素在这一时期并未发挥太大作用,影响各国产业转移的因素仍以市场因素为主。以中国为例,2008—2017 年,我国的 FDI 一直排名全球前三位,是最重要的产业承接国之一。与此同时,我国也逐步成为对外投资大国,其中,在以我国为转出国、以越南等东南亚国家为承接国的梯度转移上,主要是受 2008 年以来我国生产要素成本显著上涨的影响;在以我为转出国、以美国为承接国的逆梯度转移上,则是受 2011 年前后数字化、智能化技术涌现重新定义了发达国家和发展中国家的成本比较优势,使部分制造环节回流发达国家本土成为可能。但是到了第二个阶段即 2018 年以后,地缘政治风险急剧上升,同时带动梯度和逆梯度双向转移节奏突变、转移网络参与者也更加多元,并呈现出明显的政治化、多极化、双向化、绿色化和再垂直化的特征。

一、政治化

(一)"政府刺激"在影响美国制造业回流的因素中排名上升

与奥巴马政府不同,自特朗普政府时期开始,非市场因素在驱动美国制造业回流中的作用明显加强。根据回流倡议组织 2016 年的调查,2010—2016

年，企业回流最主要的原因为"接近客户/市场"，有 251 家企业选择该理由，"政府刺激"在回流原因中排在第二名，有 249 家企业选择。2018 年后，政治因素的作用显著增强。根据该组织的近年来的调查结果，除了 2020 年"政府刺激"降至第二名，其余年份均处于首位。如图 2-1 所示，2018 年美国制造业回流企业中有 848 家企业选择了"政府刺激"作为回流的主要原因，较 2017 年的 527 家增加了 321 家。2020 年，受疫情影响，"接近客户/市场"超过"政府刺激"成为企业回流的主要原因，共 1367 家选择"接近客户/市场"，1268 家选择"政府刺激"，此外"交付周期"和"产能利用不足"在影响因素中的排名上升最为明显,种种变化均与疫情相关；2021 年有 1594 家企业选择"政府刺激"，该理由再度成为首要因素。2022 年 "政府刺激"依然排在首位，其他排在前面的因素还包括"熟练的劳动力培训""供应链风险/政治稳定性""接近客户/市场"等，2017—2018 年影响美国制造业回流的主要因素排名如表 2-1 所示。

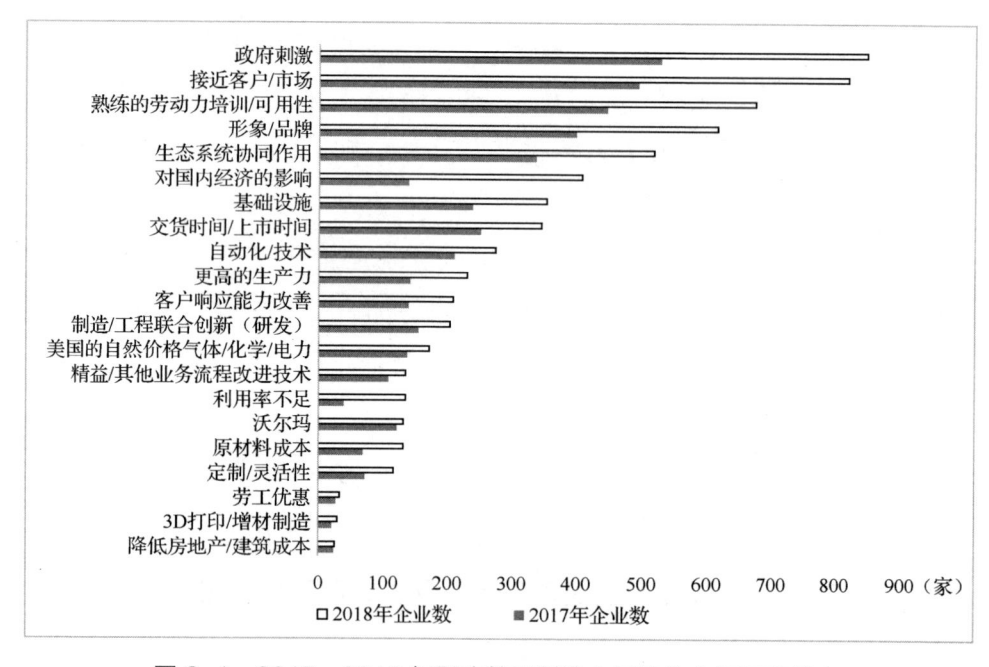

图 2-1　2017—2018 年影响美国制造业回流的主要因素排名

数据来源：美国回流倡议组织，赛迪研究院整理

表 2-1　2022 年影响美国制造业回流的主要因素排名

2022 年主要影响因素	排　名
政府刺激	1
熟练的劳动力培训	2
供应链风险/自然灾害风险/政治稳定性	3
接近客户/市场	4
生态系统协同作用	5
基础设施	6

数据来源：美国回流倡议组织，赛迪研究院整理

（二）"中美关系"走向成为在华外资企业的关注重点

政治因素不仅影响了发达国家制造业回流的趋势，还影响了外资在华的投资选择。根据 2023 年美中贸易全国委员会围绕中国商业环境对 117 家会员企业的调查，尽管多数美国企业在华仍保持盈利，并认可中国市场对其保持全球竞争力的重要性，政治因素仍然无可避免地成为左右外商投资趋势的重要因素。调查结果显示，在受访美国企业选择的 2023 年十大挑战中，中美关系取代新冠疫情，重新成为首要挑战。2018—2021 年，"美中关系"曾连续四年位列在华美企的首选因素。此外，"出口管制、制裁和投资审查"从 2022 年的第六位升至 2023 年的第三位，也反映出外资对政治因素的考量在不断上升[1]。

如图 2-2 所示，从中美关系对外资企业决策的影响看，超过三分之一的受访企业称，中美关系紧张局势已导致其推迟或取消在华投资，这一比例与 2022 年保持一致。另外，有 34% 的受访企业更换了供应商，以减少持续供应方面的不确定性[2]。

---

[1] USCBC 2023 Member Survey: Concerns About US-China Relations and Chinese Policies Slow Investments and Sales in China[R]. US-China Business Council, 2023(09).
[2] 2023 年中国商业环境调查[R]. 美中贸易全国委员会，2023(09).

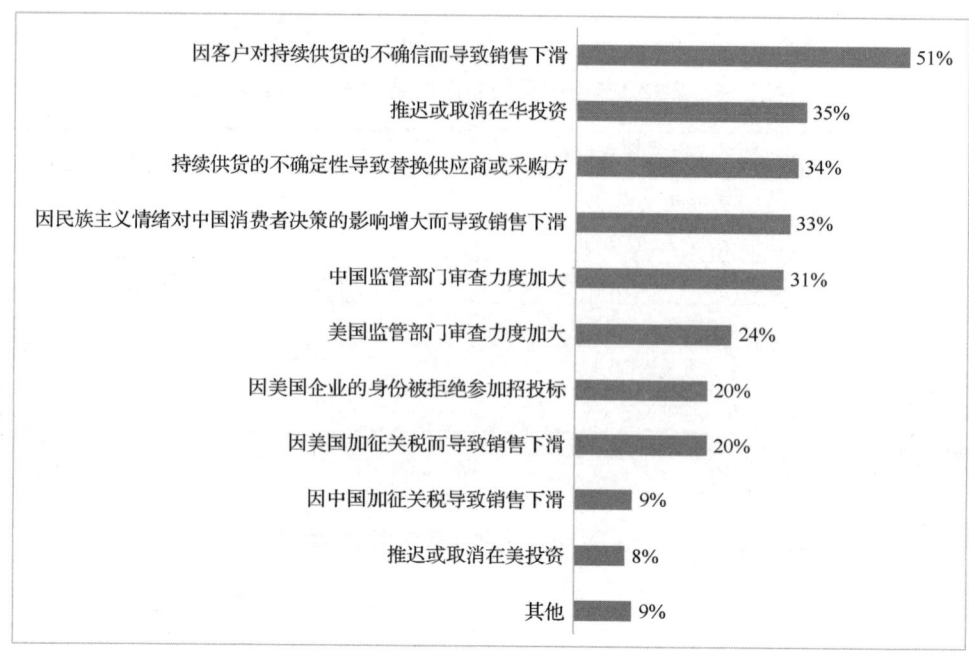

影响因素	百分比
因客户对持续供货的不确信而导致销售下滑	51%
推迟或取消在华投资	35%
持续供货的不确定性导致替换供应商或采购方	34%
因民族主义情绪对中国消费者决策的影响增大而导致销售下滑	33%
中国监管部门审查力度加大	31%
美国监管部门审查力度加大	24%
因美国企业的身份被拒绝参加招投标	20%
因美国加征关税而导致销售下滑	20%
因中国加征关税导致销售下滑	9%
推迟或取消在美投资	8%
其他	9%

图 2-2　中美关系对外资企业在华决策的影响

数据来源：2023 年中国商业环境调查

二、多极化

（一）从四类有代表性的局部性转移看新一轮产业转移的多极化特征

综合来看，2018 年以来全球已经出现了四类局部性产业转移：一是中国部分产业迫于关税成本向东盟或墨西哥的转移。二是疫情后，跨国公司愈加重视供应链安全，开启在中国周边的多元化布局。例如，日本企业在政府的鼓励下，积极实施供应链多元化政策，最近一年向东盟转移企业数量达到了 57 家，包括 Hoya 公司、信越化工等。三是俄乌冲突以及随之而来的制裁与反制裁引发一波跨国公司撤资潮；与此同时欧洲国家遭遇能源危机，为减轻成本压力，欧洲的化工、金属等能源密集型企业纷纷采取措施，有的减产、有的关厂，有的甚至直接选择"逃离"欧洲，开启向美国、中国的双向转移。四是美国拜登政府执政后，特别是 2022 年以来美国产业政策卷土重来引发的制造业回流加速。

由此可知，全球新一轮转移已经发生在"中国—东盟、墨西哥""美国、日本、韩国—东盟""俄罗斯—中国、美国、欧盟""欧盟—中国、美国""中国、欧盟—美国"等多个不同国家和地区之间，不仅转出国和承接国的数量在增加，具有转出和承接双重身份的国家数量也在增加，多极化趋势明显。

（二）中国作为重要的一极深度参与新一轮全球产业转移，并同时承担转出国与承接国的双重身份

近几年全球价值链也在动态调整，以适应地缘政治经济格局的持续变化，全球产业转移正是全球价值链调整的体现。中国过去40多年的经济发展是一个深度融入全球价值链的过程，随着中国经济实力的显著增强和高质量发展新阶段来临，中国一方面不断调整自身在全球产业转移中的角色和定位；另一方面，以构建新发展格局为契机，加大推动产业国内外转移力度，整体呈现出由内接到内转和外扩的变化过程。在中国的深度参与下，新一轮全球产业转移正成为首次不完全由发达国家主导的产业转移[①]。

（三）全球三大区域供应链中心加强区域化重构的同时，带动生产网络愈加分散化和多极化

供应链从全球化向本地化、区域化的重构已持续10余年。在此期间，中国逐步取代日本成为亚洲的供应链中心。全球已经形成以美国、德国和中国为中心的北美、欧洲和亚洲三大全球供应链区域中心。而三大区域供应链体系加强区域化重构的同时，也进一步带来了分散化和多极化。根据1985—2015年全球贸易网络的变化趋势[②]，三大区域供应链体系在2005年已经基

[①] 岳圣淞. 第五次全球产业转移中的中国与东南亚：比较优势与政策选择[J].《东南亚研究》2021年第4期.

[②] 蒋小荣，杨永春，汪胜兰. 全球227个国家和地区贸易网络数据集（1985-2015）[J]. 全球变化数据学报，2019(03).

本形成，到了2009年和2015年欧洲和亚洲的网络密度均有明显提升，我国也超过日本成为亚洲贸易网络的中心；与此同时，2005年开始，非洲、南美的贸易网络也慢慢开始形成，2015年已经初见雏形，产业链分工的区域形态也更加分散。也就是说，多极化令传统大国与新兴经济体力量对比此消彼长，全球产业链供应链分工的区域形态随之改变[①]。

三、双向化

与前几轮产业转移相比，此轮产业转移除了工业化国家向欠工业化国家的单向和梯度转移，逆梯度转移的情景也不断出现，使本轮全球产业转移呈现出不同以往的"双向化"特征。

（一）部分产业低技术环节向更具成本优势的东南亚国家转移

以越南为例，截至2023年9月，中国累计对越南投资约4023个项目，协议金额近260.4亿美元，分别占越南吸收外资项目总数和协议总额的10.5%和5.7%。在144个对越南投资的国家和地区中位列第6位。主要投资项目赛轮（越南）有限公司、百隆东方、天虹集团、申州国际、立讯精密、歌尔声学、蓝思科技、越南光伏，集中在手机、计算机、纺织服装、机械设备等加工制造业[②]。已经在越南北宁和荣市建厂的某电子企业表示，尽管已经从国内向越南工厂派了几百人，但太复杂的产品生产线还没有搬过去。另一装备制造企业反映，其迁往越南的产线主要是用于对美出口，产能不到国内产能的10%。课题组对相关园区调研也显示，我国向越南等东南亚国家转移的环节以组装加工等低技术环节为主，高端环节受劳动力水平、技术水平等影响仍有较大转移难度。

---

① 赵昌文. 全球产业链供应链分工逻辑的变与不变[OL]. 中国日报网，2022(01).
② 对外投资合作国别（地区）指南[R]. 商务部，2023(03).

（二）高技术制造业向以美国为代表的发达国家的逆梯度产业转移开启

欧美国家对供应链安全的诉求上升，加大国内投资，拉动制造业特别是中高端制造业的回流势在必行，其中美国的做法最为显著。奥巴马时期，为刺激经济，出台了复苏经济的一揽子计划方案——《美国复苏与再投资法案》（ARRA 法案），该法案将 7870 亿美元拨付给能够加速国家经济复苏的特定部门和产业，旨在加强科技研发、人才培养和基础设施建设投入，激发国家的创新潜力，促进美国的经济复苏与可持续发展。此后又成立"先进制造伙伴"计划（AMP）并发布《先进制造业国家战略计划》，聚焦先进制造业的创新政策。特朗普时期的产业政策更加重视产业安全，如针对关键性技术与产品出台《出口管制改革法案》（ECRA）等[1]。拜登时期的《基建投资和就业法案》《芯片和科学法案》《通胀削减法案》三大法案耗资近 2 万亿美元[2]，更是不遗余力地通过各种补贴促进制造业回流。

在非市场力量的主导下，资本向美国本土的逆梯度产业转移趋势逐渐显现。如图 2-3 所示，2021 年 1 月开始，美国制造业在建厂房投资总额大幅攀升，2023 年 5 月美国制造业在建厂房投资总额（1943.01 亿美元）已超过上一周期历史峰值（2015 年 6 月，887.81 亿美元）的两倍；且本轮投资总额峰值仍未出现，意味着还有进一步上涨空间。据美银预测，如果这一趋势持续，仅制造业投资本身就将提振美国 2023 年第二季度名义 GDP 增速 0.7 个百分点。根据美国财政部在 2023 年 6 月发布的一份报告，美国此轮制造业厂房投资大幅上升主要来自计算机、电子和电气行业，其 2023 年 4 月在建厂房总额接近 1000 亿美元，占到全美制造业厂房投资的 50%以上[3]。[4]美国

---

[1] 沈梓鑫，江飞涛.美国产业政策的真相：历史透视、理论探讨与现实追踪[J].经济社会体制比较，2019(06).
[2] 翟迈云.拜登经济学遭遇"特朗普降级"？[N].北京日报，2023(08).
[3] Neil Irwin. A manufacturing investment super cycle is starting[OL]. Axios, 2023(07).
[4] Eric Van Nostrand, Tara Sinclair, Samarth Gupta. Unpacking the Boom in U.S. Construction of Manufacturing Facilities[R]. U.S. DEPARTMENT OF THE TREASURY, 2023(06).

"回流倡议"组织统计的美国制造业岗位回流的行业分布也印证这一趋势：电气设备、计算机电子、运输设备等行业吸引的回流岗位占比分别达到47.0%、22.4%和11.2%。这些回流行业与美国《芯片和科学法案》《通胀削减法案》《基础设施投资和就业法案》鼓励的半导体、电动汽车、清洁能源设施等战略重点方向基本一致。另据美国芯片工业协会（SIA）的报告，2020年5月至2023年4月，已经有超过50个半导体项目在美国开工，总投资金额大约为2100亿美元，主要厂商包括台积电、德州仪器、英特尔、美光、三星等。

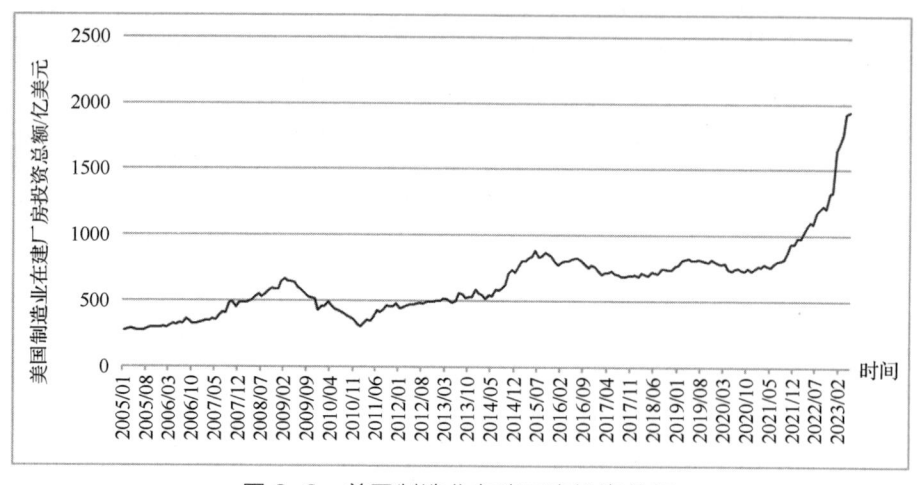

图 2-3　美国制造业在建厂房投资总额

数据来源：美国经济分析局，赛迪研究院整理

综上，发达国家引导高端制造业"回流"政策，与新兴经济体吸引制造业"流入"政策同时作用，形成了新一轮产业转移的双向化特征，但同时中国制造业也被迫面临"双向挤压"的困境。

四、绿色化

（一）绿色产业成为各国推动产业链回流的重要选择

随着各国在应对气候变化问题上达成共识，促进经济增长和应对气候变化两大进程呈现出一致性，环保不再是阻碍经济增长的负担，转而成为促进经济增长的新动能。从需求看，受俄乌能源危机影响，欧洲经济发展对新能源的需求空前扩大；从供给看，随着新能源产业的制造属性加强，规模成本下降，各国发展新能源产业的动力加大。美国、欧盟、印度、印尼等大型经济体纷纷出台相关产业政策，产业转移的绿色化特征日益明显。

美国：通过关税、采购禁令和产业补贴提高竞争力。进口关税方面，对进口中国新能源产品提升交易成本，如2018年9月的"301调查"对部分光伏组件加征10%的进口关税。采购禁令方面，2021年3月出台对产自新疆的太阳能电池板的采购禁令，限制进口新能源产品的原材料产地。产业补贴方面，2022年8月，美国总统拜登在白宫签署《通胀削减法案》，旨在对本土制造新能源产品给予大额现金补贴或税收优惠。该法案围绕可再生能源、清洁交通等共计投入3690亿美元，其中510亿美元用于清洁能源。

欧盟：三大法案提升本土制造竞争力和关键原料供应能力。2023年3月，欧盟正式公布《净零工业法案》和《关键原材料法案》。其中《净零工业法案》旨在提高本土新能源制造能力，其目标为到2030年欧盟战略性净零技术制造能力将满足欧盟至少40%的年度需求；《关键原材料法案》旨在减少欧盟关键新能源原材料的进口依赖并提升本土供应能力，该法案规定了加工环节的进口原材料比例，要求欧盟在任何加工阶段对任何一种战略原材料的年消耗量中，来自单一第三国的比例不超过65%。同时，欧盟新电池法要求披露动力电池的碳足迹，或将提高中国动力电池出口欧洲的难度。2023年7月，欧盟公布《电池与废电池法》，该法规将规范电池从生产到回收和再利用的整个生命周期，并确保其安全、可持续和具有竞争力。

除了欧美等发达经济体，印度、印尼等发展中国家也大力推动新能源产品制造的本土化。印度方面，通过提高进口关税、产品采购白名单等手段提升光伏组件等产品的自身竞争力。印尼方面，拟利用其本土镍资源优势征收镍产品出口关税，以构建本土新能源制造产业链。

(二)"双碳"目标和全球首个边境调节机制正式实施,高碳产业跨国转移可能性大大降低

2023年10月1日,欧盟碳边境调节机制(CBAM)正式实施。按照规定,欧盟将对从境外进口的钢铁、铝、水泥和化肥额外征税,2023年到2025年为过渡期,2026年至2034年逐步全面实施。美、日等其他发达经济体的碳关税政策也在讨论形成中,参与意愿强烈。美国2021年3月发布《2021贸易政策议程及2020年度报告》,明确表示将考虑把碳边境调节机制纳入贸易政策。2022年上半年,美国共和党、民主党均有议员提交碳边境调节机制相关提案,该议题已成为党争激烈局势下美国两党少有的共同议题。日本已实施全国范围的碳税措施,并在国家层面实验了多种机构牵头的碳排放交易和碳抵消项目体系,如自愿碳排放交易体系(JVETS)、碳排放信用体系(J-Credit)、联合信用机制等,但市场建设效果存在较大争议。2021年日本经济产业省提出,计划于2022—2023财年启动国家示范性碳信用额度交易市场,鼓励更多本土企业自主减排,同时也向跨国公司开放,预计将有400~500家公司参与其中。尽管碳关税尚未最终演化成国际规则,但随着CBAM这一全球首个"碳关税"正式实施,必然影响产业转移的底层逻辑[①]。

按照比较优势理论,当国家间碳成本级差足够大,并超过产业跨国转移的机会成本时,高碳产业才可能进行转移。碳关税对产业转移最显著的影响在于,其缩小了不同国家之间碳成本的级差,高碳产品不再具备成品优势,高碳产业跨国转移的可能性大大降低。

回顾历史,全球对消耗臭氧层物质(ODS)的治理也经历了类似的过程,并影响了相关产业的跨国转移。和碳排放类似,消耗臭氧层物质也是一种具有全球负外部性的物质,它会破坏臭氧层进而导致皮肤癌等疾病。1987年《蒙特利尔议定书》签订,要求各国逐渐减少生产和使用消耗臭氧层物质,其中发达国家先减少,发展中国家后减少,即各国之间存在规制级差。但是,

---

① 梁一新,关兵,韩力等.国际经贸规则变局与重塑[M].北京:电子工业出版社,2023.

为了控制境内温室氟化气体总量、缓解欧盟环境压力，2014年5月欧盟发布了关于温室氟化气体（F-Gas）的监管条例。根据该条例，欧盟从2015年开始实施配额制，涉及温室氟化气体的欧盟境内生产商、进口商等都将受到影响。这种进口限制直接阻碍含氯乙烯冰箱产业向发展中国家转移，倒逼发展中国家提前进行产业转型升级。1995年后，中国氯乙烯冰箱的替代产品迅速发展，到1999年就基本完成了替代，比《中国消耗臭氧层物质逐步淘汰方案》中规定的2005年提前了6年。由此可见，缩小碳成本级差的国际政策大概率也会降低高碳产业跨国转移的可能性，高碳产业长期来看更可能通过节能低碳升级来应对碳成本上升，而非选择跨国转移[1]。

五、再垂直化

（一）市场机制失灵的情况下垂直一体化会逐步占优，新一轮产业链重构模式将从"水平"重新回归"垂直"

企业的生产组织形式主要包括"垂直分工"和"水平分工"两种，前者指在企业内部完成一整条产业链的生产；后者指企业间通过市场交易分别负责某个或几个生产环节，最终通过合作完成对最终产品的生产。对一个企业而言，在某一时间点选择垂直一体化还是水平分工，与这两种模式哪一种更为经济或有效相关。换言之，如果市场机制更为有效，水平分工会逐步成为主导，如果市场机制失灵，垂直一体化会逐步占优。而在不同的时期，企业的最优生产组织形式必然会随外部大环境的变化而变化的。

从全球视野来看，如果将每个国家看成一个个单独的企业，则"垂直分工"意味着在某个国家内部完成整个产业链的生产，而20世纪90年代以来的全球价值链则更接近于"水平分工"模式，即每个国家主要负责产业链

---

[1] 中金公司研究部. 大国产业链：新格局下的宏观经济与行业趋势[M]. 北京：中信出版社. 2023.

上的一个或几个环节①。不同时期主要产业分工模式的变化和原因如表 2-2 所示。

表 2-2　不同时期主要产业分工模式的变化和原因

时　　间	垂直分工的变化	原　　因
17—18 世纪晚期	上升	克服市场及原材料的不确定性，加强对地域的控制
19 世纪早期	下降	西方国家对于殖民地市场的控制力下降
19 世纪 20 年代到 19 世纪 70 年代中期	上升	技术保护，对于效率、生产质量的关注度提升
19 世纪 80 年代以后	下降	苏联解体，冷战形势缓和，大量的军事技术转为民用，同时前华约国家的市场向西方敞开大门，各经济体之间的技术、市场壁垒下降

资料来源：兴业证券

在 17 世纪至 18 世纪晚期，西方国家的垂直一体化模式盛行，这背后很重要的一个原因在于原材料市场的极大不确定性，下游企业为了降低这种不确定性或者平抑原材料成本的波动，而选择了垂直一体化的模式。在第二次世界大战之后至冷战结束前，日本、德国的经济增长世界瞩目，原因之一在于当时的全球前沿领域为重化工业（钢铁、机电、造船、石油化学等），这些领域都利于大型企业利用垂直一体化的管理方法提高生产效率，而非以通过市场合作为主。当时日本、德国，甚至早期的苏联都有类似的生产组织形式。当时的这种全球环境，使日本、德国这种有能力在国家内部组织起整条产业链的经济体实现了跨越式的增长。

19 世纪 80 年代中期之后，全球进入"大缓和"时期。此后苏联解体，冷战形势缓和，大量的军事技术转为民用，各经济体之间的技术、市场壁垒下降。壁垒的下降也意味着外部交易的成本下降，通过市场交易采购的经济性开始显现出来，全球生产的形式逐步趋向于水平分工。这一时期，此前无法组建大型产业链的一些小型经济体，只要聚焦于产业链中的某一个环节深耕，即能获得快速增长，如聚焦于芯片发展的中国台湾地区、通过承接欧美

---

① 赵昌文. 全球产业链供应链分工逻辑的变与不变[N]. 中国日报网，2022.

服务外包发展起来的爱尔兰等。

随着过去几年全球经贸体系的不确定性因素增多，企业和经济体都更加注重供应链的安全性。这意味着自20世纪90年代以来全球基于"效率"的水平分工模式将发生改变，"垂直一体化"的生产模式将（部分）回归。可以说，新冠疫情和百年未有之大变局会给全球的区域分工、次区域的分工带来改变，但是垂直分工（即经济技术发展水平相差较大的经济体之间的分工）和水平分工（即经济发展水平相同或接近的国家之间，在工业制成品生产上的分工）这两大方向没有改变，但会在一定区域范围内形成新的垂直分工和水平分工，并呈现出不同的侧重。

（二）"产业内贸易"成为我国未来参与全球化的重要方向，对产业内水平分工的诉求必然增加，需要处理好水平与垂直的平衡问题

随着我国产业不断升级，劳动密集型产业开始逐步向外转移，未来发展与欧、美、日发达国家基于比较优势的"产业间贸易"必然大幅减少，而生产同类产品然后进行"产业内贸易"将成为必然选择。"产业内贸易"要求我国和发达国家一样，具有发达的国内消费市场，因此需要相互开放市场，以实现贸易利益的交换[1]。这就意味着，随着中国创新能力的不断增强，中国承接发达国家产业转移时对水平型分工的要求更加明显，这与全球产业链重构出现的"再垂直化"趋势形成一定矛盾，需要在动态调整中实现平衡。[2]

---

[1] 梁一新、韩力、关兵等. 中国与CPTPP：货物贸易机遇与挑战[M]. 北京：电子工业出版社，2023.
[2] 白雪洁. 中国新一轮产业转移：动因、特征与举措[J]. 国家治理周刊，2022(08).

CHAPTER
3

第三章
为何生变？从经济、技术、政治三重
维度看全球新一轮产业转移动因

总体来看，经济、技术和政治三重维度交叉融合加速全球新一轮产业转移。首先，全球价值链贸易萎缩、全球经济利益分布不均，破坏了市场因素继续主导全球产业转移的经济基础。其次，数字化、智能化等新技术的涌现，加上各国对新兴和关键技术的竞争日趋白热化，客观上使制造业回流成为可能。最后，随着新冠疫情、俄乌冲突等事件的发生，市场化路径难以解决各方矛盾，使非市场因素在新一轮产业转移中的作用上升。与此同时，这些因素相互交织最终影响跨国公司决策，促使跨国公司的决策逐渐与政府推动的产业转移战略趋同。

一、主导全球产业转移的市场基础被破坏

（一）2008年金融危机以来，全球化从高潮逐渐回落，全球价值链进入缓慢下行通道

中美经贸争端发生前，以全球价值链分工为代表的全球化就已经进入缓慢下行通道，且未停止或逆转[1]。据测算，2001—2007年全球贸易平均增速为14.4%，2008—2022年全球贸易平均增速为3.1%；出口总额的平均增速也从2001—2007年的14.5%降至2008—2022年的3.1%。与GDP增速相比，2001—2007年全球贸易额增速约为GDP增速的4倍，但到了2008—2022年这一时期，全球贸易额增速只是GDP增速的1.2倍[2]。麦肯锡报告（2019）显示，2007—2017年，尽管商品产量和贸易量的绝对值都在继续增长，但跨境贸易在全球商品产出中的占比却在下降，贸易强度（出口额在商品生产价值链中的总产出的占比）从28.1%下降至22.5%，下降了5.6个百分点；其中，几乎所有行业的贸易强度都呈现下降趋势，尤其是计算机和电子、纺织服装、机械设备、电力设备、汽车等产业链较复杂、贸易

---

[1] 全球价值链发展报告 2019[R]. IMF, 2019(04).
[2] 全球贸易数据来源于trademap数据库，GDP数据来源于世界银行。

属性较强的领域[①]。

（二）全球产业转移受益不均的问题日益严重，破坏了上一轮全球产业转移的经济基础

此轮以全球价值链为主导的全球化浪潮中，发展中国家经济实力快速提升，尤其是中国等新兴经济体快速崛起，使世界经济格局深刻调整。如图 3-1 所示，高收入国家 GDP 占全球 GDP 的比重从 2001 年的 81.7% 下降至 2022 年的 61.2%，下降了 20.5 个百分点，而中等收入国家 GDP 占全球 GDP 的比重从 2001 年的 17.3% 增长至 2022 年的 38%，上升了 20.6 个百分点。2001 年至 2022 年，高收入国家 GDP 年均增速为 3.9%，比全球平均增速低 1.4 个百分点，中等收入国家 GDP 年均增速为 9.4%，比全球平均增速高 4.1 个百分点。联合国贸易和发展会议（贸发会议）发布的《2023 世界投资报告》显示，2022 年中国吸引的外国直接投资额同比增加 5%，达到创纪录的 1891 亿美元。同时，受乌克兰危机升级、食品和能源价格高涨及公共债务飙升等因素影响，2022 年全球外国直接投资较上年下降 12%，减少约 1.3 万亿美元。报告称，到 2022 年，流入发达经济体的 FDI 将下降 37%，降至 3780 亿美元，而流入发展中国家的 FDI 增长 4%，增至 9160 亿美元。

如图 3-2 所示，从主要国家的表现看，美国、德国、日本等发达经济体的 GDP 占全球 GDP 的比重分别从 2001 年的 31.5%、5.8%、13%，下降至 2021 年的 23.9%、4.4%、5.1%，分别下降了 7.6、1.4、7.9 个百分点；同期中国、印度两个最重要的发展中国家的 GDP 占全球 GDP 的比重分别从 4%、1.4% 增至 18.5%、3.3%，分别上升了 14.5、1.9 个百分点。增速方面，如图 3-3 所示，美国、德国、日本的 GDP 年均增长速度分别为 1.95%、1.14%、0.58%，低于全球平均水平同期中国和印度的 GDP 年均增长速度分别为 8.4% 和 6.2%，高于全球平均水平。

---

① 梁一新，关兵，韩力等. 国际经贸规则变局与重塑[M]. 北京：电子工业出版社，2023.

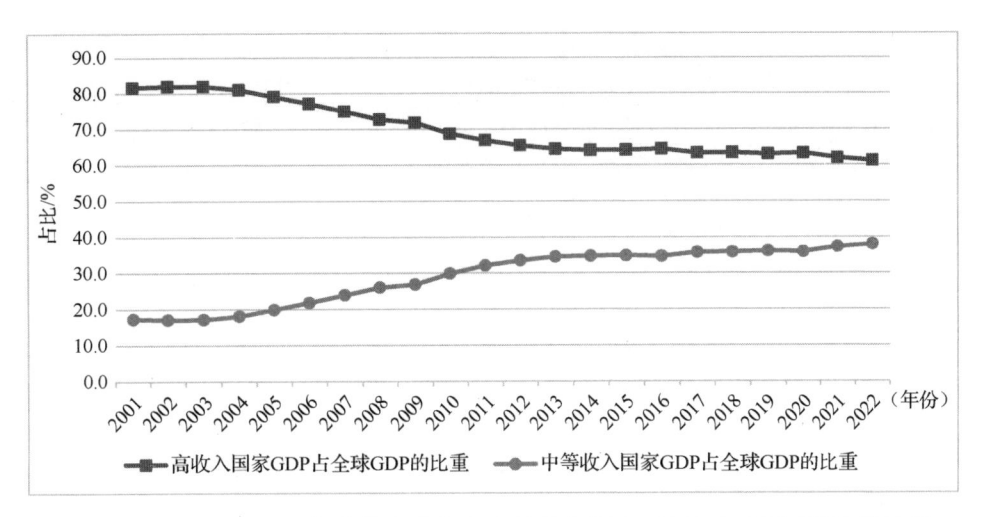

图 3-1　2001—2022 年高收入国家和中等收入国家 GDP 占全球 GDP 的比重

数据来源：世界银行

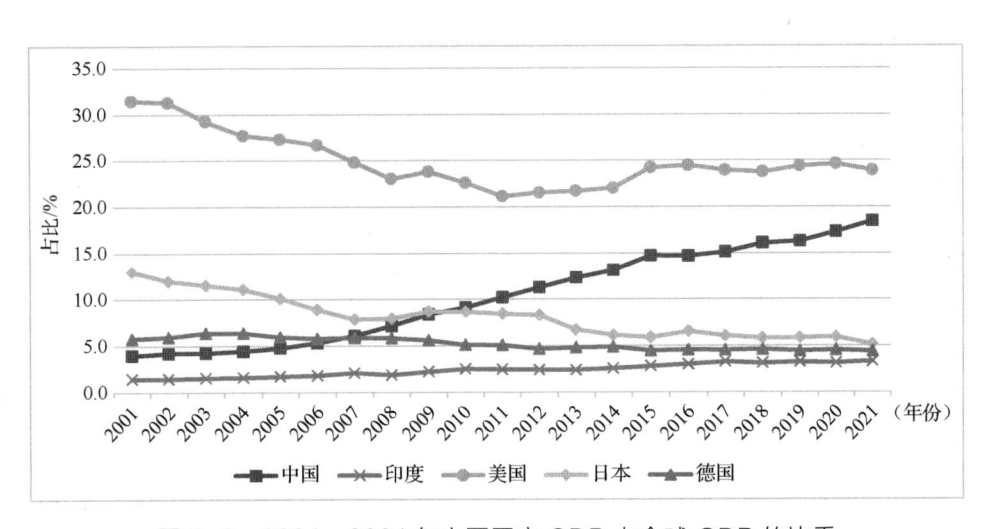

图 3-2　2001—2021 年主要国家 GDP 占全球 GDP 的比重

数据来源：世界银行

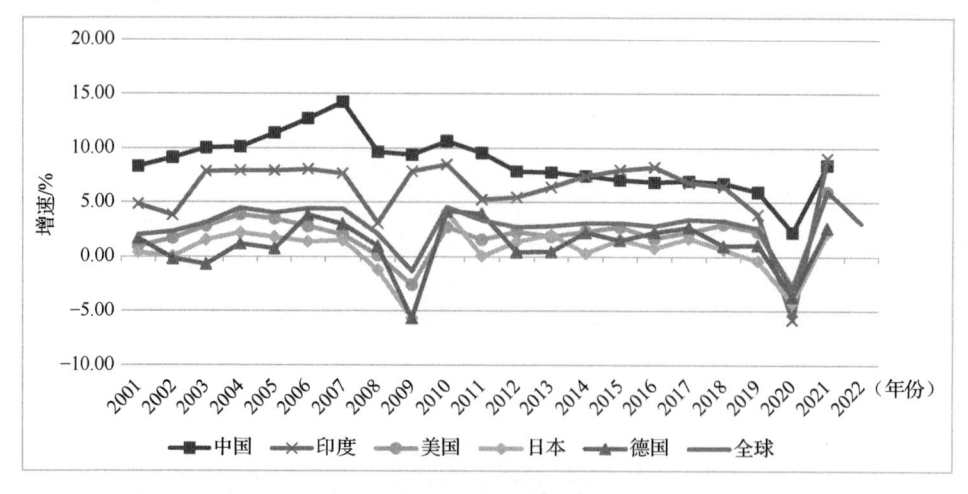

图 3-3　2001—2022 年主要国家 GDP 增速

数据来源：世界银行

（三）第四轮全球产业转移带来的发达国家内部利益分配不均问题日益明显

以美国为例，第四轮全球产业转移中，受益于资本和高科技的航天航空、生物医药等高端制造业和互联网科技企业迅速崛起，但钢铁、纺织等本土制造业逐渐消失，"铁锈地带"等传统产业处于弱势地位。美国产业结构不断失衡，并逐渐在美国内部表现为"伊本赫勒敦陷阱"（Ibn Khaldûn Trap），即国内政治身份认同的两极化。这种对抗意识在特朗普时期被广泛动员，在美国国内表现为白人至上主义加剧美国社会分裂，在国际层面表现为以零和博弈取代互惠合作，而中国则被美国树立为最主要的外部敌人。

二、各国加大对技术资源的争夺力度

（一）劳动力要素与数据要素在生产要素中的作用此消彼长，重新定义了发达国家和发展中国家的成本比较优势，使得部分产业回流成为可能

当传统的生产制造中融合了数字技术、人工智能技术等，不仅能提升产业链供应链的安全性和稳定性,也会给转出国和承接国在产业分工中的比较优势带来新的变化。

从历史经验看,劳动力成本差异一直是产业转移的关键动力,由于劳动力是一种不可贸易品,对劳动力的追求成为每一次全球产业转移的主要动因[1]。由于数字技术的兴起,数据要素的重要性快速提升,并逐渐成为最重要的生产要素。[2]数据要素重要性的提升必然导致劳动力要素等传统生产要素的弱化,进而减少了劳动力成本对产业转移的作用,并最终带来全球产业分工格局的演变。

对于传统产业来说,生产模式的数字化、智能化减少了生产过程中对劳动力的需求,从而促使组装制造环节向消费市场靠近。对发达经济体而言,资金、复合型人才、数据基础设施、知识经验、核心技术积累、营商环境等优势在新一轮全球产业转移中进一步凸显。例如无人工厂、数字制造、机器换人等概念都体现出了发达经济体既有优势的强化,引起了新一轮产业转移中的制造业回流。以低成本劳动力为主要比较优势的经济体,将面临加速去工业化。

(二)量子计算、人工智能等新兴技术的兴起,加剧了各国对技术资源的争夺,高技术行业出现逆技术梯度的集聚态势[3]

当前,新一轮科技革命和产业变革孕育兴起,人工智能、物联网、虚拟现实、3D打印、新材料、区块链、新一代信息技术、新能源、生物医药等新技术突破加速带动产业变革,并将对全球经济竞争格局产生重大影响。为了在新一轮科技竞争中占据主动,全球各主要经济体将进一步加大对高技术产业和数字化产业的扶持力度,部分高技术产业呈现向科技优势较大的地区逆技术梯度集聚的态势,位于价值链中低端的经济体实现产业升级的难度也

---

[1] 李苗献,蒋冬英,鲁政委. 全球制造业迁移路线图考[Z]. 首席经济学家论坛,2016(12).
[2] 宋紫峰. 未来全球产业分工格局变化分析[J]. 中国发展观察,2019年第12期.
[3] 杨翠红. 从新发展格局出发前瞻国际国内产业转移趋势[J]. 国家治理周刊,2022(08).

将有所增加。

近年来，西方纷纷发布先进制造业和新兴技术发展战略，加紧布局抢占全球科技制高点。美国重视强化全球先进制造业的领导力和对全球供应链的控制能力。美国工业战略的总体目标是实现美国在全球先进制造业的领导地位，确保美国制造业供应链的安全，以及为美国军事工业和全球军事行动提供技术、物资和供应保障。2017年1月，特朗普政府明确将大力发展美国制造业，扩大制造业就业规模，"让美国再次伟大"成为施政纲领。2018年10月，美国白宫发布《美国先进制造业领导力战略》，提出"实现美国在各工业行业保持先进制造业的领导力，以确保国家安全和经济繁荣"的总目标，并从新技术、劳动力、产业链三个维度来确定三大分目标。2022年10月，美白宫再次发布《先进制造业国家战略》，核心内容是围绕"先进制造技术""高素质劳动力队伍""供应链弹性"三大主题，提出了11项具体目标和37项实施路径，以确保美国先进制造业的全球领导地位。这一文件实质上是一份统一政府各部门行动的纲领性文件；体现了美国推进先进制造业发展的"三变""两不变"。其中"三变"是指：（1）全球绿色低碳转型和能源危机背景下，将"清洁能源"纳入先进制造重点技术发展领域，在响应民主党政策主张的同时强化美国在清洁和可持续制造领域的全球引领地位；（2）在全球产业链供应链重构、疫情及地缘政治等影响下，更加注重供应链弹性和稳定，强调供应链数字化转型和监测评估，以提升先进制造业的风险防御能力；（3）在疫情应对和粮食危机影响下，提出了广义的生物经济概念，除生物医药外，还包含农业、林业和食品加工，生物基加工和转化等领域，更加凸显其在疫情防控、医疗健康、食品安全等领域的公共属性。"两不变"是指：（1）坚持"技术""劳动力""供应链"三大支柱在先进制造业中的核心作用不变；（2）坚持重点发展"半导体、生物医药、先进材料、智能制造"四大重点技术领域不变。

德国重视强化技术和工业领域的领导力，注重先进技术研发和制造能力提升。德国工业战略的总体目标是在关键的技术技能方面、重点工业领域方面加大投入和支持力度,在技术和工业方面确保德国维持或重新获得在欧洲和全球的领导地位。2018 年 9 月,德国联邦政府发布《德国高技术战略 2025》。该战略聚焦三大行动领域,即"解决社会挑战""构建德国未来能力""树立开放创新和冒险文化"。2019 年 2 月,德国联邦经济事务与能源部发布《国家工业战略 2030》草案,并于同年 11 月发布最终版。战略总体目标为稳固并重振德国经济和科技水平,保持德国工业在欧洲和全球竞争中的领先地位;并提出到 2030 年德国工业增加值占 GDP 增长值的比重提高至 25%,占欧盟国家工业增加值的比重提高至 20%的具体目标。

英国倾向于制造业领域的科技和商业创新能力,重视通过创新提升盈利能力。英国工业战略的总体目标是不断提升英国的劳动生产率和盈利能力,到 2030 年发展成世界上最具创新力的国家。其思路是通过重视创新的各项条件,实现创新能力的提高,继而推进劳动生产率的提高,并最终提高企业的盈利能力和职工的收入水平。2017 年 11 月,英国政府发布《工业战略——建设适应于未来的英国》(工业战略白皮书)。为实现到 2030 年发展成世界上最具创新力的国家,白皮书从劳动生产率、盈利能力和创新能力三个角度出发,从重视研发投入、重视基础设施建设和重视营商环境三个维度具体实施。

与此同时,中国在新兴技术领域逐渐崭露头角。2020 年 8 月,美国信息技术与创新基金会(ITIF)称:"长期以来,中国一直寻求在软件、电信设备、大型主机等领域自力更生,在过去的五年里,中国朝着该目标迈出了巨大的步伐。"

(三)数字技术、智能化技术的发展影响了能源产业的转型升级,并带动产业转移呈现绿色化趋势

随着数字化、智能化技术与绿色化的深度融合,数据要素的低成本特点为新能源产业带来更大的规模效应,进一步促进产业绿色转型。数字化生产模式有效提升了生产效率和资源利用率,带动了绿色化趋势。2022 年发布的《关于数字经济发展情况的报告》显示，通过智能化改造，110家智能制造示范工厂的生产效率平均提升32%，资源综合利用率平均提升22%[1]。与此同时，数字技术已经融入发电、设备运维、能源消纳等多个绿色产业领域。根据德勤的数据，2017年新能源汽车平均每车搭载813个芯片，传统燃油车搭载芯片为580个，2022年新能源汽车平均每车搭载芯片上升至1459个，传统燃油车搭载芯片为934个，新能源汽车的数字化硬件数量明显上升。另据华为预测，到2025年全球将有90%的光伏电站实现数字化[2]。这种融合趋势对新能源产业的带动效应越发明显，也将加速产业转移的绿色化趋势。此外，由于新能源产业较传统能源产业制造业属性更加明显，各国可以通过各种产业政策扶持本土的新能源制造业增强其国际竞争力[3]，也从客观上为推动新一轮产业转移提供便利。

三、政治因素成为推动全球新一轮产业转移的重要力量

（一）大国博弈加剧，美西方国家极限施压是非市场因素上升的主要表现

1. 中美博弈

从2017年12月特朗普政府在《2017年国家安全战略报告》中将我国定义为"战略竞争者"，到2022年10月拜登政府发布其任内首份《国家安全战略》将中国视作"唯一有意愿且有能力重塑国际秩序的竞争对手"，中美之间的大国博弈已经不可避免地向全方位演变，美对华打出了贸易牌、科技牌、人才牌、金融牌、地缘政治牌和意识形态牌等一系列组合拳。

---

[1] 关于数字经济发展情况的报告[R]. 国家发展和改革委员会, 2022(10).
[2] 华为. 智能光伏设计研讨会议[Z]. 2020(02).
[3] Matsuo T, Schmidt T S. Managing tradeoffs in green industrial policies: The role of renewable energy policy design[R]. 2019(10).

一是完成"系列化"战略设计。从 2021 年 2 月的供应链审查开始，美国已经开始以国家安全为由构建新的供应链体系。此后，在酝酿《创新与竞争法案》等"一揽子"综合"遏华"法案"破产"后，2022 年 8 月通过的《芯片和科学法案》内容虽大幅缩减，但其中的"护栏条款"仍带有明显敌意。2023 年 5 月 3 日，美国国会参议院再度企图发起新的立法计划《中国竞争 2.0》，该法案被认为是《芯片和科学法案》的延续，除了要继续加大对关键技术的国内投资力度外，主推在科技、投资等领域的对华竞争，实质上是《创新与竞争法案》等"一揽子"综合"遏华"法案的再回归。从调研数据看，美国对中国加征高额关税成为部分跨国企业将产业从国内转出的重要原因之一。

二是设立"多头化"监管机构。拜登政府执政以来，美国国务院、国防部、中情局等政府机构纷纷成立"中国工作组"或类似部门，如"中国特别工作组""中国任务中心""中国事务协调办公室"等均涉及科技遏制职能。2023 年这一趋势仍在延续，2023 年 1 月，第 118 届众议院批准成立"中美战略竞争特别委员会"，专门负责"美中竞争"事务；2 月由美国司法部和商务部联合成立的"颠覆性技术打击小组"主要针对超级计算机、人工智能等八类颠覆性技术予以管控，旨在阻断美国与包括我国在内的四个国家的技术交流；5 月 16 日，美司法部首次公布该小组执法行动的 5 个案件，其中包括苹果公司的自动驾驶汽车软件代码流向外国对手等。

三是加强"精准化"打击手段。出口管制和投资审查一直是美国对华技术限制的惯用手段。出口管制方面，截至 2023 年 5 月底已经动用 5 次实体清单，5 次 SDN 清单，1 次未核实清单，较此前制裁频率明显增加。投资审查方面，2023 年 8 月，拜登签署行政命令，限制美企对中国的投资，涉及芯片、人工智能和量子技术等关键领域。

2. 在非市场因素不断外溢的情景下，跨国公司开始形成与其母国利益趋同的产业转移战略

一是部分地缘政治风险已经转化为直接成本，对原有产业布局造成极大破坏，企业必须重新布局。一方面，美对自华进口产品加征关税直接抬高了企业成本。2018年，受关税因素的影响，一批日本工业巨头如东芝机械、三菱电机、小松、旭化成等纷纷决定迁至东南亚国家、墨西哥或日本。课题组调研显示，近年来企业向越南进行产业转移的趋势日益明显，尽管其中有企业主动布局的情况，但规避关税是其最主要考量。以彩电为例，彩电从中国出口美国的关税是在原关税基础上加25%的关税，但从越南出口美国的关税只有2%~2.9%，这种成本上的巨大差异影响了跨国公司的决策。另一方面，发达国家大力推行产业回归政策，在补贴利益驱动下，跨国公司开始积极响应政府号召，将部分产业转移回本国。

二是跨国公司在美对华高压遏制下，从"去风险"角度重新思考全球供应链布局。虽然众多跨国公司对"价值观供应链""友岸外包"等违背经济规律的做法持批评和反对态度，但企业为"去风险"不得不推行备份战略。2022年5月布林肯在乔治·华盛顿大学的讲话明确提出："美国商界不应该以牺牲美国的核心价值观或长期竞争优势为代价。面对美国各项立法和执法行动，跨国公司在实质上已经响应国家的产业转移战略。"例如，涉疆法案直接改变了纺织行业跨国公司的供应链布局，法案将供应链溯源的举证责任从美国海关等执法机构转移给进口商，一些服装公司不得不从印度或南美寻找新的有机棉供应商以"合规"。

三是面对来自中国企业的竞争，部分跨国公司已经率先改变了原有立场转而支持和响应母国政府。在价值链贸易快速发展的过程中，跨国公司根据不同国家或地区的比较优势，将价值链上的不同环节在全球范围内分布实现"最优解"。在这一过程中，发达经济体的制造业或制造环节逐渐向外转移，产业空心化趋势凸显，跨国公司和母国政府对全球价值链下产业布局的态度相左，"短期的商业利益已经开始影响西方长期的战略利益"。但是，伴随着中国经济的崛起，美国各界已经充分认可和坚信"萨缪尔森陷阱"。根据该理论，中国不仅出口美国没有比较优势的服装玩具，而且正在加大生产和出口美国具有比较优势的飞机、高端装备、生物医药、信息通信设备、太阳能电池板等，进而将损害美国利益。部分视中国企业为最强竞争对手的美国企业开始支持美国政府对中国进行科技遏制，以延缓中国高科技领域的技术进步，确保美国技术领先优势，这些企业主要来自传统制造业、信息技术、国防领域。这种转变并非首次发生，"许多美国公司——尤其是汽车和半导体公司，曾经用类似的理由投诉过日本，并产生了相当大的影响，随着中国在更多行业的竞争力越来越强，可能会看到更多的公司转向这一阵营"[①]。

（二）疫情冲击全球产业链供应链，客观上提高了各国对产业链供应链自主、可控的要求，助推新一轮产业转移多极化、双向化

1．发达国家不断加强供应链的审查与立法，全球供应链布局从跨国公司自主调整的市场行为转变为政府干预的国家意志

美国：推动供应链审查，强化供应链的"国家安全"和"价值观"。2021年2月，拜登政府启动供应链百日审查，并于6月公布审查结果，深刻反思了其供应链结构，称国内和国际供应链的结构性弱点威胁着美国的经济和国家安全，并成立特别工作组，以解决半导体制造和先进封装、大容量电池、关键矿物和材料、药品和原料药等领域存在的供应链风险。此后，拜登政府又于2022年2月公布了2022年振兴美国制造业和确保关键供应链安全的计划，以及国防工业、能源等六大部门的供应链报告，为支持美国国内生产和提高供应链弹性提供了全面建议。

欧洲：加强关键产品与技术评估审查的同时强调人权价值。自新冠疫情暴发以来，多个领域和行业的供应链出现危机，欧盟加大对供应链安全审查的重视。2021年5月，欧盟委员会发布欧盟版供应链审查报告，提出137项"战略依赖产品"和7项"战略依赖技术"。评估结果显示，欧盟"战略依赖产品"主要集中在能源密集型产业，中国、越南和巴西是前三大进口来

---

① Competing With China:A Strategic Framework[R].ITIF,2020(08).

源国。其中包含34种"最敏感"产品，主要涵盖原料药、铁合金等原材料、涡轮螺旋桨、防护服、无线电接收器等制成品。欧盟"战略依赖技术"集中在人工智能、大数据、云计算、网络安全、工业生物技术、机器人和微电子（含半导体）7大领域，这些领域基本被美国主导。在加强关键产品与技术评估审查的同时，欧洲也加强了对供应链端的人权问题审查的法律化。2021年3月，欧洲议会审议并通过了《欧盟强制性人权、环境和善治尽职调查指令》的大纲提案，并预计在2022年底或2023年初生效。2022年6月，德国联邦议会通过了《供应链尽职调查法》，要求拥有超过3000名员工（从2024年起为1000名）的德国公司实施与人权相关和环境相关的尽职调查标准以规范其国际供应链。

日本：推动"中国+1"计划，要求国内制造业将强化供应链放在首位。2020年4月，日本专项拨款2435亿日元（约合157亿元人民币）鼓励日本制造业企业从中国迁回日本或迁往东南亚国家，以减少产业链供应链对华依赖。2021年4月27日，日澳印正式宣布启动"供应链弹性倡议"（SCRI），旨在减少关键领域对个别国家的依赖。2020年9月，日本宣布扩大补贴计划，增加印度、孟加拉国等作为鼓励搬迁的目标国。2021年5月，日本政府在内阁会议上敲定2021年版《制造业白皮书》，指出新冠疫情蔓延，增加了日本制造业供应链风险的"不确定性"，有必要通过分散采购源头等措施强化供应链。2021年6月，日本经济产业省《通商白皮书》进一步评估了日本制造业供应链布局的变化，指出近年来日本供应链呈现以中国为中心逐渐向周边分散的趋势。未来日本将牢牢把控关键产品的全球控制力，推动强化"中国+1"区域制造业布局，全面增强本国供应链弹性、多样性和安全性。

韩国：2020年7月，韩国发布"材料、零部件和设备2.0战略"，扩充供应链管理名录，并加大对尖端产业与国内制造业的扶持力度。根据该战略，韩国将供应链重点管理产品从现有的100个增加至338个。计划在2022年前为研发领域投资 5 万亿韩元以上，以提升半导体、生物医药、新能源汽车等战略性新兴产业的技术竞争力。同时，为提升国际竞争力，韩国政府还将重点扶持 100 家具有发展潜力的核心战略技术龙头企业。

综上，发达国家政府开始通过国内产业政策调整和推动国际经贸投资规则的重构对全球生产力进行再布局、再平衡，新一轮产业转移由此开始，呈现出主导力量多极化、转移方向双向化的新趋势。

2. 受疫情期间"断链"影响，跨国公司对供应链安全的追求也在上升

产业转移的微观主体——跨国公司对供应链安全的追求也在上升。疫情导致了全球供应链的中断和延迟，给跨国公司带来了巨大的挑战，进一步凸显了供应链管理的重要性。以汽车芯片为例，疫情暴发后，汽车制造商预计汽车销售将下滑，取消了大量芯片订单。因此当需求迅速恢复时，汽车制造商发现芯片制造商已经将产能重新分配给其他客户。每辆汽车尤其是部分电动汽车最高可能使用一千多种芯片，少一个芯片，汽车都无法工作。根据美国伯恩斯坦咨询公司（Bernstein Research）估计，2021 年全球汽车"缺芯"造成 200 万到 450 万辆汽车产量损失，约相当于近 10 年来全球汽车年均产量的 5%[①]。这次疫情让跨国公司认识到，要加速建立弹性供应链和多元化供应商网络，以应对未来可能出现的类似危机。

（三）俄乌冲突加剧东西方撕裂，全球供应链重构力度加大，推动新一轮产业转移

1. 俄乌冲突影响全球化底层逻辑，发达国家产业回归成为必然

俄乌危机已经成为全球化发展的转折事件，在西方利用"民主""价值观"等对俄联合制裁背景下，全球化的底层逻辑有发生改变的趋势。欧洲能

---

① 胡拥军. 以"车载芯片荒"为鉴加快谋划汽车产业链"备份系统"建设[J]. 中国经贸导刊,2021(14).

源危机越发严重，由于得不到俄罗斯的廉价能源，德国等欧洲国家的工业生产能力严重受损。当前大量欧洲企业外迁，德国的贸易顺差规模正不断下降，2022年6月德国贸易顺差64亿欧元，同比下降52.6%；疫情造成的供应链危机虽有所缓解，但影响仍然深远，跨国公司的供应链管理逐步从"及时""效率"向"本地化""安全化"转变。所有这些叠加在一起，使全球化被极大削弱，全球化所带来的低通胀也将终结。为抑制通胀，美国不设上限继续加息，高利率或将成为西方国家常态。由于通胀的底层结构性原因是大国对全球化调整产生的供给危机，除了采取不设上限的加息等货币政策，扩大本土生产以增加供给（"撸起袖子自己干"）成为必然选择。这也是美国近期出台《芯片与科学法案》《通胀削减法案》等一系列产业政策背后的经济基础。全球化底层逻辑变化背景下的美西方产业回归政策必将影响全球产业转移的路径和进程。

2. 西方国家对于"去风险"的界定呈现向东西方阵营分化的趋势蔓延

俄乌冲突爆发的几个月后，德国基尔世界经济研究所、伊弗经济研究所先后对不同情景的脱钩进行了评估，不仅包括中欧脱钩的情景，还假设了西方各国与中国[①]；欧盟与58个所谓"非民主国家"等大范围脱钩情景；金砖四国与美欧盟友脱钩的情景[②]。这也表明在俄乌冲突这一巨大地缘政治事件的推动下，长期以来各界普遍关注的脱钩问题有扩展至整个东西方阵营的趋势。

从跨国公司的角度看，在俄乌冲突带来的巨大损失面前，跨国公司需要未雨绸缪提前布局以避免潜在损失。俄乌冲突以来，大量跨国公司纷纷与俄罗斯切割，既有合规审查被动执行美西方国家对俄制裁和出口管制的因素，

[①] John Seaman, Francesca Ghiretti, Lucas Erlbacher, Xiaoxue Martin and Miguel Otero-Iglesias. Dependence in Europe's Relations with China[R]. European Think-tank Network on China, 2022(04).
[②] Geopolitische Herausforderungen und ihre Folgen für das deutsche Wirtschaftsmodell[R]. IFO, 2022(08).

也有出于"政治正确",纷纷"站队""表态"的成分,但在切割之后也面临了巨大的脱钩成本。2022年4月6日,俄罗斯《生意人报》报道称,自俄乌冲突爆发至今,宣布退出俄罗斯市场的外国商业品牌,损失总额在13亿至15亿美元。如果把过去一年多时间里暂停营业的损失计算在内,这些品牌蒙受的损失可能超过20亿美元。2023年4月24日,据俄罗斯卫星通讯社报道,麦肯锡前俄罗斯子公司的合伙人雅科夫·谢尔吉延科在接受卫星通讯社采访时表示,"到2025年,宣布完全退出俄罗斯或暂停在俄业务的大公司收入损失将超过5000亿美元。"

第二篇
国家篇

CHAPTER

4

第四章
中国：双重身份、四种路径

新一轮产业转移开启于 2008 年全球金融危机后，由于中国加快产业转型升级，叠加国内劳动力成本提升、贸易保护主义抬头等因素，纺织业等部分劳动密集型产业率先从中国向东南亚国家转移，由此拉开了新一轮产业转移的序幕。在本章我们首先回顾了第四轮产业转移到第五轮产业转移过程中我国产业发展的变化，揭示了我国作为新一轮产业转移承接国的内生优势和产业转移转出国的驱动力；其次，分析了当前我国"内接-内转-外扩-外迁"四种交织的转移路径面临的主要风险和问题；最后，分析了当前我国的四大内生优势并与越南、印度等与我竞争明显的国家之间进行了横向比较。

一、历史回顾

（一）全球金融危机前，借助第四轮产业转移，我国积极推动工业化进程，成为全球第二大经济体和世界制造业中心

1. 投资的变化

20 世纪 90 年代以后，海外资本来华投资规模迅速上升。1990 年我国 FDI 仅为 34.9 亿美元，2000 年我国 FDI 达到 407.1 亿美元，约为 1990 年的 11.8 倍，10 年间平均增速达到 27.9%。如图 4-1 所示，从我国的 FDI 增速看，2001—2021 年我国 FDI 增速可分为两个阶段，第一个阶段是 2001—2008 年，FDI 增速波动幅度较大，基本在 10%~20% 的区间波动，其中 2008 年达到最高点（30%）。2008 年金融危机后，全球直接投资陷入低谷，2009 年我国 FDI 出现负增长，2010 年反弹后 FDI 增速一直保持在 5% 以下，2021 年 FDI 增速上升至 15% 以上。

如图 4-2 所示，从 FDI 来源看，北美洲和欧洲在我国 FDI 来源的占比从 2002 年左右就开始下行，亚洲和拉丁美洲的占比则在 2008 年发生转折，形成了此消彼长的态势。其中，北美洲在 1997—2002 年占我国 FDI 来源的比例基本保持在 8%~12% 的区间，此后开始下行，降至 3%~5% 的区间；欧

洲的变化趋势与北美洲类似，2001 年以前占比 10%左右，后逐步降至 5%左右，但 2015 年以后欧洲在我国 FDI 来源的占比有小幅回升，目前为 7%～8%；2006 年，亚洲占我国 FDI 来源的比例为 53.8%，2021 年占比已经高达 88.6%，15 年间增长了 34.8 个百分点。

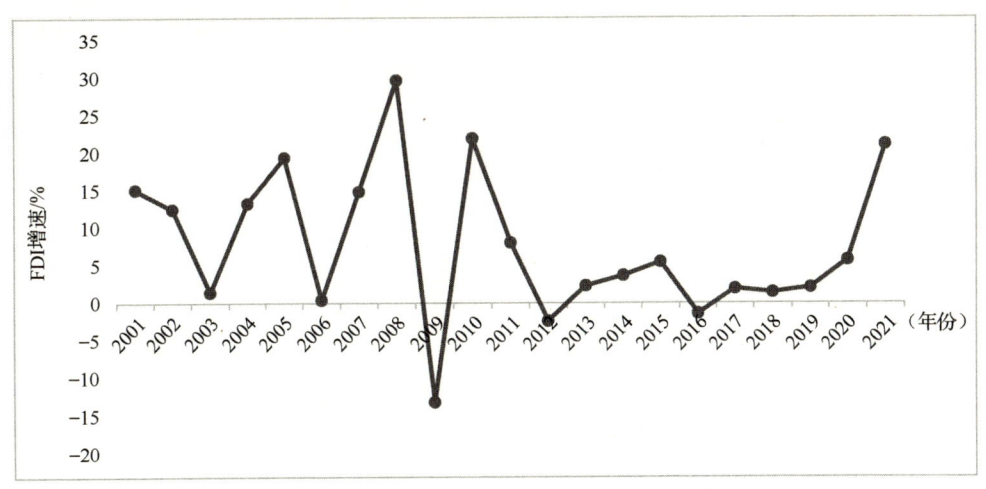

图 4-1　2001—2021 年中国 FDI 增速

数据来源：联合国贸易和发展会议

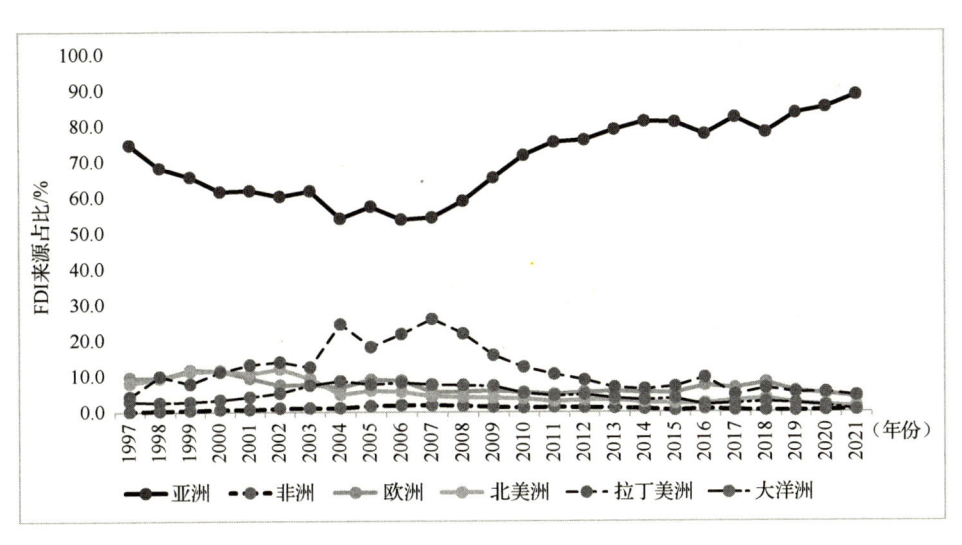

图 4-2　2001—2021 年中国 FDI 来源分布

数据来源：联合国贸易和发展会议

相比之下，我国对外直接投资（OFDI）在金融危机前后开始出现爆发式增长。如图 4-3 所示，1990—2004 年，我国 OFDI 在 20 亿美元上下的区间波动，2005—2008 年，我国 OFDI 从 100 亿美元增至 500 亿美元，此后进入高速增长阶段，这一时期恰好是第四次和第五次全球产业转移交替之际。2008 年以后，我国 OFDI 一路上行，2016 年我国 OFDI 超过 1700 亿美元。

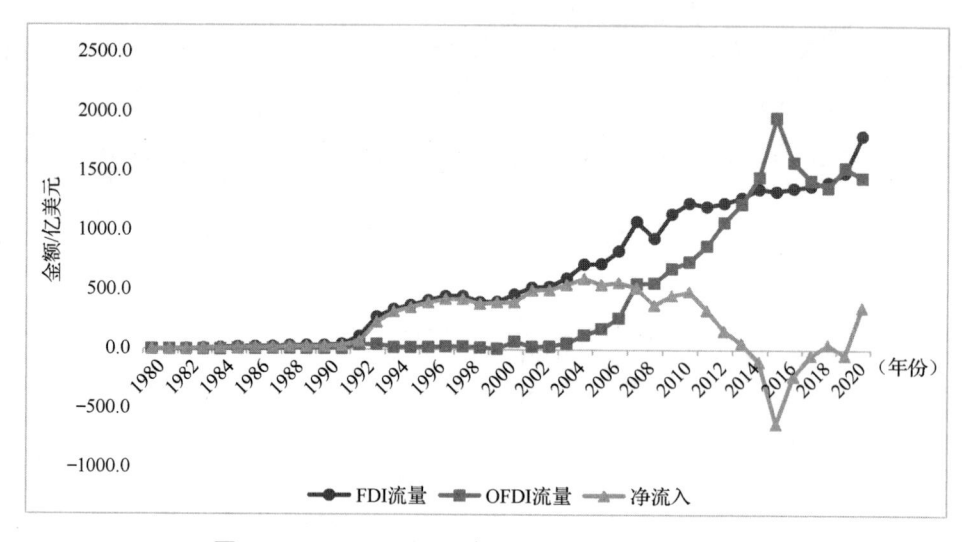

图 4-3　1980—2021 年我国 FDI 和 OFDI 趋势

数据来源：联合国贸易和发展会议

2. 贸易的变化

如图 4-4 所示，从贸易规模上看，1980 年我国对外贸易总额为 381.4 亿美元，2008 年为 25632.6 亿美元，增长了 66 倍，年均增长 16.2%；1980 年我国出口总额为 181.2 亿美元，2008 年为 14306.9 亿美元，增长了 78 倍，年均增长 16.9%。

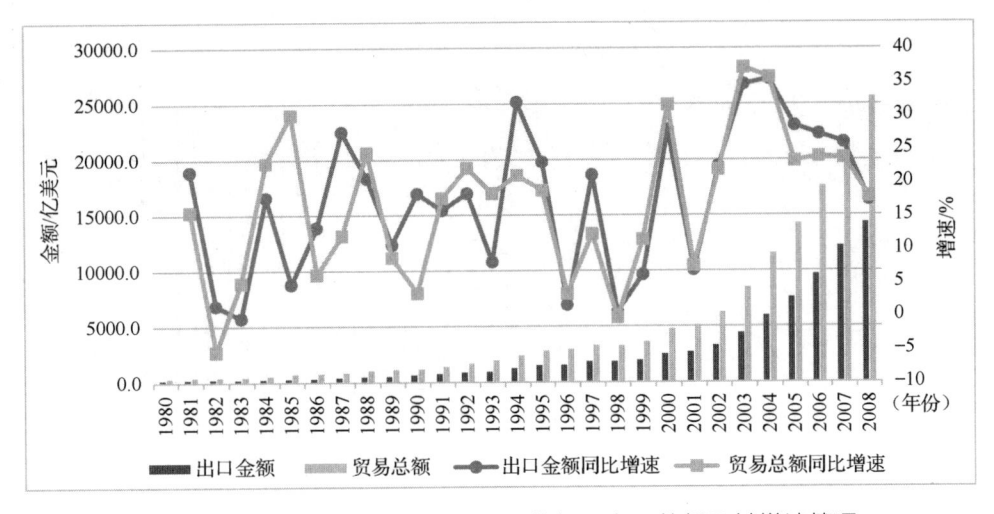

图 4-4　1980—2008 年我国贸易总额、出口总额及其增速情况

数据来源：海关总署

如图 4-5 所示，从出口贸易方式看，我国实现了从低端的加工贸易向一般贸易的转变。在 20 世纪 80 年代初期，我国加工贸易的规模小于一般贸易，1981 年一般贸易进出口总额为 411.7 亿美元，但加工贸易仅为 26.3 亿美元。进入 20 世纪 90 年代，尤其是"南方谈话"后，加工贸易开始飞速增长，从一开始的华侨企业来华办厂到后来的外资企业来华办厂都属于加工贸易的转移。1990—2000 年，加工贸易规模平均为一般贸易规模的 1.28 倍，其中 1997 年和 1998 年是峰值，分别为 1.45 倍和 1.47 倍。在第四轮产业转移的最后几年里，我国加工贸易规模已经出现停滞甚至萎缩的情况。2005—2008 年，来料加工出口增速分别为 22.5%、12.5%、22.8%和-4.8%，分别低于出口整体增速 5.9 个、14.7 个、3.1 个和 22.1 个百分点；进料加工出口增速分别为 28.2%、25.1%、20.6%和 12.6%，分别低于出口整体增速 0.2 个、2.1 个、5.3 个和 4.7 个百分点；而一般贸易在这一时期增速分别为 29.3%、32.1%、29.4%和 22.9%，分别高于出口整体增速 0.9 个、4.9 个、3.5 个和 5.6 个百分点。

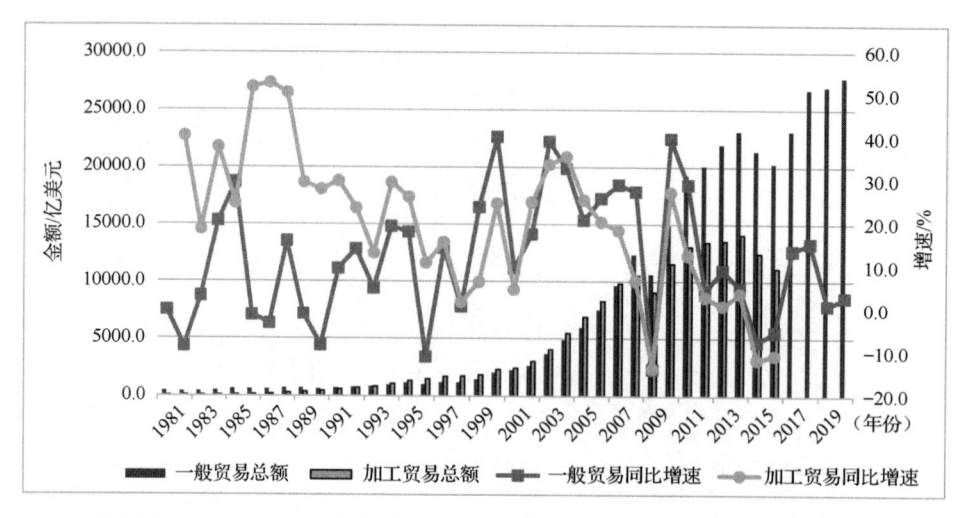

图 4-5　1981—2008 年我国一般贸易总额、加工贸易总额及其增速

数据来源：海关总署

3. 产业的变化

从产业规模上看，1980 年起，凭借国土面积和人口优势，我国制造业体量开始增长。如图 4-6 所示，1980 年我国工业增加值为 2014.8 亿元，2008 年增至 131724 亿元，相当于 1980 年的 65 倍。从增速看，工业增加值的增长经历了以下三个阶段，1980—1990 年，工业增加值的年均增速为 13.1%；1990—2000 年，进入快速扩张期，年均增速接近 20%；2000 年以后至第四轮产业转移结束，增长态势有所放缓，年均增速为 16%。

从产业结构上看，我国主导产业从纺织等劳动密集型产业变为电子信息、汽车等技术密集型产业，呼应了第四轮产业转移向第五轮产业转移的变迁。第四轮产业转移的前 20 年，纺织服装和电子及通信设备制造先后成为我国重要的支柱产业。我国纺织工业产值占比从 1978—1985 年上升了 2.9 个百分点，是这一时期占比提高幅度最大的工业行业。1993—1998 年，电子及通信设备制造业产值占比提高了 3.94 个百分点，达到 7.22%，跃升为总产值占比最高的工业行业。1999 年至 2011 年是基础工业扩张阶段。这一时期，钢铁工业和有色工业分别上升 2.19 个和 1.91 个百分点，2008 年黑色金属冶炼及压延加工业占比高达 9.13%，成为主营业务收入最高的工业行业。同期，纺织服装等轻工业占比明显下滑，与产业转移的趋势一致。

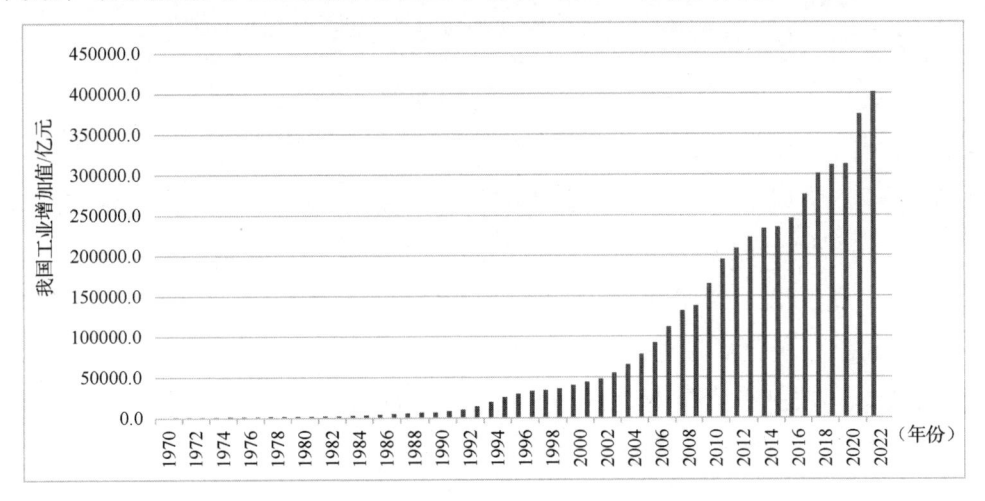

图 4-6　1970—2022 年我国工业增加值规模变化

数据来源：国家统计局

4．全球价值链位置的变化

根据全球价值链数据，从前向参与度和后向参与度两个方面看我国在两轮产业转移中的变化。前向参与度是指一国出口产品中本国的中间品占比，后向参与度是指一国出口产品中来自他国的中间品占比。2000—2007 年，我国制造业 GVC 后向参与度从 17.8%提升至 24.8%，前向参与度则未出现明显变化，表明在第四轮产业转移之际我国出口产品对外中间品进口依赖上升，但是在其他国家出口产品中提供中间品的水平未有显著提高，主要通过组装等环节融入全球价值链，在"微笑曲线"的位置有待进一步提升。

（二）金融危机后，国内要素成本快速上升，部分劳动密集型产业率先从国内向东南亚国家转移

1．我国内部形成了支撑和参与全球新一轮产业转移的驱动力

在全球第四轮产业转移中，我国乡镇企业的发展促使农村劳动力大量流出，进而转化为庞大的制造业工人。与此同时，在二元经济发展条件下，劳动力无限供给打破了资本报酬递减规律，资本积累提供了更多的就业机会，资本和劳动力投入共同维持了我国制造业的高速增长。

而这种关系随着"刘易斯"拐点的出现被打破。自 2004 年沿海地区出现"民工荒"以来，劳动力成本开始飙升。如图 4-7 所示，2008 年我国制造业农民工月平均收入为 1331 元，2018 年上涨至 3732 元，比 10 年前增长了 180%，年平均增速为 12.1%，其中 2009—2015 年属于较快增长时期，增速高达 14.3%。如图 4-8 所示，农民工人数从 2008 年的 22542 万人增长至 2018 年的 28836 万人，年均增长仅为 2.5%，低于收入增速 9.6 个百分点；从增速看，2010 年农民工人数增速达到 5.4%的峰值后开始下降，2018 年仅 0.6%，此后几年也为低速或负增长。

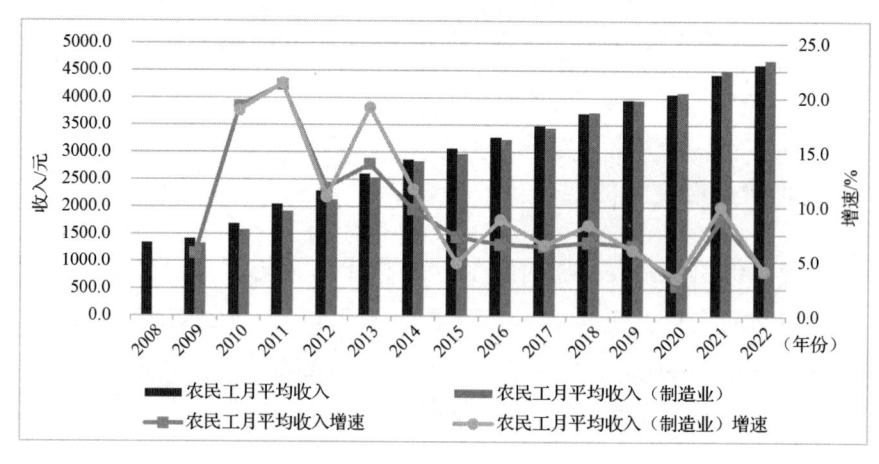

图 4-7　2008—2022 年我国农民工月平均收入及增速变化

数据来源：国家统计局

与此同时，2008 年开始以耐克、阿迪达斯为代表的部分跨国公司逐渐将代工环节产能转移至劳动力成本更低的越南。经过 10 余年的发展，仅以这两家企业的鞋服订单来说，越南的产量已经远远超过中国。2009 年越南成为耐克最大的鞋产地，如图 4-9 所示，2017 年耐克有近 50%的鞋业订单来自越南，来自中国的只有 28%。2012 年，阿迪达斯决定关闭其在华唯一一家直属工厂，同年越南工厂的鞋订单比例占据第一，如图 4-10 所示，2017

年，越南鞋订单占阿迪采购额的近45%，而中国的占比已不到20%。

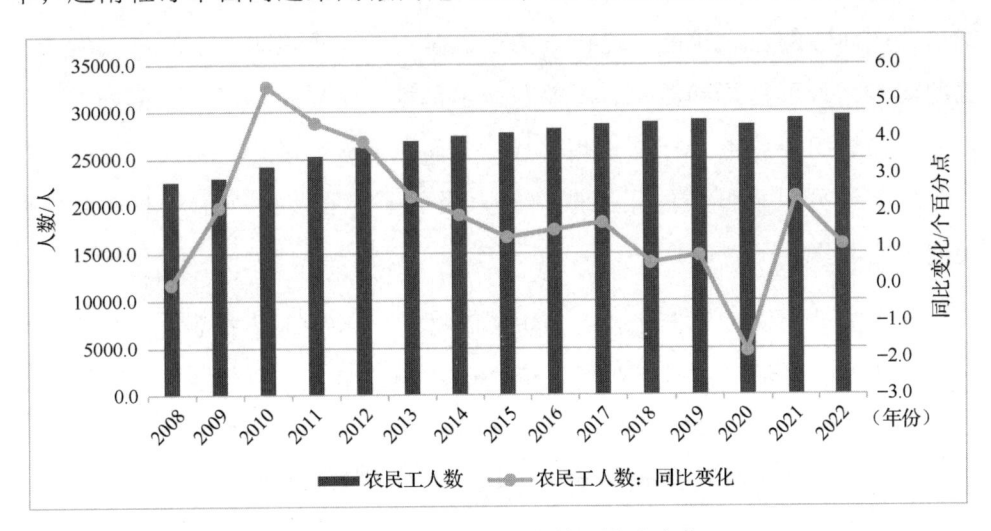

图4-8　我国农民工人数及增速变化

数据来源：国家统计局

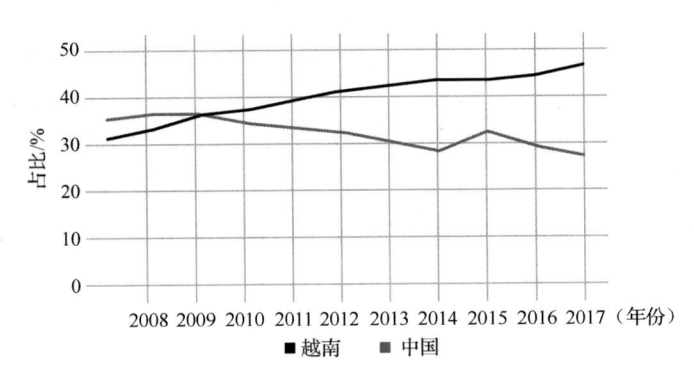

图4-9　耐克中国工厂和越南工厂运动鞋产量占比

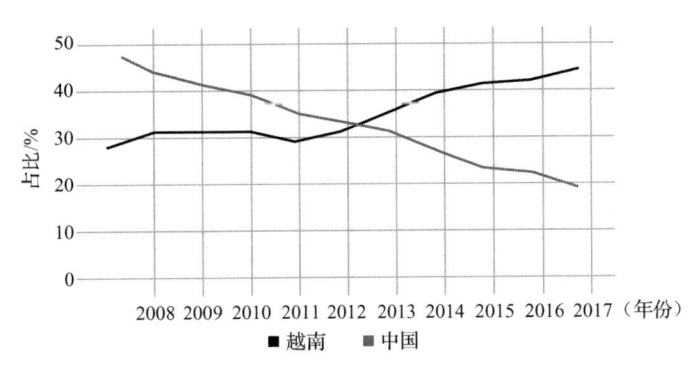

图4-10　阿迪达斯中国工厂和越南工厂运动鞋产量占比

调查显示，招工难问题也日渐成为纺织企业，尤其是服装制造等劳动密集型企业面临的巨大挑战。现有员工年龄偏大，年轻劳动力不愿进入生产一线的现实困难不易得到解决，不仅东南沿海地区面临"用工荒"问题，中西部地区的纺织企业也同样面临招工压力。而东南亚、南亚、非洲等地区充足的年轻劳动力以及低廉的用工成本成为吸引下游服装生产企业布局海外产能的重要因素。

除了劳动力成本不断上涨，用电、原材料、环保等成本压力也在不断增加。纺织协会表示，我国工业用电价格远高于越南、孟加拉国、埃塞俄比亚等国家。各类原料、辅料价格也逐年上涨，纺织企业在国内进行生产并出口海外市场面临的国际竞争不断加大，利润空间受到挤压。

2. 外部环境变化使得我国在第五轮产业转移过程中面临更为复杂的局面

随着美国将中国定义为全方位竞争对手，非市场因素成为推动全球产业转移的重要因素，也成为众多跨国公司集中被迫外迁甚至带动国内相关产业链转移的最主要原因之一。

近年来，美国加大在我国周边的布局，培育周边国家的制造能力，企图将东盟、印度打造成下一个全球制造业中心。从2018年美国开启对华关税战开始，东盟等已经成为最大受益者。数据显示，越南等东盟成员国在美国进口来源的占比呈明显上升趋势，在美国的供应链体系中也日趋重要。与此同时，美国近年来对印度的拉拢则更加不遗余力。从美日澳印"四方安全对话"到"印太经济框架"，再到"美印关键和新兴技术倡议"，印度正逐渐成为美国在印太地区的重要战略伙伴。在"四方安全对话"中印度即被定义为承担制造环节角色，2023年1月公布的"美印关键和新兴技术倡议"进一步体现了美印政府在科技层面的合作。根据该倡议，美印将扩大在先进武器、超级计算、人工智能、半导体及其他军民融合技术领域的合作，美国表示将加速审批美国通用电气公司在印度本土生产飞机发动机的申请。此外，美国联合加拿大、澳大利亚等盟友打造关键矿产资源的供应链。美国联合其盟友围绕对半导体、大容量电池等产业发展至关重要的关键资源频频出手。2022年6月，美国与加拿大、澳大利亚等国建立"矿物安全伙伴关系（MSP）"，以构建强大、负责任的关键矿产供应链。2022年12月，美国联合加拿大、澳大利亚等7个国家联合发起"可持续关键矿物联盟"，意图通过组建"关键矿产买家俱乐部"控制关键矿产全球市场。联盟成立后，加拿大自然资源部部长威尔金森明确表示，除非中国愿意采取一些措施，并用合法的方式证明中国企业的生产作业符合联盟标准，否则他们将不会购买中国产品。

2023年3月，英国知名财经媒体《经济学人》周刊在文章中创造了一个新概念——"亚洲替代供应链"（Altasia），认为从日本北部的北海道，经过韩国、中国台湾地区、东盟国家到孟加拉国，并一直延伸到印度西北部的古吉拉特邦，这一新月形地带将取代中国成为新的亚洲供应链。《经济学人》列出五个指标：（1）2022年前9个月，这14个经济体对美国的出口额超过6000亿美元，与中国对美出口额大体相当；（2）该区域的劳动年龄人口及受过高等教育的人口总和都超过中国；（3）该区域许多国家的工资水平远低于中国；（4）Altasia涉及的很多国家也是《区域全面经济伙伴关系协定》（RCEP）的成员国，这一协定为中间品的延展提供了制度基础；（5）很多跨国公司已经将投资从中国转移出来，并持续增加在新月形地带的投资。《经济学人》还称，"亚洲替代供应链"内部存在着深化产业分工和合作空间，需要地缘政治秩序在背后的推波助澜。这与美国提出的在美国的盟友和伙伴之间构建新的生产网络以实现"去中国化"的"友岸外包"概念如出一辙。

二、最新进展

新一轮产业转移中，我国形成了"内接－外扩－外迁－内转"四种转移路径。内接指通过自身优势吸引外资来华投资，是我国参与第四轮产业转移的最主要形式。外扩指中国企业在国内保留优势环节、在国外布局其他环节，是要素成本驱动和海外市场拓展的市场行为，主要表现为我国本土企业的"走出去"。外迁指部分跨国企业将国内产能或潜在新增产能向国外转移布局，并进一步带动部分国内上下游配套企业转移。外扩和外迁的区别主要在于转移的动因，外扩是国内企业的主动转移，外迁则是跨国公司的被动转移。内转指由于东南沿海地区产业升级以及"腾笼换鸟"，部分产能向生产成本更低的中西部转移，是区域协调发展的重要抓手。

需要指出的是，产业转移的整体作用是正面的、积极的，但需要与自身经济发展的节奏相匹配。受政治因素抬头影响，我国自主的产业转移节奏被打乱，特别是在当前产业升级尚未完成的情况下，过急过快的外迁容易造成产业空心化风险。这种风险既包括已有外资存量的下降，也包括外迁中潜在新增产能转移的部分，同时这部分潜在新增产能实质上与非市场因素导致的内接减少的部分产能相重叠，是不同观测角度下的一体两面。可以说，四种路径中"外迁的被迫加剧"是最需要警惕的风险；与此同时，更好地留住和吸引外资又是一体化的解决方案之一。

（一）内接：我国仍是国际资本的投资重点，但成本上升、政治因素带来的不确定性使得部分领域的海外资本来华投资意愿下降

我国仍是全球产业转移的重要承接地。根据商务部的数据，2023年，全国新增外商投资企业53766家，同比增长39.7%；实际使用外资金额11339.1亿元人民币，同比下降8.0%，但是规模仍处历史高位。从行业看，制造业实际使用外资3179.2亿元人民币，同比下降1.8%，其中高技术制造业实际使用外资同比增长6.5%。从来源地看，法国、英国、荷兰、瑞士、澳大利亚实际对华投资分别增长84.1%、81.0%、31.5%、21.4%、17.1%。从中可以看出，我国在高技术制造业领域对外资仍然具有较强吸引力，但也存在一定风险。

1. 部分跨国公司已经开始主动减少在中国的产能，并针对中国市场形成闭环式供应链

一方面，以半导体为代表的高技术领域的部分外资企业已经暂缓了在华投资。部分日本链主企业已经开始减产并控制在华投资规模，不再在华布局主要产能。2022年美中贸易全国委员会的报告显示，虽然绝大多数受访企业（85%）没有将其业务搬离中国的计划，但有此计划的企业（15%）已经达到自2015年美中贸易全国委员会开始调查这一问题以来最高值。①

另一方面，为了规避政治风险，部分跨国企业的在华产能和供应链开始"定制化"。2022年德勤在其报告《跨国企业本地化2.0》中称，对美国的出口成本上升以及中国扩大国内市场的方针使一些跨国公司开始寻找更加多元的市场，但是中国市场依旧是他们最重要的海外市场，因此，在不断"割裂"的世界中，面对日渐增加的中美和中欧脱钩风险，跨国公司只能重塑其在华战略。②例如，英伟达在受2023年10月7日美出口管制新规影响后，已经向中国市场推出了定制版的A800和H800人工智能GPU芯片；2023年8月AMD也准备对MI300系列芯片和老款的MI250芯片实行"中国定制"。③

2. 欧美国家加大对华投资审查力度，特别集中在高技术领域

近年来美国投资审查最重要的转变就是从单向审查改为对内对外双向审查。早在2020年5月美国爱科索仿生机械公司与我国浙江优创创业投资有限公司、浙江硅谷天堂资产管理集团成立合资企业的项目就遭到美国外国投资委员会（CFIUS）强令终止，这是CFIUS首次叫停美资企业在华合资项目。虽然当时尚未有明确的立法依据，但近年来美国已经开始推动立法，

---

① USCBC 2022 Member Survey[R]. US-China Business Council. 2022(08).
② 跨国企业本地化2.0[R]. 德勤，2022.
③ 净利润暴跌94%，AMD准备为中国市场"定制芯片"[OL]. 观察者网，2023(08).

加强对赴华投资美企的审查。2022年初，美国众议院通过《国家关键能力防御法案》（NCCDA），拟建立一个国家关键能力机构委员会（CNCC），主要负责审查美国对特定国家的投资，包括任何可能对"国家关键能力"构成威胁的美国企业或与美国企业开展的合并、收购或接管活动。2022年9月，新美国安全中心和大西洋理事会发布了一份报告，呼吁为美国对中国的某些投资建立强制性的通知制度。2022年12月，美国众议院计划成立的"中国问题特别委员会"，候任主席迈克尔·加拉格尔表示，"下一阶段将会强化对美国企业在中国的投资审查"。2023年2月，美国乔治城大学安全与新兴技术中心（CSET）发表名为《美国对中国人工智能公司的对外投资》的报告，详细分析了2015—2021年美国对中国人工智能公司的投资数据，并建议美国政策制定者应对人工智能等对国家安全至关重要的领域的对外投资加强审查。2023年8月，拜登正式签署行政令限制美国主体投资中国半导体和微电子、量子信息技术和人工智能领域。

科技投资界著名的风投机构红杉资本的分拆，也体现了跨国公司对华投资的忧虑。2023年6月，红杉资本表示将在2024年3月31日前实现三大区域（美欧、中国、印度/东南亚）的各自完全独立，并采用不同品牌运营。各自独立后，红杉美欧将继续使用"SequoiaCapital"的品牌名，红杉中国将继续使用"红杉"中文品牌名，对应新的英文品牌名为"HongShan"，而红杉印度/东南亚将启用新品牌名"PeakXVPartners"。尽管红杉资本在投资者报告中未直接提及地缘政治，但相关分析认为，此举主要受美限制投资中国科技业的影响。《华尔街日报》称，红杉资本的业务分拆凸显出中美两国围绕下一代尖端技术创新的争夺日趋激烈。据国际财经媒体报道，2023年早些时候，红杉资本已经开始允许独立的美国国家安全专家审查红杉中国的一些潜在投资，包括在量子计算和人工智能等领域的投资。

美国外国投资委员会（CFIUS）还与美国商务部工业与安全局（BIS）加强联合审查，强化了投资审查与关键技术出口管制深度绑定。2020年9月15日，CFIUS发布最终规则，将关键技术的强制申报要求与美国出口管制法规直接挂钩。BIS 发布的 2022 年度报告显示，在 2021 财年（2020 年 10 月—2021 年 9 月），BIS 与 CFIUS 等其他机构密切合作，将申报的要求与相关出口管制要求联系起来，从而改变了关键技术的强制性申报方案。2023 年 2 月 16 日，美国司法部和商务部宣布成立"颠覆性技术打击工作组"的新工作机制，负责联合审查美国对外投资和技术出口。近年来，BIS 已经深度参与 CFIUS 对关键技术领域的投资审查。数据显示，2021 财年 BIS 与 CFIUS 共联合审查了 444 个 CFIUS 的申报案例，同比增长 42%，且有加速上升之势。当前我国企业已经成为 BIS 和 CFIUS 的重点审查对象，给中美双边投资带来前所未有的障碍。

（二）外扩：高科技海外投资被干扰的同时，劳动密集型主动布局节奏被打乱

外扩的风险主要表现为两个方面：一是 CFIUS 对外资审查的不断趋严，我国高科技领域外扩受阻，直接导致了我国对美国投资的断崖式下滑；二是我国劳动密集型产业出现分化，家具行业正常对外投资居多，纺织行业、皮革行业等基于成本驱动的主动布局节奏被打乱。

1. 随着美欧对于外资审查愈发严苛，我国高科技领域的外扩面临挑战

近年来，我国产业外扩特别是制造业主动向外扩展的总量规模持续提升。从流量看，2022 年，我国对外非金融类直接投资达到 7859.4 亿元，同比增长 7.2%；其中投向制造业领域 216 亿元，同比增长 17.4%。从存量来看，截至 2021 年，制造业投资规模存量已达到 2632.6 亿元，达到我国对外投资存量的 9.5%，主要分布在汽车制造业、计算机、通信与其他电子设备制造业、专用设备制造业、其他制造业、医药制造业、食品制造业等领域。

但是，美欧对于外资审查愈发严苛，我国高科技领域的对外投资面临一定风险。近年来，美国不断泛化"国家安全"概念，国家安全审查的范围不断扩大。2018 年发布的《外国投资风险评估现代化法案》（FIRRMA 法案）

直接将关键技术、关键基础设施和个人敏感数据纳入审查范围。2022 年 9 月 15 日，拜登签署总统行政令，指示 CFIUS 加大对外国投资的审查力度，在投资审查过程中着重考虑国家安全因素。同年 10 月 20 日，美国财政部发布了史上首份《外国投资委员会执法和处罚指南》，就 CFIUS 在审查所辖交易时应考虑的国家安全风险做出正式指示。这些举措进一步加强了 CFIUS 对外国投资的监管，特别是涉及微电子、人工智能、生物技术、量子计算、敏感数据、网络安全等领域的涉美投资。

根据美国 CFIUS 公布的数据，2017—2021 年期间，CFIUS 对我国赴美投资审查的数量共计 201 件，我国远超日本（142）、加拿大（123）等其他国家，成为受审查数量最多的国家。其中，2017 年、2018 年和 2021 年均为当年受审查数量最多的国家，2019 年和 2020 年均为当年受审查数量第二多的国家。CFIUS 对我国赴美投资企业审查力度不断加大，叠加政治上的不确定性，已经实质性影响了我国企业赴美投资的意愿。据统计，奥巴马执政时期，中国企业赴美投资被 CFIUS 审查通过的概率在 95%以上，但在特朗普执政后，这一概率下降至 60%左右。

如图 4-11 所示，根据商务部数据，2016 年成为我国对美投资的分水岭。在 2016 年以前，我国对美国投资呈上升趋势。受美国投资审查趋严的影响，2016 年达到 169.8 亿美元的峰值后，我国赴美投资开始出现断层式下滑，2017 年更是大幅下滑 62.2%。此后美国不断升级对我国的投资限制措施。据统计，2021 年中国对美直接投资 55.8 亿美元，同比下降 7.2%，仅占当年中国对外直接投资总额的 3.1%。

其他西方国家也开始加大投资审查力度。加拿大于 2021 年修订了《关于投资的国家安全审查条例》《对外国国有企业在关键矿产领域投资的政策》等法律文件，进一步加大对外资的审查力度。英国政府在 2022 年通过了《国家安全与投资法》，并多次禁止我国投资项目。尤其是在半导体等高科技领域，英国先后禁止北京无限视觉公司获得曼彻斯特大学视觉传感技术有关知识产权许可，阻止我国港资企业超橙控股收购英国 EDA 软件公司 PulsicLtd.

的交易。根据英国内阁办公室发布的《国家安全与投资法 2023 年年报》，2022 年 4 月 1 日至 2023 年 3 月 31 日，内阁大臣们主动介入了 65 笔投资，其中 42%以上涉及与中国有关的投资，高于其他任何国家。此外，这 65 笔投资中有 32%涉及与英国有关的收购方，20%涉及与美国有关的投资者。大多数接受审查的交易最终都获得了批准，但有 15 笔交易被下达了最终命令，[①]涉及通信、能源、国防、计算机硬件和先进材料等领域。在这些被下达最终命令的交易中，5 笔交易被阻止或被迫取消，另外 10 笔交易的相关方则被迫采取补救措施以降低国家安全风险，其中约 8 笔交易涉及与中国有关的投资。2022 年，意大利也否决了两项中国投资者进行的投资交易：一是中国埃夫特公司对工业机器人的控制器生产商 ROBOX 股份的收购；二是 2018 年已经完成的中国中车对军用无人机制造商 Alpi 的收购。

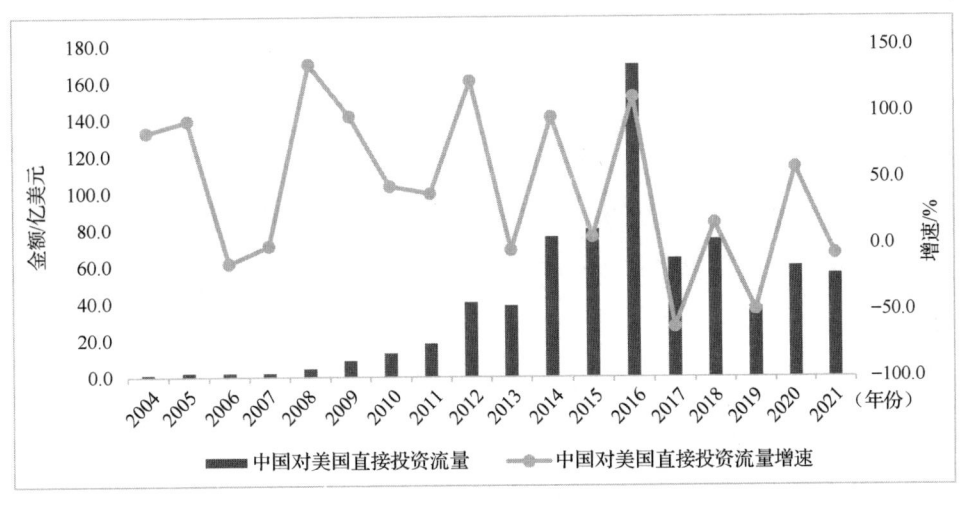

图 4-11　2004—2021 年中国对美国直接投资流量及增速

数据来源：商务部

---

① 最终命令指的是对收购施加条件、阻止收购完成，或者如果收购已经发生，则要求各方解除收购等措施。

2. 劳动密集型产业的外扩情况分化，部分纺织行业主动转移的步伐被干扰

此轮劳动密集型产业的产业转移可分为两个阶段。第一个阶段是 2008—2017 年，受"走出去"战略的鼓励，我国企业开始将组装环节转移至越南等东南亚国家，高端环节仍保留在国内，优化了产能的布局。以我国服装加工企业巨头申洲国际为例，考虑人工成本上升以及资源分布的影响，近年来申洲国际逐步将上游的生产迁移至东南亚地区，大大节约了人工成本和原材料生产成本。且东南亚区域有着相对较高的税收优惠，根据申洲国际年报，该公司 2016 年已经满足越南政府的税收优惠条件，按较低税率 10%缴纳所得税，并豁免前 4 年，及其后 9 年可减免 50%的所得税。通过这样的产业布局，申洲国际生产成本大幅降低。

第二阶段是 2018 年后，劳动密集型产业的外扩情况分化。其中，家具行业受影响较小。数据显示，目前家具行业企业仍以正常对外投资居多，尽管近几年受关税因素影响，以出口为主的企业将产能转移到东南亚；但行业整体外迁规模不大，比重不高，并且研发设计环节仍保留在国内，东南亚承接的主要是中低端生产。但是纺织行业受涉疆法案影响被迫转移的情况开始增加，已经实质上转变为了部分外迁压力，我们将在后面部分展开详述。

3. 部分将制造环节转移的企业，面临承接国的恶意针对

近年来，印度频频利用行政强制手段恶意针对或构陷中资企业。2020 年以来印度政府对超过 500 家中资企业实施税务及合规性普查，审查对象涉及手机厂商、设备供应商、基础设施投资商和互联网平台供应商。一方面，打压小米、OPPO、vivo 等手机品牌。2022 年 1 月指控小米"涉嫌逃税"并追缴 65.3 亿卢比税款；7 月以"涉嫌洗钱"冻结 vivo 46.5 亿卢比，随后 OPPO 被指控"逃避关税"439 亿卢比。2023 年 6 月印政府持续加码，直指企业实际管理权，要求我国智能手机品牌企业任命印度籍人士担任首席执行官、首

席运营官、首席财务官和首席技术官等关键职位。另一方面，对我国互联网公司实施封锁。2020年以来印度政府以"维护主权完整、国家安全与公共秩序"为由对我国TikTok、微博、百度等APP实施封禁，仅2020年遭封禁APP数量高达267款。

（三）外迁：非市场因素的影响下，纺织、电子等产业被动外迁风险有所显现，但并非主流

不同于外扩，外迁主要是指受政治因素影响的产业对外转移。一般来说，在没有外部冲击的情况下，产业链的转移根据各国生产要素和比较优势的缓慢变化而发生缓慢转移，整个过程应当是平滑的。但地缘政治等因素加速了产业转移，表现为外迁压力的增加。然而，企业决策往往是多因素影响而非单一的，主动外扩与被动外迁往往交织在一起难以清晰地切割，部分政治因素对企业产业转移有一定影响但非决定性影响。

1．2018年以来，以美国为主要出口市场的纺织企业面临外迁压力

2018年，受特朗普政府加征关税影响，低附加值产品进一步转移。2017年美国自我国进口的加征关税清单产品总额为3526.1亿美元，2018年增至3817.9亿美元，2019年和2020年连续两年负增长，2021年有一定程度回升，达到了2978.1亿美元，但仍未恢复至2017年的水平。总体看，美国对我国加征关税产品的进口额在2017—2021年期间年均下滑4.1%。其中，电子电气（HS85）、机械设备（HS84）、非针织服装（HS62）、鞋靴（HS64）、皮革制品（HS42）分别下滑8.8%、7%、10.3%、10%、15.7%，下降幅度较大。调研数据显示，企业为规避高关税，面向美国市场的部分产能只能被迫外迁至东南亚等地区。

在美国"涉疆法案"生效后，部分美国品牌甚至直接要求中国企业到越南、缅甸、柬埔寨、孟加拉国等周边邻国设立工厂。为保证订单，一些已有海外工厂的国内纺织服装企业不得不开始将出口订单更多地转移到其他国家生产，而一些原本没有海外发展计划的企业也被迫开始在境外寻找投资目的地，设立生产工厂以满足品牌客户要求。

2. 存在非市场因素引发电子产业外迁的少量情况，但地缘政治等因素对产业转移的影响并非决定性的

业界对于电子产业外迁的担忧，主要来源于 2023 年初戴尔、惠普等美资品牌的外迁。根据报道，戴尔在 2022 年底通知供应商，会在产品中大幅减少使用中国芯片，包括其他国家芯片制造商在中国生产的芯片，且将在 2024 年实现公司所有产品不使用中国芯片的目标，2025 年在华生产线产能将缩减 50%。再结合苹果欲将 iPhone14 的生产从中国转移到印度、将 iPad 的生产转移至越南等消息，对电子跨国巨头外迁并带动一批配套供应链撤离的判断甚嚣尘上。

但实际上，苹果此轮布局越南和印度主要是出于对后疫情时代供应链多元布局、贴近印度市场、降低成本、规避政治风险等多种因素的考量。戴尔也在 2023 年 11 月对公司或将退出中国市场的传言予以回应："我们从未发布过任何上述所谓'信息'或'评论'。"[1]笔者认为，当前肯定存在一些非市场因素引发电子产业外迁的情况，但地缘政治等因素对产业转移的影响并非决定性的。

真正应该担忧的是高端研发环节的外迁，以及后续引发的人才流失。比如德州仪器、恩智浦公司关闭在华研发部门；戴尔研发中心人员大幅减少 70%；应材、泛林和科磊，将非中国籍员工从中国调往新加坡和马来西亚，或增加东南亚地区产能。国外半导体巨头在中国的工厂为我国带来先进的管理经验，培养了很多技术人员和高素质工人。外企的转移减少了我国企业与国外优秀企业的交流，对行业转型带来一定的不利影响。

---

[1] 戴尔回应"供应链将撤离中国"等传闻：绝对是谣言[OL]. 观察者网，2023(11).

（四）内转：中西部核心城市承载力已经接近上限，内转整体速度有所放缓

1．中西部地区承接东部发达地区产业转移速度放缓

2012 年至 2017 年，东部地区工业增加值占全国比重提高了近 4 个百分点，高技术制造业主营业务收入和利润总额占到了全国的 70%；同期，西部地区工业增加值占全国比重略有下降，东北地区工业经济甚至出现负增长。[①] 据测算，2013—2021 年，东部地区外商企业投资总额年平均增速为 23.6%，较 2005—2012 年期间的增速提高了 13.5 个百分点，并比同期中部地区平均增速高 4.5 个百分点，表明外资开始向东部地区"回流"，中西部地区承接东部发达地区产业转移速度放缓。另依托赛迪产业大脑大数据平台对全国 34 万余家高新技术企业在国内迁移新建分支机构的情况进行统计分析，我国高新技术企业国内迁移数量自 2000 年以来快速增加，但 2018 年以后增速有所放缓，近年总量保持在 2.8 万家左右，未出现明显增长，表明高新技术企业国内转移已进入平台期。

2．中西部地区大量承接产业转移仍存在诸多约束亟待破除

受中西部地区要素成本上涨、环境保护意识加强和国际投资环境变化的影响，中西部地区承接东部发达地区产业转移速度放缓。成都、重庆、西安、长沙等中西部核心城市的承接能力已经接近上限，其他城市在基础设施、营商环境、配套产业等方面仍有较大短板，导致承接能力"后继乏力"。中西部工业化进程仍较为滞后，一旦错过此轮沿海地区产业转移的机会，不利于中西部乃至全国产业升级进程。关于这部分的论述将在区域篇着重展开。

---

① 邓洲，于畅. 中国经济学人新中国 70 年工业经济的结构变迁[J]. 中国经济学人，2019(08).

三、整体判断

（一）我国在产业升级过程中形成的四大内生优势

1. 大市场

劳动力成本的上涨导致人口红利消失的同时，也提高了国民收入水平，从而形成了巨大的内需市场。如图 4-12 所示，2000—2022 年，我国社会消费品零售总额从 4126.2 亿美元增至 6.3 万亿美元，年均增速为 13.2%。如果不考虑疫情影响导致的 2022 年突然下行，到 2021 年我国社会消费品零售总额为 6.9 万亿美元，年均增速 14.4%。2021 年美国社会消费品零售总额为 7.4 万亿美元，2000—2021 年年均增速为 4.2%，同期我国消费品零售总额与美国相差 4000 多亿美元，已经相当于美国的 94%。

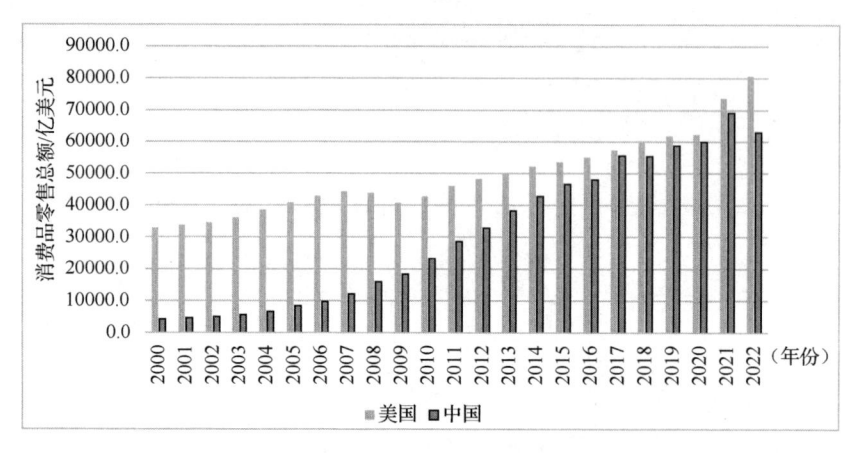

图 4-12　中美社会消费品零售总额变化趋势对比

数据来源：国家统计局、美国人口普查局

这一巨大内需市场成为我国继续吸引大量外资的重要优势。美国企业在中国的经营规模巨大：苹果在中国的年收入超过 400 亿美元，英特尔在中国的年收入超过 200 亿美元，通用汽车在中国的年产量达 300 万辆，因此很多跨国公司倾向于维持现状而非脱钩。[1]根据2021年2月美国全国商会中国中心和荣鼎咨询集团联合发布的《了解中美脱钩：宏观趋势和行业影响》报告，中美脱钩将对航空制造、半导体、化工和医疗器械行业等四个美国优势产业造成极大的负面影响。对航空制造业来说，到2038年，美国的预计总损失将达到8750亿美元；半导体行业失去中国市场将导致美国制造业损失540亿至1240亿美元，并可能导致超过10万个就业岗位的消失，以及120亿美元研发支出和130亿美元资本支出损失的风险；化工行业将减少102亿美元的工资和产出，并影响2.6万个工作岗位；医疗器械行业的年营收损失约236亿美元，考虑到中国国民收入增长以及老龄化社会的到来，失去中国市场意味着，未来十年美国医疗器械行业的营收损失将接近5000亿美元，并导致相关研发支出减少335.4亿美元[2]。

中国发展高层论坛2023年经济峰会上，美中贸易全国委员会会长克雷格·艾伦表示，美国公司在中国制造的产品中有77%销售给中国当地市场，只有7%出口回美国[3]，充分说明在华投资对美国跨国公司的重要性。以新能源车为例，2022年，我国新能源汽车销量为688.7万辆，同比增长93.4%，占到全球销量的61.2%。[4]

2. 全链条

我国在产业升级中吸取西方国家产业空心化的教训，保证了产业体系的完整性，极大提升了供应链的稳定性和韧性。中国的产业结构优化模式与美国不同。美国的模式是在产业链价值爬坡的过程中直接抛弃微笑曲线中价值较低的环节，但我国则在产业升级过程中相对完整地保留了整条产业链，这

---

[1] Competing With China: A Strategic Framework[R]. ITIF, 2020(08).
[2] Understanding U.S.-China Decoupling: Macro Trends and Industry Impacts[R]. US Chamber of Commerce, 2021(02).
[3] 刘文文. 美中贸易全国委员会会长：在华美企超七成商品出售给中国市场[OL]. 中国新闻网，2023(03).
[4] 中国电动汽车百人会论坛（2023）高层论坛[N]. 科技日报，2023(04).

也保证了相对完整的供应能力。在工业品和中间品领域，中国已经拥有 41 个工业大类、207 个工业中类、666 个工业小类，形成了独立完整的现代工业体系，是全世界唯一拥有联合国产业分类当中全部工业门类的国家。在世界 500 多种主要工业产品当中，有 220 多种工业产品中国的产量都居全球第一。这种综合性强的供给能力对外资企业的吸引力高于单一要素成本的吸引力。①

一方面，较为完备的产业链和产业集群优势是吸引跨国公司及本土企业的一大优势。以新能源汽车产业链为例，整机厂商的一级供应商在中国都可以找到；动力电池更是如此，从上游的材料、到中游的电机电控等部件，以及下游的需求，基本实现全产业链覆盖。2016 年，一家生产印刷电路板的企业向美国商务部报告称，其在中国和美国建立一个新的生产基地的成本大致相同，但中国的上下游供应链完备使在中国建立新工厂更合理、利润更大。②

另一方面，随着技术的积累，我国形成了难以复制的制造优势。依托于大内需市场及全产业链，中国制造业在全球具备独特地位和优势，一旦产品在中国进入产业化和需求放量的阶段，规模化生产将使其成本快速下降，比如家电、智能手机、通信设备等均符合这一规律。跨国公司要降低产品成本，中国市场对其至关重要。因此，虽然贸易摩擦和疫情可能让跨国公司采取部分区域多元化的战略，但考虑到运输半径和成本等因素，跨国公司仍强调在中国推进本土化战略，比如宝马 CFO 默特尔在 2023 年 10 月接受采访时表示在中国生产的电车 90%左右均在中国销售。③

3．多人才

我国从传统的"人口红利"转向"人才红利"，人才优势是中国推动产

---

① 李雁争. 我国 220 多种工业产品产量占居全球第一[N]. 上海证券报，2019(09).

② Washington, D.C.Building Resilient Supply Chains, Revitalizing American Manufacturing , and Fostering Broad-Based Growth:100-Day Reviews under Executive Order 14017[R]. The White House, 2021(06).

③ 在华生产出口电动车成反补贴调查对象，宝马 CFO 警告欧盟：中方报复可能超乎想象[OL]. 观察者网，2023(10).

业升级的巨大动力，也是越南、印度等依赖低端劳动力的新一轮产业转移承接国难以企及的。

人才储备上，2021年我国普通高校本科毕业人数约为428万人，美国为203.8万人；2021年我国普通高校研究生毕业人数77万人，美国为96万人。根据联合国的统计，2018年中国全国工程师人数约为152万人，在全球主要国家中处于领先地位。综上所述，我国在人才储备已经极具优势。

研发投入上，根据美国国会研究局2020年4月的报告，2018年，以购买力平价计算，美国在科研上的总投入为5816亿美元，全球占比27.6%，而中国则以5543亿美元排在第二，全球占比26.3%，增速更是远超过主要国家的同期增速。

专利申请上，根据世界知识产权组织的数据，中国在2010年之后的专利申请数量快速增长，2019年中国申请国际专利数5.9万件，首次超过美国的5.77万件，全球占比22.2%。2022年，中国国际专利申请量首次突破7万件，连续四年居世界首位。[①]根据日本专利分析公司Patent Result的调查结果，在纯电动汽车（EV）充电和电池更换专利方面，中国累计专利数量世界排名第一。从相关专利开始增加的2010年至2022年的累计申请数来看，中国企业以4.1万项排在首位。排在第二位的日本企业为2.7万项，第三位是德国（1.6万项），第四位是美国（1.4万项），第五位是韩国（1.1万项）。[②]

综合人才储备、研发投入以及专利申请三个方面看，我国"具备成本优势的高知识型劳动力"已经形成，将助力我国进一步降低研发成本，提高研发效率，加快产业升级。

4．新基建

基于中国大交通物流基础设施覆盖完善、工业机器人的快速应用、相对

---

① 李子越. 四连冠！中国国际专利申请量稳居世界首位[OL]. 参考消息网，2023(03).
② 中国电车充电专利累计数第一 是日本的1.5倍[OL]. 日经中文网，2023(05).

领先的移动网络等新基建，我国在物流效率、线上渠道、电子商务、移动支付等方面形成了巨大优势，5G时代这一优势将更加明显。

高速铁路方面，如图4-13所示，截至2021年，我国高铁运营里程已经超过4万公里，在全球高铁网中占比达七成。《"十四五"现代综合交通运输体系发展规划》提出，到2025年，以"八纵八横"高速铁路主通道为主骨架，以高速铁路区域连接线衔接，以部分兼顾干线功能的城际铁路为补充，主要采用250公里及以上时速标准的高速铁路网对50万人口以上城市覆盖率达到95%以上；到2035年，"全球123快货物流圈"（快货国内1天送达、周边国家2天送达、全球主要城市3天送达）基本形成。

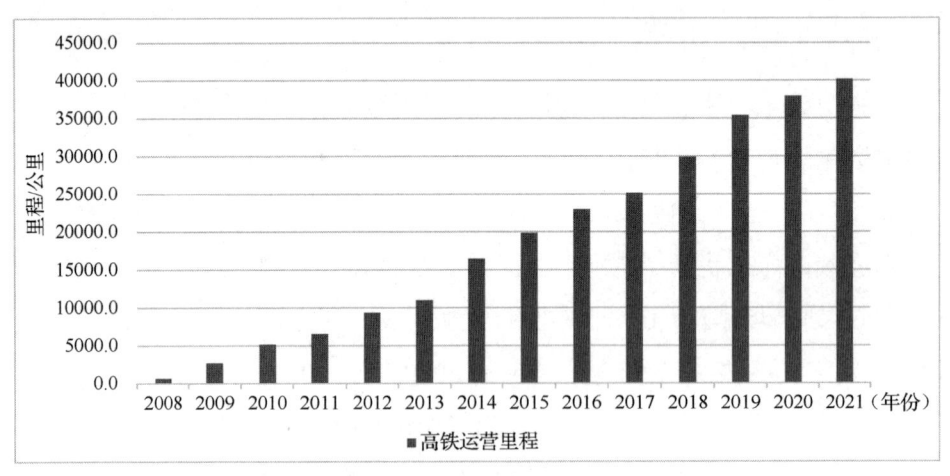

图 4-13　2008—2021 年我国高铁运营里程

数据来源：国家统计局

工业机器人方面，如图4-14所示，2001—2021年，我国工业机器人安装量从700台增至26.8万台，年均增速34.6%；在全球工业机器人安装量的占比从0.9%增长至51.8%，增长了50.9个百分点。2013年，我国工业机器人数量开始超过日本、韩国等国成为全球工业机器人安装量最多的国家，并已经连续9年保持第一。数字化和智能化科技的应用，延缓了部分产业转移的趋势。例如，对江苏的调研显示，智能化变革之后当地纺织企业从劳动密集型产业变成了资本密集型产业，对人工成本的敏感度下降，因此留在江苏

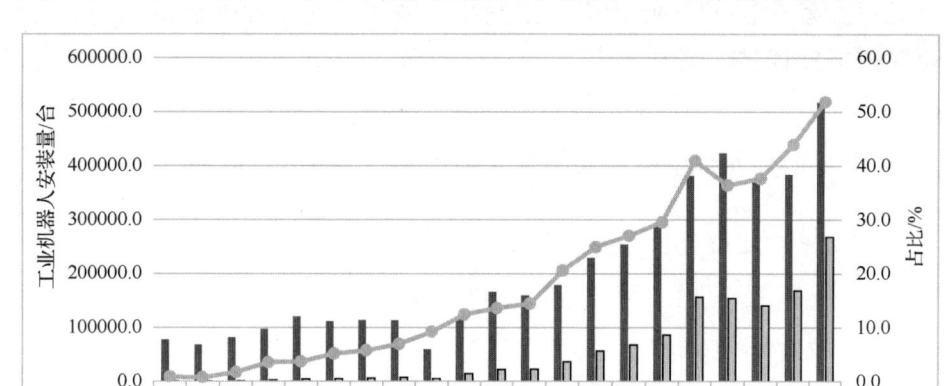

没有外迁。这种品质、效率、模式的变化，提升了产业发展优势。

图 4-14　2001—2021 年我国工业机器人安装量及全球占比

数据来源：国际机器人联合会

互联网方面，中国移动互联网渗透率在 2019 年上半年已经达到 60.5%。随着 2019 年 11 月 5G 商用的正式启动，到 2023 年第二季度，我国 5G 基站建设累计达到 293.7 万个，中国移动和中国电信 5G 用户数分别为 7.2 亿户和 2.9 亿户。上述两个"超级网络"也使得中国在物流效率和线上渠道等方面具有其他国家不具备的优势。

基于以上四大产业优势，中国在全球产业链中具备独特的综合优势，特别是中高附加值制造业的地位难以被取代，即："比我成本低的技术弱，比我技术好但成本高"。尽管纺织、轻工等传统优势产业丧失了一定的低成本优势，但在工艺复杂的产品上仍具优势。例如，在宜家的生活家居产品里，中国占据了劳动密集型产业的"中高端部分"。[1]总之，脱离中国需求建立产业链难度较大，这也是我们应对新一轮产业转移局部风险的最大底气。

---

[1] 宁南山. 未来站在中国这一边[M]. 北京：红旗出版社，2020.

（二）目前中国的产业转移有进有出，虽然不乏企业外迁的案例，但制造业并未成规模的"净外迁"[①]

1．我国 FDI 整体保持稳定增长，但短期内呈现大幅波动

一是我国 FDI 整体保持稳定增长。如图 4-15 所示，2008 年以来，我国 FDI 保持稳定增长，即使在疫情期间，FDI 的增长趋势也未被打断，2021 年 FDI 规模为 1809.6 亿美元，同比增长高达 21.1%。根据联合国《2023 年世界投资报告》，2022 年中国外商直接投资将增长 5%，达到 1890 亿美元，其中大多来自欧洲跨国公司，投资领域集中在制造业和高新技术产业。商务部数据显示，2023 年，全国新设立外商投资企业 53766 家，同比增长 39.7%。根据中国国际贸易促进委员会 2023 年对 600 多家在华外资企业的调研，97%的企业对各项营商环境指标的满意度都在"满意"之上，外资企业对在中国的发展充满了信心。

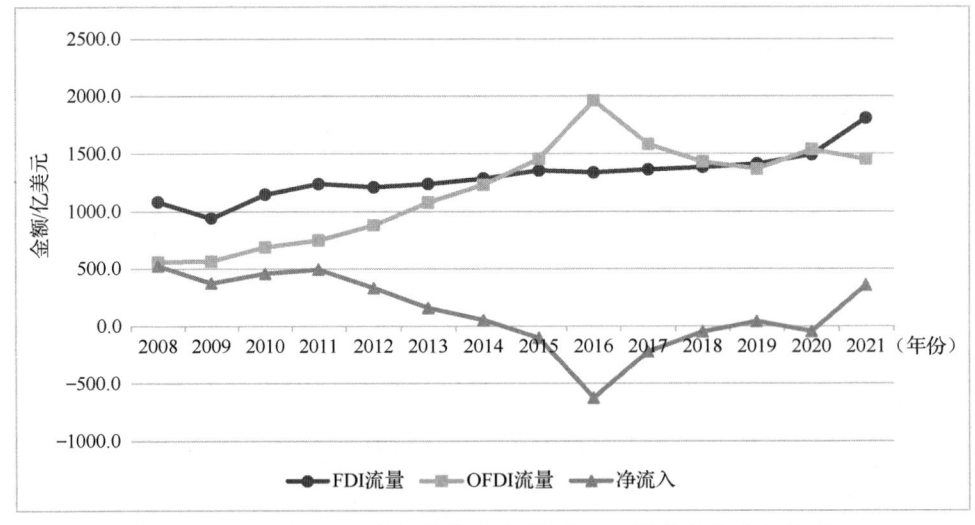

图 4-15　2008—2021 年我国 FDI 及 OFDI 规模变化（亿美元）

数据来源：联合国贸易和发展会议

[①] 卓贤. 产业外迁属国际版"腾笼换鸟"大湾区要加快培育链主型跨国企业[OL]. 国务院发展研究中心网站，2022(09).

二是 FDI 出现短期波动，但高技术领域吸引外资仍保持较快增长。2023年以来，实际利用外资下降幅度较大。根据商务部数据，2023 年我国实际使用外资金额为 11339.1 亿元人民币，同比下降 8.0%，但是规模仍处于历史高位。另根据外汇管理局统计，2023 年 1~6 月国际收支口径下的 FDI 同比大降 83%；其中二季度仅为 49 亿美元，同比下降 87%。虽然两种口径下的 FDI 降幅背离较大，但均呈负增长，外商投资短期波动明显。与 FDI 整体下降形成对比的是，制造业实际使用外资金额为 3179.2 亿元人民币，仅下降 1.8%，其中高技术制造业实际使用外资更是增长 6.5%。此外，法国、英国、荷兰、瑞士、澳大利亚实际对华投资分别增长 84.1%、81.0%、31.5%、21.4%、17.1%，侧面说明西方国家依然在加大对华合作。

三是外商的表态显示出其对中国市场的乐观预期。2023 年 6 月，第十四届夏季达沃斯论坛在天津举办，多位外企高管在夏季达沃斯论坛等多个场合纷纷表示，对中国经济发展前景充满信心，愿继续深耕中国市场、投资中国，加强在中国的业务布局。松下集团表示，将一如既往深耕中国市场，不断推动产业链供应链持续发展；高通中国表示，始终认为中国市场有着长期向好的前景；空客天津飞机交付中心表示，在中国经济强劲复苏的背景下，空客亚洲总装线的总装能力不断提升，为国际民航市场持续注入新动能。[1] 2023 年 7 月，《纽约时报》刊文指出，对德国企业来说，在中国的发展至关重要。德国化工巨头巴斯夫表示，中国业务能让公司有效抵消欧洲高能源成本等带来的影响，如果没有中国，公司所需的重组不可能发生。德国宝马集团也称，对宝马集团而言，中国不仅是全球最大的单一市场，更是重要的创新源泉，宝马集团已在中国建立了德国之外最大的研发和数字化体系。[2] 需要注意的是，随着消费趋弱日益明显，外商中也出现了一些不同的声音。2023 年 6 月份和 7 月份我国社会消费品零售总额同比增速仅为 3.1 和 2.5%，这一增速相较于前几个月来说出现了明显下降。其中化妆品、珠宝首饰、文化办公用品、家用电器和音响器材、建筑及装潢材料等消费品类的增速都出现了负增长。日、韩企业和协会已经明确表示，假如下一个阶段中国经济的增速

---

[1] 刁云娇，李海鹏.继续深耕中国市场外企对在华发展充满信心[OL]. 中国日报网，2023(06).
[2] 严瑜. 吸引外资创纪录中国再赢"信任票"[OL]. 人民日报海外版，2023(07).

不能维持住 5%，则其对中国市场的依赖将进一步下降。由此，如何保持我国的巨大市场优势是我们未来应深度思考的问题。

2. 贸易规模持续增长，全球占比遥遥领先

一是出口快速增长，全球占比也持续增长。2008—2022 年，我国贸易总量从 25632.6 亿美元增至 62821.8 亿美元，增长了 145%，年均增速 6.6%；出口总额从 14306.9 亿美元增至 35693.9 亿美元，增长了 150%，年均增速 6.7%。如图 4-16 所示，我国在全球出口占比中呈明显的上涨趋势，从 8.9% 增长至当前的 15%，增长了 6.1 个百分点；德国、日本在全球出口占比中均出现明显的下滑态势，分别下降了 2.2 个百分点和 1.8 个百分点，美国整体保持在 8%~9% 的区间波动。

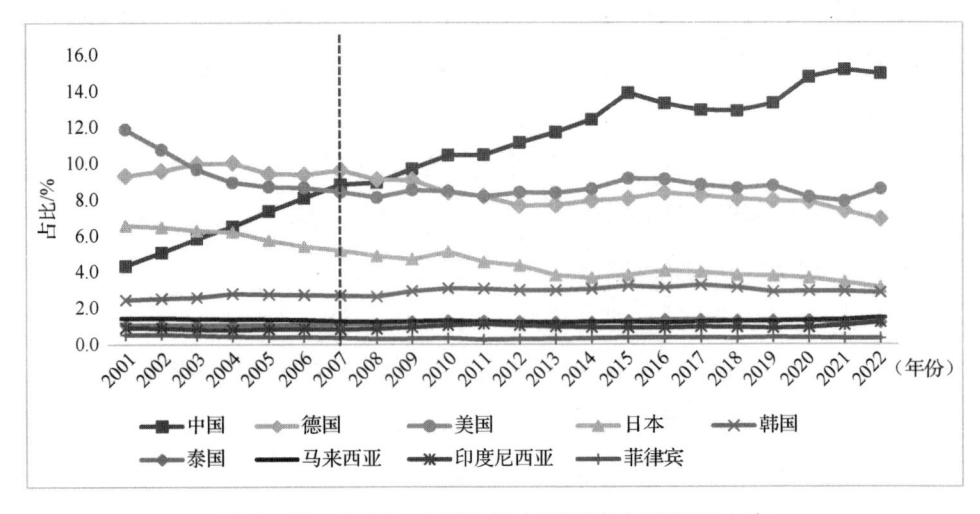

图 4-16　2001—2022 年主要国家全球出口占比

数据来源：trademap，赛迪研究院计算

二是从出口市场看，受美国友岸、近岸趋势影响，我国对美国出口份额下滑，但对东盟等国家的出口迅速上升，东盟各国成为我国对美国贸易的重要中间国。据 UNcomtrade 数据计算，美国自我国商品进口的占比从 2017 年的 21.9% 下降到 2022 年的 17.1%，下降了 4.8 个百分点，但我国仍是美国进口的第一来源地。2023 年这一趋势未能扭转且降幅更甚：2023 年上半年，

中国商品在美国进口中的占比大幅下滑到 13.6%，已经落后于墨西哥（15.2%）和加拿大（13.8%）变为美国进口的第三大来源地。与此同时，东盟、俄罗斯和非洲等发展中国家对中国的支撑作用日益凸显，2023 年，中国对东盟的出口份额上升至 15.5%，同期对欧盟、美国以及日本的出口份额下降至 14.8%、14.8%与 4.7%。东盟与中国在产业结构存在天然的协同性和互补性，东盟承接着中国国内的产业链转移，此外，美国贸易遏制促使大量中国货物"绕道"越南出口美国，推动东盟转口贸易快速上升。中国对俄罗斯、非洲的出口份额也分别从 2022 年的 2.1%、4.6%提升至 2023 年 1—5 月的 3.1%、5.3%。

3. 制造业规模不断扩张，全球占比保持高位

从总量上看，我国制造业体量迅速扩张。如图 4-17 所示，根据世界银行数据，2022 年我国制造业增加值为 49756.1 亿美元，较 2008 年的 14756.7 亿美元增长了 237%，全球占比从 14.4%增至 30.5%，上升了 16 个百分点。从增速看，这一时期我国制造业增加值年均增速为 9%，全球制造业增加值年均增速为 3.4%，我国制造业增加值年均增速比全球高出 5.6 个百分点。

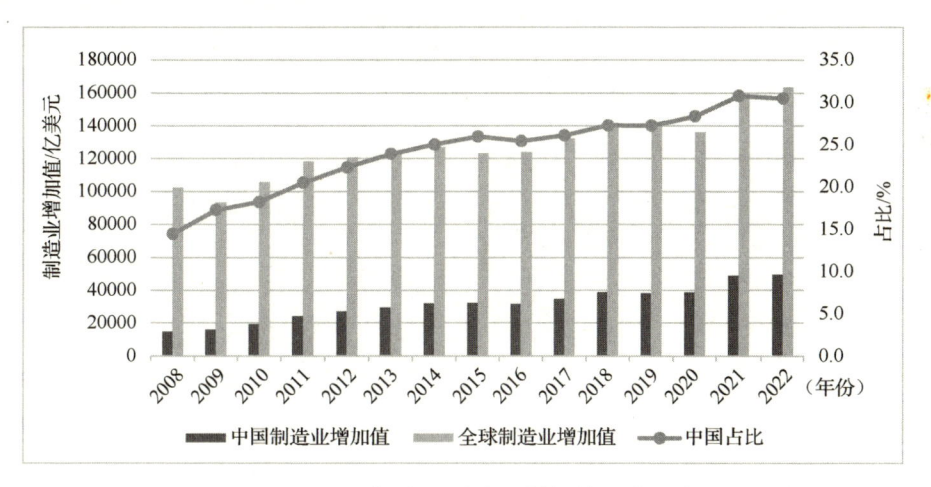

图 4-17 2008—2022 年我国制造业增加值规模及全球占比变化

数据来源：世界银行

4．产品附加值和全球价值链位置在提升

一是低端的加工贸易占比持续降低，一般贸易占比则不断提升。如图 4-18 所示，我国加工贸易在出口中的占比在 2008 年和 2009 年仍高于一般贸易；到了 2010 年二者占比已经十分接近，2011 年后一般贸易在出口中占比高于加工贸易，此后二者之间差距越来越大，到 2022 年一般贸易在出口中的占比达到 63.7%。

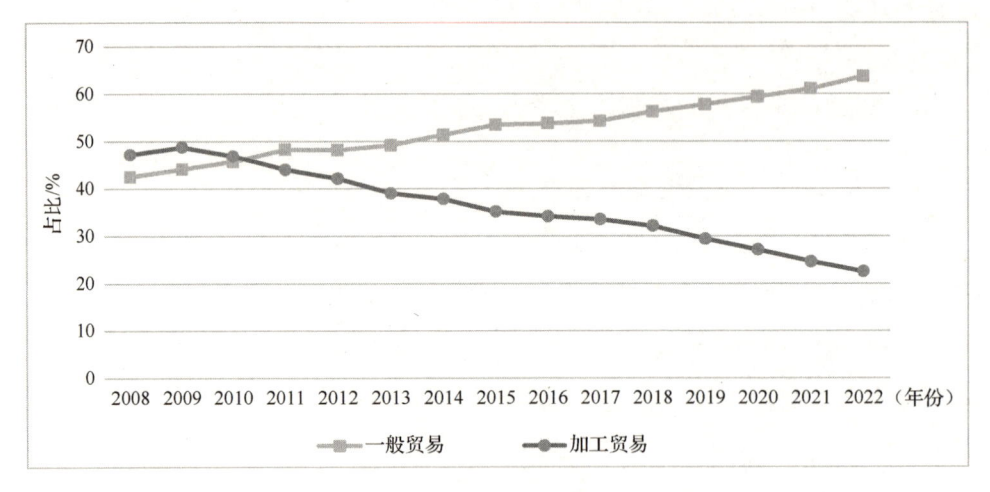

图 4-18　2008—2022 年我国一般贸易、加工贸易出口占比变化

数据来源：海关总署

二是从全球价值链看，我国对外依赖减少，并转变为中间品出口和价值输出。如图 4-19 所示，2008 年以后，我国制造业 GVC 前向参与度明显提升，特别是 2008 年到 2018 年期间，从 13.1% 增至 18%，提升了 4.9 个百分点；之后出现下行，但从 2019 年开始逐步反弹，2021 年为 15.9%。我国制造业后向参与度则呈先降后升态势，从 2007 年的 24.8% 开始下行并在 2016 年前后达到低点（15%）后开始回升，2021 年为 20%，但仍较 2007 年下降了 4.8 个百分点。我国制造业 GVC 前向参与度的上升和后向参与度整体下降表明我国制造业抢抓新一轮产业转移机遇，国内供应链体系更加成熟和完善，逐步从加工组装品输出转变为中间品和高附加值产品输出。

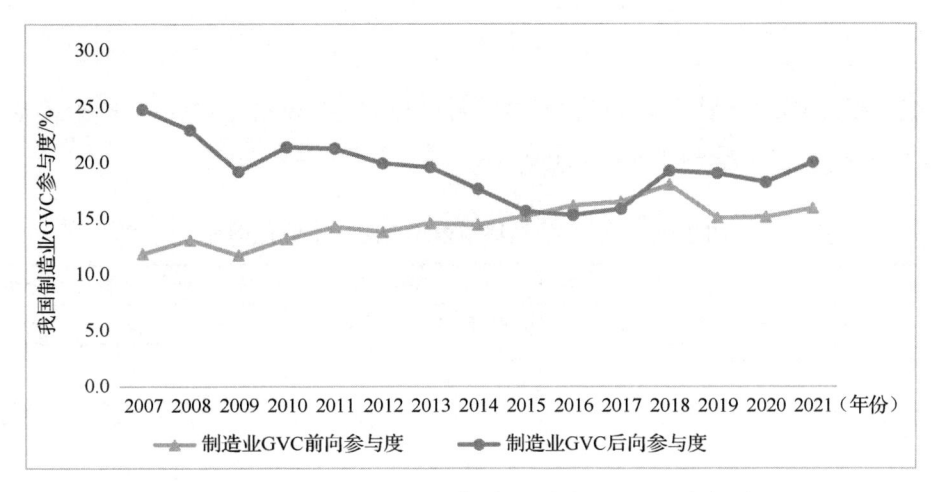

图 4-19　2007—2021 年我国制造业 GVC 参与度

数据来源：全球价值链数据库

（三）横向比较看，短期内"越南制造""印度制造""墨西哥制造"都难以迅速替代"中国制造"

本部分从工业化进程、人力资源、要素成本、基础设施和营商环境五大方面对我国与越南、印度、墨西哥、印度尼西亚等产业转移承接国的优劣势进行比较。综合来看，尽管我国在劳动力成本等方面存在一定劣势，但"中国制造"综合成本优势依然明显。

1．工业化进程

从人均 GDP 看，我国排在第一位，为 12720.2 美元，墨西哥在第二位，为 11091.3 美元，但是其他各国明显偏低，越南、菲律宾、印度尼西亚、印度均不到 5000 美元，其中印度仅为 2388.6 美元。

从城镇化率看，除了墨西哥，我国远远领先其他承接国，当前我国城镇化率为 63.6%，越南、泰国、菲律宾、印度尼西亚、印度城镇化率分别为 38.8%、52.9%、48.0%、57.9% 和 35.9%。

从制造业占比看，目前中国为 27.7%，泰国、越南已经与我国十分接近，分别为 27.0% 和 24.8%，但是菲律宾、印度尼西亚、印度和墨西哥的制造业占比均低于 20%，其中印度仅为 13.3%。中国与新一轮产业转移重要承接国在工业化进程上的对比如表 4-1 所示。

表 4-1 中国与新一轮产业转移重要承接国在工业化进程上的对比

大类	指标	中国	越南	泰国	菲律宾	印度尼西亚	印度	墨西哥
工业化进程	人均 GDP（美元）	12720.2	4163.5	6908.8	3498.5	4788	2388.6	11091.3
	城镇化率（%）	63.6	38.8	52.9	48.0	57.9	35.9	81.3
	制造业占比（%）	27.7	24.8	27.0	17.2	18.3	13.3	18.8

数据来源：世界银行

2. 人力资源

从劳动力供给看，东盟、印度和墨西哥三个主要新一轮产业转移的承接国家和地区为全球提供了近 18 亿人的劳动力，占全球劳动力人口的 34%。2022 年，东盟十国总人口达 6.8 亿，其中 15~65 岁适龄劳动力人口为 4.6 亿，占东盟十国总人口的比重为 67.6%，占全球劳动力人口的比重为 8.9%。到 2030 年，预计东盟占全球劳动力市场总量的比重将达到 10%，成为仅次于中国和印度的世界第三大劳动力输出地。[①]其中，印度尼西亚、菲律宾、越南、泰国四个国家是东盟中最主要的劳动力输出国，分别提供了 1.8 亿人、0.7 亿人、0.7 亿人和 0.5 亿人，共计提供劳动力人口 3.7 亿人，占东盟劳动力人口的 82%，同其他东盟国家人口相比具有明显的规模优势。印度和墨西哥的劳动力人口也具有相当规模。数据显示，2000—2022 年，印度总人口从 10.6 亿人增至 14.2 亿人，其中，14~65 岁人口从 6.4 亿人增至 9.6 亿人，占比则从 60.5% 增至 67.8%；墨西哥总人口从 9700 万人增至 1.3 亿人，其中，劳动年龄人口从 0.6 亿人增至 0.9 亿人，已经接近 1 亿人。

从劳动力结构看，越南、泰国、墨西哥等国家的老龄化问题比较突出。按照当前人口老龄化标准（65 岁及以上老年人口数量占总人口比例超过 7%），印度尼西亚、菲律宾、越南、泰国四个主要劳动力输出国中，越南和

---

① 岳圣淞. 第五次全球产业转移中的中国与东南亚：比较优势与政策选择[J]. 东南亚研究，2021 年第 4 期.

泰国已经进入老龄化社会，65岁及以上老年人口占比分别为9.1%和15.2%；印度尼西亚、菲律宾、印度和墨西哥65岁以上老年人口占比分别为6.9%、5.4%、6.9%和8.3%，数据表明印尼和印度距离人口老龄化的标准已经十分接近，菲律宾还有一定空间，墨西哥也已经进入老龄社会。从14岁以下人口占比看，菲律宾、印度尼西亚和印度的优势十分明显，分别高达30.3%、25.2%和25.3%，这种年轻化的人口结构为其未来劳动力人口的增长提供了基础；墨西哥和越南略低，分别为24.5%和22.3%，但与我国的14岁以下人口占比（16.9%）相比也具有优势。预计上述国家的人口红利将在未来10年逐步释放，中产阶级和劳动力人口的持续增长将为东南亚消费市场规模的扩张和工业化进程的加速提供关键支撑。受劳动力供给扩张的影响，劳动密集型产业的转移还将持续。

从教育水平看，我国受教育年限为7.8年，低于菲律宾的9.6年、印度尼西亚的13.4年和墨西哥的8.6年，相比越南和泰国7.6年的领先优势也不明显，但印度的受教育年限较低，仅为6.0年。小学学生与师资比重方面，我国为16.6%，与泰国的16.2%和印度尼西亚的16.1%基本处于同一水平，明显优于越南（19.6%）、菲律宾（29.0%）、印度（35.2%）、墨西哥（26.6%）。我国劳动力素质与其他几个承接国相比基本属于中上水平，有利于未来我国继续承接中高技术产业转移。中国与新一轮产业转移重要承接国在人力资源上的对比如表4-2所示。

表4-2 中国与新一轮产业转移重要承接国在人力资源上的对比

大类	指标	中国	越南	泰国	菲律宾	印度尼西亚	印度	墨西哥
人力资源	人口总量（亿人）	14.1	1	0.7	1.2	2.8	14.2	1.3
	近五年人口增长率（%）	0.1	0.9	0.2	1.6	0.8	0.9	0.7
	14岁以下人口占比（%）	16.9	22.3	15.5	30.3	25.2	25.3	24.5
	劳动年龄人口占比（%）	69.0	68.5	69.3	64.2	67.9	67.8	67.1
	受教育年限（年）	7.8	7.6	7.6	9.6	13.4	6.0	8.6
	小学学生与师资比重（%）	16.6	19.6	16.2	29	16.1	35.2	26.6

数据来源：世界银行、《2019全球竞争力报告》

3. 要素成本

近年来，随着我国劳动力成本不断提高，成本优势明显趋弱。当前，我国人均工资约为 817 美元/月，越南为 285 美元/月，泰国为 484 美元/月，菲律宾为 295 美元/月，印度尼西亚为 198 美元/月，印度为 400 美元/月，墨西哥为 350 美元/月。无论是与越南、印度等亚洲国家相比还是与墨西哥相比，我国的劳动力成本都不具备优势。

从其他生产要素成本看，我国除了在工业用水上具备一些成本优势，其他成本也相对偏高。电价方面，我国电价为 12.8 美分/千瓦时，高于越南的 12.5 美分/千瓦时、印度尼西亚的 10.7 美分/千瓦时和印度的 8.6 美分/千瓦时。工业用水价格方面，我国平均水费为 0.47 美元/立方米，除了高于印度，相对其他国家具有一定的成本优势。工业用地价格方面，印度尼西亚用地成本最高，达到了 330～630 美元/平方米，我国排在第二名，平均工业用地成本为 135 美元/平方米，越南最低工业用地成本为 121 美元/平方米，泰国最低工业用地成本为 119 美元/平方米，菲律宾最低工业用地成本为 102 美元/平方米，进一步凸显了这些承接国的成本优势。中国与新一轮产业转移重要承接国在要素成本上的对比如表 4-3 所示。

表 4-3 中国与新一轮产业转移重要承接国在要素成本上的对比

大类	指标	中国	越南	泰国	菲律宾	印度尼西亚	印度	墨西哥
要素成本	劳动力成本（美元/月）	817	285	484	295	198	400	350
	电价（美分/千瓦时）	12.8	12.5	13.7	18.1	10.7	8.6	17.0
	工业用水价格（美元/立方米）	0.47	0.81	0.79	0.96	0.52	0.21	1.10
	工业用地价格（美元/平方米）	135	121～946	119～197	102～200	330～630	80～150	—

数据来源：《2020 营商环境报告》、商务部各国对外投资指南

4．基础设施

从《2019 全球竞争力报告》来看，我国基础设施整体得分为 77.9，远高于其他承接国的得分（基本处于 40～50 的区间），其中菲律宾最低仅为 41.5。电力方面，我国的供电产出比最低（4.9%），表明每单位产出需要的电力相对最少，其他主要承接国除了泰国与我国相近（5.8%），其余均明显高于我国，其中，印度和墨西哥高达 17.6%和 12.5%。水力方面，各国表现相对接近，我国供水可靠性得分 64.9，越南、泰国、印度尼西亚、墨西哥也在 60 的区间上下，但是印度和菲律宾仅得分 55.9 和 49.0，相对偏弱。中国与新一轮产业转移重要承接国在基础设施上的对比如表 4-4 所示。

表 4-4　中国与新一轮产业转移重要承接国在基础设施上的对比

大类	指标	中国	越南	泰国	菲律宾	印度尼西亚	印度	墨西哥
基础设施	道路基础设施质量（得分）	77.9	52.2	56.8	41.5	56.1	58.6	57.4
	供电产出比（%）	4.9	10.2	5.8	9.1	9.1	17.6	12.5
	供水可靠性（得分）	64.9	59.2	69.2	49.0	62.5	55.9	63.7

数据来源：世界银行、《2019 全球竞争力报告》

5．营商环境

根据世界银行《2020 营商环境报告》，2020 年我国营商环境整体得分为 77.9，低于泰国的 80.1，高于其他国家。其中，越南、菲律宾、印度尼西亚的营商环境整体得分分别为 69.8、62.8 和 69.6，表明整体营商环境较弱。办理手续时间方面，我国为 93 天，墨西哥为 76 天，印度为 98 天，其余国家均超过 100 天。贸易便利性方面，我国进口和出口边境合规时间分别为 34 个小时和 24 个小时，菲律宾、印度尼西亚两个国家的进口边境合规时间长达 120 个小时和 60 个小时，是我国的 3.5 倍和 1.8 倍，我国在这方面具有一定的效率优势。中国与新一轮产业转移重要承接国在营商环境上的对比，如表 4-5 所示。

表 4-5　中国与新一轮产业转移重要承接国在营商环境上的对比

大类	指标	中国	越南	泰国	菲律宾	印度尼西亚	印度	墨西哥
营商环境	营商环境整体得分	77.9	69.8	80.1	62.8	69.6	71.0	72.4
	办理手续时间（天）	93	166	113	120	191	98	76
	进口边境合规时间（小时）	34	56	50	120	80	60	44
	出口边境合规时间（小时）	24	55	44	42	51	50	20

数据来源：《2020 营商环境报告》

CHAPTER 5

第五章
发达经济体：产业转移的
另一面"镜像"

新一轮产业转移的特征之一是转移主体的多极化和转移方向的双向性。特别是发达国家大力主导制造业回流是此前几轮产业转移中鲜有的。因此，发达国家的制造业回流、供应链多元化战略与我国的部分产业外迁形成了一种"镜像"关系，为我们提供了看待新一轮产业转移的新角度。本章将重点关注美国、欧洲和日韩等几个极具代表性的发达国家和地区在新一轮产业转移的关键时间节点采取的手段、原因，以及取得的成效。

一、美国：主导全球新一轮产业转移的非市场力量

（一）随着美国供应链战略在不同阶段的变化，其重塑全球产业转移的路径也相应改变

金融危机之前，美国跨国公司布局全球供应链的特点是"离岸外包"，即以经济效率为先，将制造环节转移到成本更低、效率更高的国家和地区，我国也是在这一时期深度参与到全球价值链中。金融危机以后，美国推动全球供应链重塑基本经历四个阶段：奥巴马时期提出"再工业化"，企图通过"出口倍增计划"引导制造业回流美国，但收效甚微；特朗普政府强调"美国优先"，以加征关税、强制约束等方式引导美国企业"回流"；拜登执政后，叠加新冠疫情的出现，在美本土供应链不足和回流不畅背景下，出现"近岸外包"和"联盟外包"等概念；俄乌冲突发生后，拜登政府开始积极倡导"友岸外包"。[①]

在这一过程中，美国不断完善其供应链战略，最终形成了当前的供应链重塑方案。

一方面，明确供应链安全的"优先级"。供应链重构需要消耗巨大的社会资源和成本，因此并非所有的供应链都需要重构，应在明确优先级的基础上实施供应链重构战略。为确保供应链的优先级，美国组织了来自国防部、

---

① 马建新. 警惕美国"友岸外包"的供应链合规风险[OL]. 道琼斯风险合规，2022(07).

商务部、州政府、卫生与公众服务部和能源部的专家、情报界及国家实验室的相关人员,确定哪些供应链缺陷会对美国经济和国家安全构成不可接受的风险。按照重要性,材料和产品分为必要、战略和非必要三类。其中,对美国社会日常运作至关重要的材料和产品属于必要产品,如药品和医疗设备;对美国国家和经济安全至关重要的大多数材料和产品属于战略产品,如半导体;非必要产品主要指具有一定可替代性的产品,如服装、家具、建材等消费品。14017号行政命令率先要求对药品和医疗设备、半导体制造和先进封装、大容量电池、关键矿产和原材料的供应链进行审查,充分体现了美国供应链战略的优先级。从审查结果看,两轮供应链审查仍主要聚焦必要产品和战略产品,尚未涉及非必要产品。

另一方面,根据"优先级"制定不同地理层次的供应链重构方案。第一层次:对于必要产品,供应链应尽可能实现"本国生产",即国内生产能力能够满足80%的日常需求。比如,对生命安全至关重要的药品和医疗设备等必需品,即便是自给自足会降低效率,也必须创建和维持能够满足需求的安全且有弹性的国内供应链。第二层次:对于战略产品,美国难以完全承担全部供应链或成本极高,为了保证这部分供应链的弹性,必须以盟国和高度信任的伙伴国家的生产为基础,并尽可能减少或拒绝依赖潜在竞争国家的原材料,即构建"友岸外包"供应链。例如:美国提出与拥有资源储备的国家达成供应协议来保障镍、钴、锰及石墨等储能产业上游矿产供应,特别是与加拿大、澳大利亚等盟友进一步强化资源合作,降低对我国等国家的关键矿产依赖。第三层次:对于非必要产品,尽管重要性弱于前两种,但其供应链中断仍旧会影响到大量经济活动。这类产品的供应链应推动"区域化生产"概念,以越南为代表的亚洲其他国家和地区形成的"友岸外包"就属于这一层次,主要目的是在全球不同地区布局多元的生产能力。

（二）美国"再岸""近岸""友岸"三种转移路径的进展与效果

1. 再岸

（1）美国三届政府的努力

推动制造业回流是近年来美国各届政府的主要目标之一，早在奥巴马时期就开始推动，先后出台了《重振美国制造业框架》《先进制造业伙伴计划》等文件。这一时期，美国推动制造业回流的政治色彩并不强烈，但是恰好与中国劳动人口供给不足、劳动力价格快速上升的时期相重叠，加上工业互联网逐渐兴起，由此引发了一轮跨国公司自发组织的"小回流潮"。

特朗普政府通过各种税改推动制造业回流。一是阻止制造企业外迁。废除《离岸法案》，主张对在境外生产在美国销售产品的企业征收高关税，"引导"企业在美国本土投资生产。二是大幅减税，吸引回流。根据税改计划，砍掉 20%的企业营业税，即对公司实行 15%的营业税税率。大规模减税意味着政府将放弃部分税收、补贴企业。对于减税带来的财政损失，共和党提议征收边境税加以弥补。对进口征收 20%的边境税，对出口免税，能够筹集数十亿美元的资金，以支持税改。在一次性利润汇回税方面，税改计划从 35%降至 10%，表明特朗普有意降低美国企业海外收入的纳税税率，吸引企业将海外收入带回美国。但由于缺乏持续性，加之美国发展制造业的综合优势不强，制造业回流趋势并未形成。三是强化联邦政府采购美国货的规定。2018 年，美国国会通过的立法以所谓"出于国家安全考量"为由，禁止联邦政府购买包括海康威视、大华在内的几家中国公司生产的设备，当年海康威视在美国海外收出现为负增长，海外营收同比增速较 2017 年的 30.8%下降了 15 个百分点。2019 年 9 月，特朗普签署了一项行政命令，要求政府在采购中加大购买美国制造的产品。该行政令要求特朗普政府修订《购买美国产品法》，如果用于制造产品的外国材料的成本占总成本的 50%以上，则该产品被视为外国产品。特朗普提议将适用于钢铝成品的比例减少至 5%，将所有其他产品的比例减少至 45%。

从效果看，特朗普的税改方案起到了一定的刺激作用，但持续性不强。如图 5-1 所示，2017 年底税改方案公布后，2018 年上半年美国海外资金回流大幅增长，同时海外再投资收益下降，两者此消彼长；但 2018 年下半年税改政策的刺激效应衰减趋势明显，海外资金回流趋势下滑。如图 5-2 所示，从海外再投资收益变化看，2018 年较 2017 年总体减少了 127 亿美元，其中化工行业降幅最为明显，减少了 51.5 亿美元。

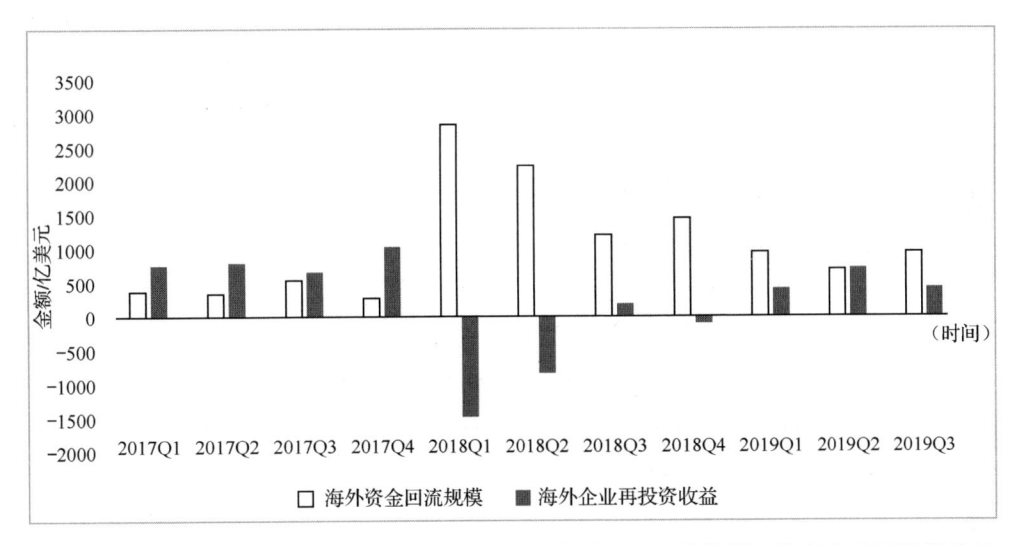

图 5-1 2017 第一季度—2019 年第三季度美国海外资金回流规模及海外企业再投资收益

数据来源：美国经济分析局，赛迪研究院整理

拜登时期产业政策鼓励回流的趋势明显，主要是通过政府投资、补贴等促进制造业关键供应链回迁美国。特别是在 2022 年集中推出的几个重量级法案，对于推动制造业回流，重塑本土制造能力起到关键作用。据估算，《芯片和科学法案》《基础设施投资和就业法案》和《通胀削减法案》三个法案涉及工业和制造业的补贴共计约 6690 亿美元。其中《芯片和科学法案》投资和补贴约 2850 亿美元，主要围绕芯片制造、研发和其他科研创新；《基础设施投资和就业法案》新增支出 150 亿美元，主要用于建设电动汽车充电桩和购买电动校车；《通胀削减法案》计划投资约 3690 亿美元，主要用于可再

生能源、清洁交通、节能建筑和供应链基础设施及降低美国本土能源消费成本等。三大法案涉及工业和制造业的投资和补贴计划如表 5-1 所示。

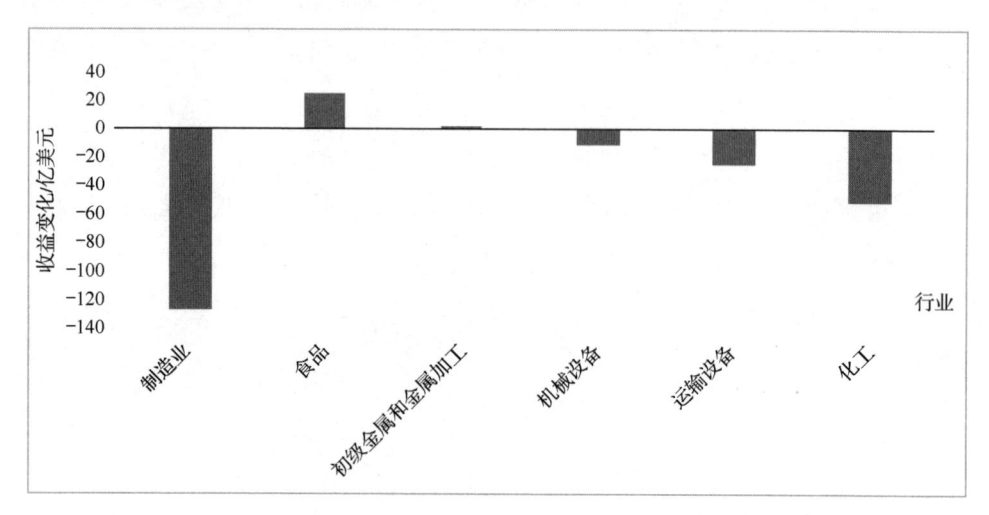

图 5-2　2018 年较 2017 年相比部分行业海外企业再投资收益变化情况

数据来源：美国经济分析局，赛迪研究院整理

表 5-1　三大法案涉及工业和制造业的投资和补贴计划

法　　案	领域及总投资额	具 体 项 目	5 年投资金额（亿美元）
《芯片和科学法案》	芯片制造与创新：5 年共计 542 亿美元拨款 + 约 240 亿美元税收优惠	扩大半导体制造产能	390
		先进半导体研发和劳动力发展	110
		国防基金	20
		技术安全和创新基金	5
		劳动力和教育基金	2
		无线通信供应链创新基金	15
		先进半导体制造投资税收抵免	涉及价值约 240 亿美元
	其他科研创新投资：5 年共计约 2308 亿美元投资	能源部未来能源	947
		商务部国家标准和技术研究所（NIST）	97
		国家科学基金（NSF）	810
		杂项科学和技术规定	454
		航天航空研究	无具体授权资金

续表

法　案	领域及总投资额	具　体　项　目	5年投资金额（亿美元）
《基础设施投资和就业法案》	电动汽车充电站及电动校车：5年共计约150亿美元	电动汽车基础设施	75
		电动校车	75
《通胀削减法案》	可再生能源、清洁交通等：共计3690亿美元	光伏领域	无具体授权金额
		新能源汽车领域	无具体授权金额
		储能领域	无具体授权金额
		清洁能源	510
		家庭能源退税	90
		购买二手清洁能源车辆	无具体授权金额
		经济适用房	10

数据来源：《芯片和科学法案》《基础设施投资和就业法案》《通胀削减法案》，赛迪研究院整理

以《芯片和科学法案》的影响为例。根据美国芯片工业协会（SIA）的报告，2020年5月至2023年4月，已经有超过50个半导体项目在美国开工，总投资金额大约2100亿美元。如图5-3所示，其提供的厂商列表来看，前十大项目分别来自台积电、德州仪器、英特尔、美光科技、三星电子等企业。从区域来看，项目覆盖19个州。其中，涵盖了亚利桑那、犹他、科罗纳多、新墨西哥等州的山地区（Mountain）是制造业投资增长最快的区域。

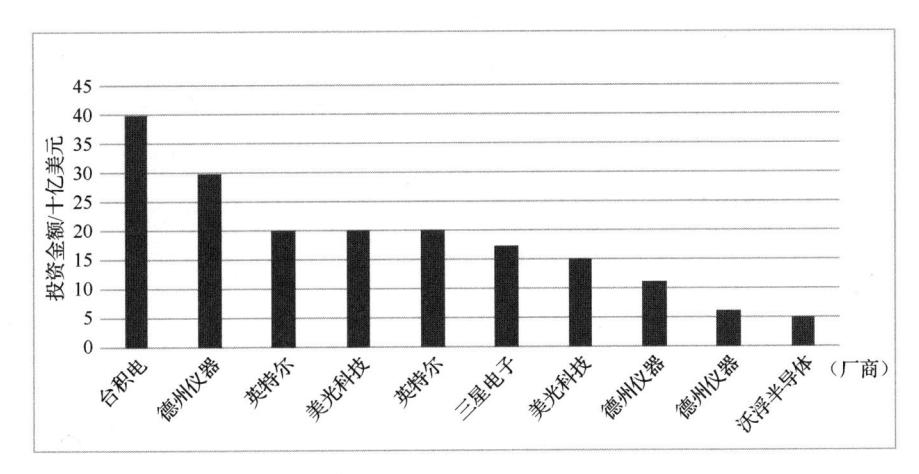

图5-3　2022年5月至2023年4月在美国建厂的半导体企业及投资金额（前十大项目）

数据来源：美国芯片工业协会，2023.5

《通胀削减法案》也极大地促进了产能的回流。主要电动汽车和电池制造商于2022年8月至2023年3月期间宣布的在美电动汽车供应链投资累计达520亿美元，其中50%用于电池制造，电池组件和电动汽车制造投资各占约20%。2022年，美国电池制造总装机容量同比增长85%，达到每年105GWh。据国际能源署（IEA）的评估[①]，如果所有的项目均正式投产，到2030年，美国电池年产能将增加925GWh，复合年增长率达到30%，有望基本满足美国本土的电池需求。

（2）从一些宏观指标看，美国制造业回流战略取得了一定效果

从美国制造业增加值占GDP的比重看，尽管该指标在2009年之前经历了较大下滑，但2010—2021年基本稳定在11%左右。如图5-4所示，该指标从2000年的15.1%下滑至2009年的11.7%，2010年开始略有上升并连续十年保持在11%左右，2021年为10.7%。从经济规律看，随着技术发展和社会分工进步，几乎所有发达国家均经历了这一指标下降的过程，我国在走过快速工业化高峰阶段之后这一指标也有所下降。美国这一指标在经历了长期下滑之后，2010年以后逐步保持稳定，体现美国对制造业的重视；与美国相比，曾经的老牌工业国家英国的这一指标已经从2000年的13.3%下降至2021年的8.7%。

如图5-5所示，从制造业增加值的全球占比看，金融危机后美国制造业增加值全球占比也已经止住下滑态势，稳定在15%～18%的区间。2021年，美国的制造业增加值为2.5万亿美元，低于中国的4.9万亿美元；但远高于日本的1万亿美元，与欧盟整体基本相当。从2008—2021年的变化看，中国制造业增加值的全球占比增长了15.4个百分点（从14.4%增长至29.8%），欧盟下降了8.8个百分点（从24.3%降至15.5%），日本这一数据下降了3.3个百分点（从10.6%降至7.3%），美国基本在15%～18%的区间内波动。与其他主要发达国家的明显下滑相比，美国制造业增加值全球占比的稳定性凸

---

① The State of Clean Technology Manufacturing[R]. IEA, 2023.

显其政策效果。

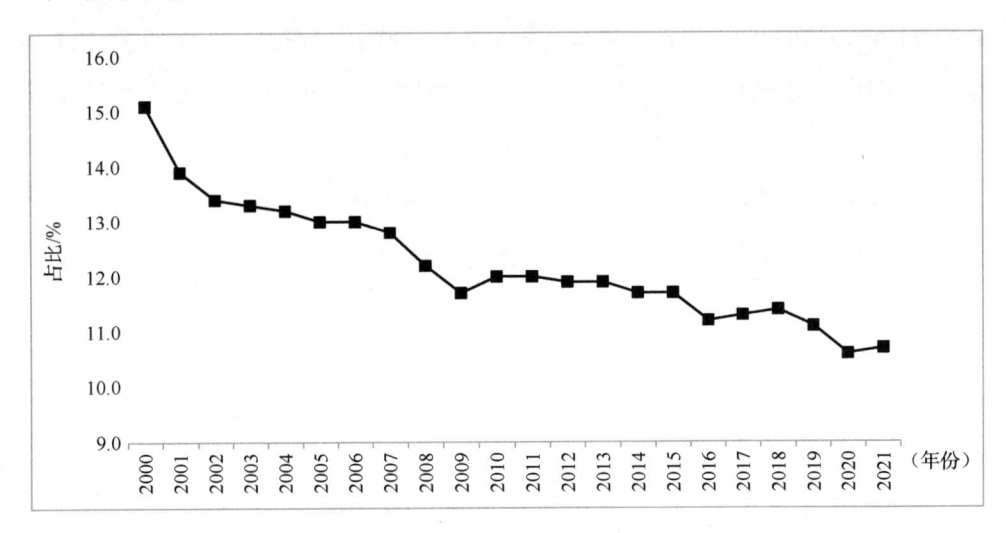

图 5-4　2000—2021 年美国制造业增加值占 GDP 的比重

数据来源：美国商务部经济分析局，赛迪研究院整理

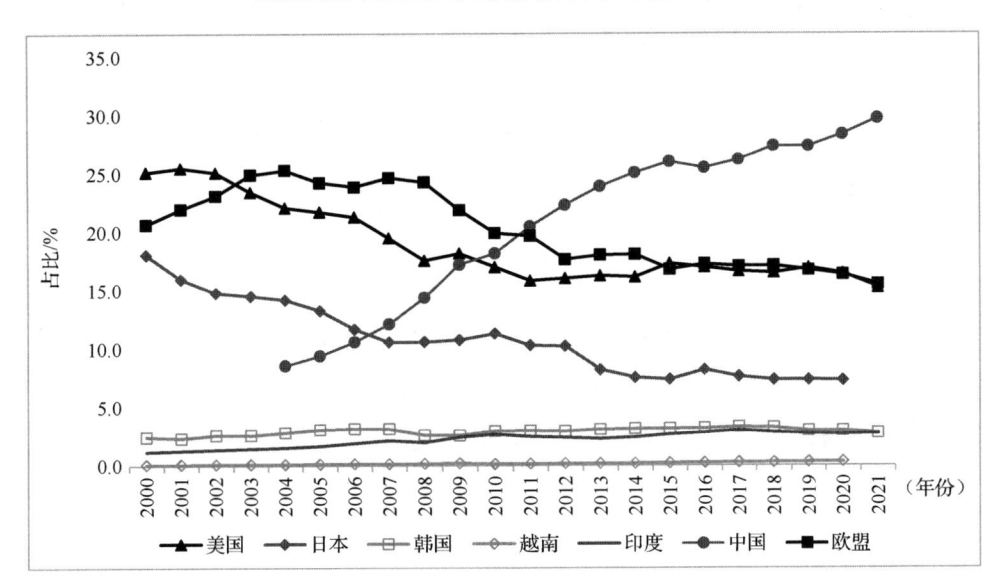

图 5-5　2000—2021 年各主要国家和地区制造业增加值全球占比情况

资料来源：Wind，赛迪研究院整理

如图 5-6 所示，从美国制造业就业看，制造业就业人数和制造业就业人数占总就业人数的比重在 2009 年之前的持续下滑，2009 年后基本稳定。美

国制造业就业人数从2000年的1726.5万人下降至2009年的1184.8万人（下降约31.4%），2010—2021年则基本稳定在1200万人左右，2021年为1234.7万人。美国制造业就业人数占总就业人数的比重从2000年的13.1%下降至2009年的9%（下降4.1个百分点），2010—2021年则基本维持在8.5%~9%，其中2021年为8.5%。考虑到美国工厂的智能化水平越来越高，制造业就业人数占比保持稳定本身说明其相关政策已经起到较好效果。

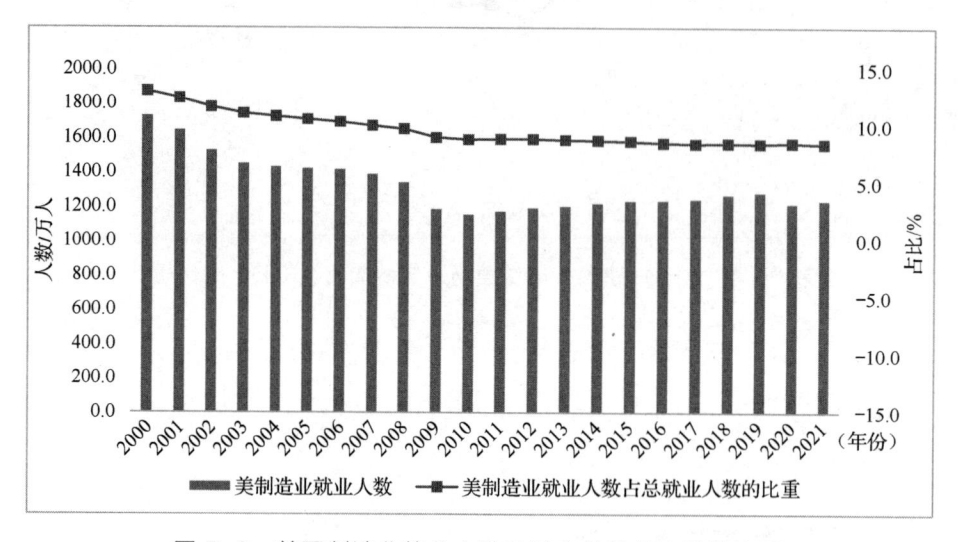

图 5-6 美国制造业就业人数及其占总就业人数的比重

数据来源：美国劳工部，赛迪研究院整理

从美国制造业的核心优势看，形成了一大批科技含量高、对全球供应链掌控能力强的跨国公司。从全球500强榜单企业看，2022年美国制造业企业数量高达41家，其中年营收额500亿美元以上的企业从2011年的15家增至2022年的22家。2022年排名前三的制造业企业苹果、福特汽车和通用汽车营收额总计较2011年增长了90.8%，利润增长了358.5%。这些头部企业通过其巨大的控制力形成了对全球供应链的掌控。以苹果公司为例，尽管大部分零部件制造都外包给中国大陆和东亚地区，但其作为全球制造的超级节点，通过与全球200家供应商的合作实现了对全球电子产业链供应链的深度掌控。此外，美国头部企业的跨国布局为美国研发持续注入资金，进一步强化了美国制造业的核心竞争力。2021 年，据美国全国商会中国中心和荣鼎咨询集团估算，半导体行业在中国市场的海外投资给美国带来 540 亿至 1240 亿美元的产出、超过 10 万个就业岗位，以及 120 亿美元研发资金。

从固定资产投资看，2012—2021 年，美国固定资产投资从 31496 亿美元增至 49083 亿美元，年均增长 5.1%；中国固定资产投资从 57797 亿美元增至 84439 亿美元，年均增长 4.3%。从双方差距看，2015 年我国领先优势最大，固定资产投资规模是美国的 2.4 倍。2021 年中国固定资产投资规模约为美国的 1.7 倍。2012—2021 年中美固定资产投资对比如图 5-7 和表 5-2 所示。

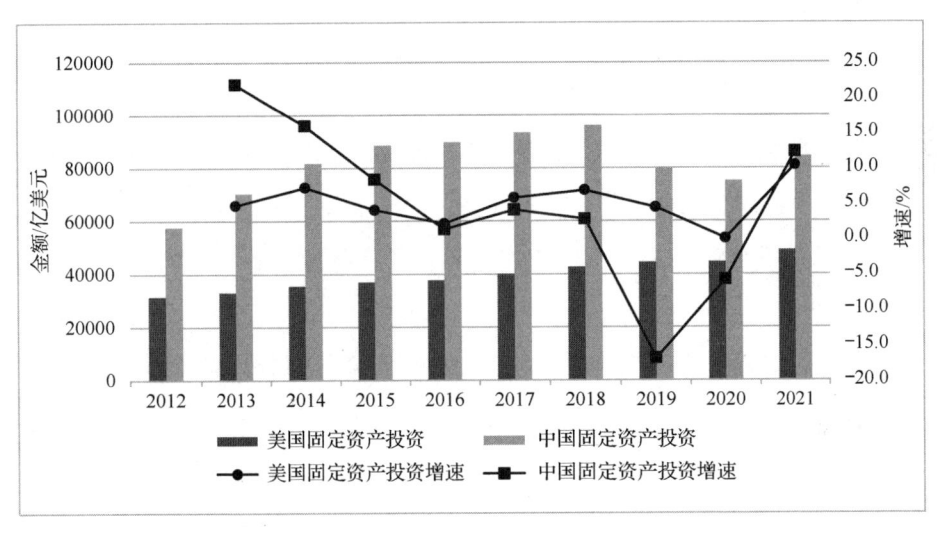

图 5-7 2012—2021 年中美固定资产投资对比

数据来源：国家统计局，美国经济分析局

表 5-2 2012—2021 年中美固定资产投资对比

时间（年）	美国固定资产投资（亿美元）	美国固定资产投资增速	中国固定资产投资（亿美元）	中国固定资产投资增速
2012	31496	—	57797	—
2013	32987	4.7%	70455	21.9%
2014	35385	7.3%	81714	16.0%
2015	36836	4.1%	88573	8.4%
2016	37629	2.2%	89773	1.4%

续表

时间（年）	美国固定资产投资（亿美元）	美国固定资产投资增速	中国固定资产投资（亿美元）	中国固定资产投资增速
2017	39815	5.8%	93461	4.1%
2018	42550	6.9%	96076	2.8%
2019	44440	4.4%	79827	-16.9%
2020	44464	0.1%	75195	-5.8%
2021	49083	10.4%	84439	12.3%

数据来源：国家统计局，美国经济分析局

2. 近岸

2010年左右，跨国公司在美国周边国家的投资布局已经开始。如图5-8所示，以美国最重要的近岸国墨西哥为例，全球对墨西哥的FDI从2009年的178.5亿美元增至2020年的282亿美元，年均增速为4.2%。美国一直是对墨西哥投资排名第一的国家，2009年美国对墨西哥投资84亿美元，2013年和2015年是美对墨投资的两个高峰，分别达到169.4亿美元和193.4亿美元。此后有所放缓，但是每年的投资规模也一直保持在100亿美元以上。尽管美国始终是墨西哥FDI来源第一的国家，但从墨西哥全球FDI的占比来看是有所下降的，2009年美国对墨西哥投资占墨西哥全球FDI的近50%，但是到了2020年这一数据降至36%。主要是因为其他国家加大了对墨西哥的投资。从其他主要投资国的投资情况看，除了日本保持稳定，加拿大、荷兰、德国、意大利、阿根廷、韩国对墨西哥投资的年均增速分别为6.3%、7.9%、10.3%、21.7%、59.7%、13%。我国对墨西哥的投资虽然规模有限，但年均增速达到了10%，全球其他地区对墨西哥投资的年均增速高达14.7%。

如图5-9所示，全球对墨西哥的FDI存量也呈明显上升趋势，从2009年的286.6亿美元增至2021年的592.2亿美元，年均增速为6.8%。从前五名的来源国看，美国对墨西哥的FDI存量从2009年的144.1亿美元增至2021年的208.4亿美元，年均增速为3.4%；荷兰对墨西哥的FDI存量从2009年的38.5亿美元增至2021年的115.3亿美元，年均增速为10.5%；西班牙对墨西哥的 FDI 存量从 2009 年的 40.2 亿美元增至 2021 年的 99.8 亿美元，年均增速为 8.6%；加拿大对墨西哥的 FDI 存量从 2009 年的 15 亿美元增至 2021 年的 38.8 亿美元，年均增速为 8.9%；英国对墨西哥的 FDI 存量从 2009 年的 16 亿美元增至 2021 年的 25.4 亿美元，年均增速为 4.8%。

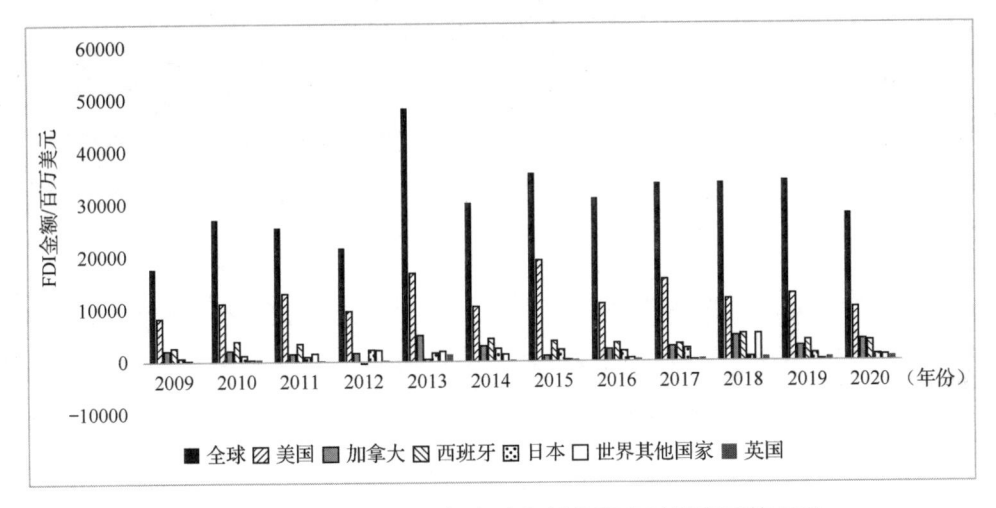

图 5-8 2009—2020 年全球和部分国家对墨西哥的 FDI

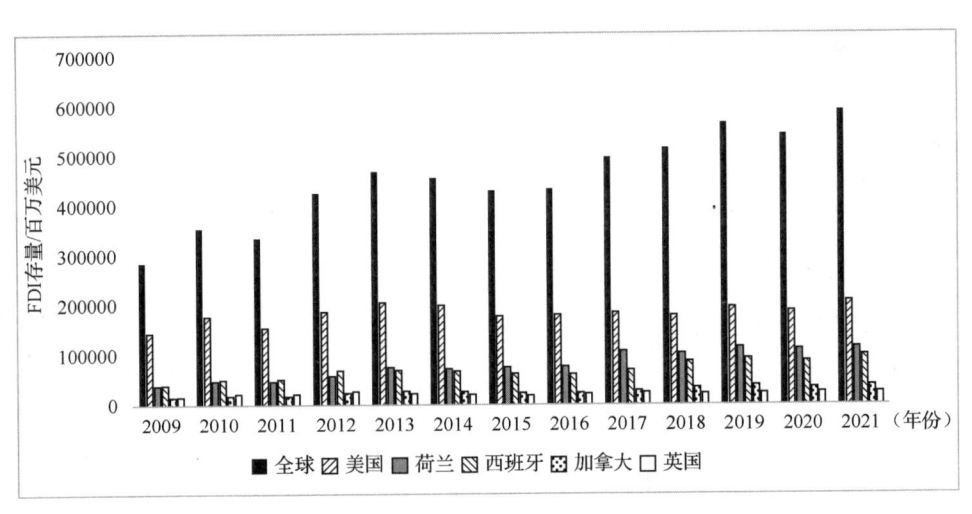

数据来源：trademap

图 5-9 2009—2021 年全球和部分国家对墨西哥的 FDI 存量

数据来源：trademap

除了墨西哥，全球对美国其他近岸国家如哥伦比亚、洪都拉斯等国的投资也在增长。例如，美国对哥伦比亚的FDI在2010年为15亿美元，2019年增至26.2亿美元，年均增速为6.4%，其中2018年投资增速达到18.6%，整体增长势头直到2020年才被打断。从存量方面看，全球对哥伦比亚的FDI存量从2010年的83亿美元增至2020年的212.5亿美元，年均增速为9.9%；美国对洪都拉斯的FDI存量从2010年的69.5亿美元增至2020年的169亿美元，年均增速为9.3%。由此可见，在美国近岸政策导向下，全球各国均强化了对美周边国家的投资，同时也带动了新一轮的产业转移，而这些转移基本都是以进入美国市场为导向的。

从贸易角度看，2018年美国单方面开启对华加征关税和2020年美墨加协议生效显著提升了美国近岸国家在美国进口来源中的比重，近岸趋势明显加剧。2018年以前，美国的超市卖场、迪士尼乐园商店里服饰类产品的产地已经陆续出现海地、洪都拉斯、萨尔瓦多等多个美洲国家。但由于我国在美国进口来源中的比重不断上升，一定程度掩盖了美国近岸外包的趋势。

2011—2017年，我国在美国进口来源中的比重一直呈上升趋势。2011年占比为18.4%，到2017年增至21.9%，提升了3.5个百分点。其他近岸国家中，墨西哥在美国进口来源中的占比从11.7%增长1.4个百分点至13.1%，加拿大、哥伦比亚、哥斯达黎加、洪都拉斯、萨尔瓦多、巴哈马和海地在美国进口来源中的占比均在下降，分别下降了1.3个、0.5个、0.3个、0.01个、0.01个、0.02个百分点。

转折点出现在2018年。2018年中美贸易摩擦以来，美采用分步推进方式，先后对自我国进口的清单1（340亿美元）、清单2（160亿美元）、清单3（2000亿美元）和清单4A（1200亿美元）四批次共计3700亿美元的商品加征关税，约占当期美国自我进口商品总额的三分之二。各批次商品的关税加征幅度从7.5%~25%不等，关税提高幅度和商品波及范围前所未见。2018—2019年美国对自我国进口的共四个批次产品加征关税情况如表5-3所示。

表 5-3　2018—2019 年美国对自我国进口的共四个批次产品加征关税情况

日　　期	清　　单	涉及金额	关　税　水　平
2018 年 7 月 6 日	清单 1	340 亿美元	由 0%提高至 25%
2018 年 8 月 23 日	清单 2	160 亿美元	由 0%提高至 25%
2018 年 9 月 24 日	清单 3	2000 亿美元	由 0%提高至 10%，2019 年 5 月 10 日由 10%提高至 25%
2019 年 9 月 1 日	清单 4A	1200 亿美元	由 0%提高至 15%，2020 年 2 月 14 日由 15%降低至 7.5%

数据来源：USTR，赛迪研究院整理

尽管中美第一阶段经贸协议达成后，清单 4A 产品的关税加征由 15%降到 7.5%，但仍有 2500 亿美元的产品加征 25%关税，我国对美国也保持一定关税反制。如图 5-10 所示，美国对中国产品的平均进口税率为 19.3%，远高于美国 3%的最惠国税率（MFN 税率）；中国对美国产品的平均进口税率为 21.1%，也远高于中国 6.1%的最惠国税率。

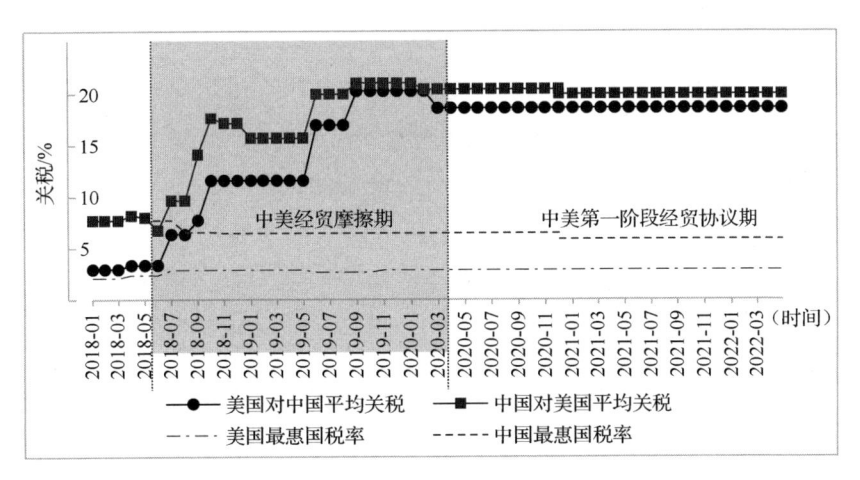

图 5-10　2018—2022 年中美关税变化情况

数据来源：PIIE，赛迪研究院整理

美国对我国加征关税的产品主要集中在机械、化工、电子等制造业领域，上述大类我国对美国出口规模普遍受到冲击。从清单产品分布看，机械、化工、电子是美国对我国加税的主要大类产品（见表 5-4）。其中，机械设备

（HS84）共计 793 个，占清单全部产品品种数的比重为 10.7%；有机化学品（HS29）共计 787 个，占比为 10.6%；电子电气类（HS85）585 个，占比为 7.9%；上述三大类产品个数占清单产品总数的比重约 30%。在加征关税影响下，上述大类产品我国对美国的出口普遍下降。数据显示，2020 年和 2019 年上述大类产品我国对美国的出口规模普遍较加征关税前有所下降，如 2020 年和 2019 年，机械设备（HS84）方面，我国对美国的出口额较 2017 年分别下降 26.3% 和 21.7%；2020 年和 2019 年，有机化学品（HS29）方面，我国对美国的出口额较 2017 年分别下降 16.4% 和 11.1%。

表 5-4　清单前三大类产品品种数分布情况

HS 2位税号	产品大类	340 亿清单（个）	160 亿清单（个）	2000 亿清单（个）	3000 亿清单（个）	合计	占比
84	核反应堆、锅炉、机器、机械器具及其零件	417	32	196	148	793	10.7%
29	有机化学品	0	0	692	95	787	10.6%
85	电机、电气、音像设备及其零附件	186	36	212	151	585	7.9%

数据来源：PIIE，赛迪研究院整理

受关税的影响，部分企业被迫将部分产能从中国转移至墨西哥，美国进口的近岸趋势不断加剧。例如，福特汽车原本计划在重庆基地生产新福克斯 C 级车，其中 20 万~30 万辆供应中国，7 万辆出口美国，但加征关税后只能将该生产基地转移到墨西哥。数据显示，美国自我国的进口额占美国自全球进口额的比重从 2018 年的 21.6% 降至 2022 年的 17.1%，减少了 4.5 个百分点；与此同时，美国自墨西哥和加拿大的进口额占美国自全球进口额的比重有所上升，分别从 2018 年的 13.3% 和 12.5% 上升至 2022 年的 13.6% 和 13.3%，分别增长了 0.3 个和 0.8 个百分点。2023 年第一季度，墨西哥顺利成为美国最大的贸易伙伴，对美国出口额超过 1100 亿美元。加拿大则成为美国的第三大贸易伙伴，由于加拿大地广人稀，而且各种资源非常丰富，尤其是矿产和油气资源，与美国的需求形成互补，因此有大量资源出口到美国。从其他美国近岸国家[①]的表现看，进口额占比数据也从 2018 年的 1.09%增长至 2022 年的 1.21%，其中美国自哥斯达黎加的进口额占比增长了 0.07 个百分点（见表 5-5）。

表 5-5　2018—2022 年美国前三大进口来源国及主要近岸国家进口额占比情况

进口来源国	2018 年	2019 年	2020 年	2021 年	2022 年	2022 年较 2018 年变化（个百分点）
中国	21.6%	18.4%	19.0%	18.4%	17.1%	-4.5
墨西哥	13.3%	14.0%	13.7%	13.2%	13.6%	0.3
加拿大	12.5%	12.7%	11.5%	12.5%	13.3%	0.8
哥伦比亚	0.55%	0.57%	0.47%	0.47%	0.57%	0.03
哥斯达黎加	0.20%	0.21%	0.23%	0.23%	0.27%	0.07
洪都拉斯	0.19%	0.20%	0.17%	0.19%	0.19%	0.00
萨尔瓦多	0.10%	0.10%	0.08%	0.09%	0.09%	-0.01
巴哈马	0.02%	0.02%	0.01%	0.02%	0.05%	0.03
海地	0.04%	0.04%	0.04%	0.04%	0.03%	-0.01

数据来源：trademap

从具体产品看，美国近岸转移增长最为明显的品类主要包括食品、钢铁、化工、汽车零部件、纺织、皮革等。以墨西哥为例，2018 年至 2022 年，其在美国进口品类中占比增长较快的前十类工业产品（见表 5-6）包括：饮料、酒及醋（HS22），增长了 12.5 个百分点；钢铁（HS72），增长了 5.1 个百分点；洗涤剂、润滑剂、人造蜡、塑型膏等（HS34），增长了 4.2 个百分点；车辆及其零附件（铁道车辆除外）（HS87），增长了 3.3 个百分点；玻璃及其制品（HS70），增长了 3.0 个百分点；生皮（毛皮除外）及皮革（HS41），增长了 2.8 个百分点；矿物材料的制品（HS68），增长了 2.4 个百分点；鞣料、着色料、涂料、油灰、墨水等（HS32），增长了 2.1 个百分点；地毯及纺织材料的其他铺地制品（HS57），增长了 1.8 个百分点；矿物燃料、矿物油及其产品、沥青等（HS27），增长了 1.7 个百分点。

---

① 本部分仅选择了哥伦比亚、哥斯达黎加、洪都拉斯、萨尔瓦多、巴哈马和海地。

表 5-6 2018—2022 年墨西哥在美国进口品类中占比增幅较大的工业产品

HS2 位税号	产业大类	2018年	2019年	2020年	2021年	2022年	2022年较2018年变化（个百分点）
22	饮料、酒及醋	21.9%	23.4%	28.8%	31.1%	34.4%	12.5
72	钢铁	7.4%	8.8%	10.3%	12.0%	12.5%	5.1
34	洗涤剂、润滑剂、人造蜡、塑型膏等	12.0%	13.5%	14.3%	15.0%	16.2%	4.2
87	车辆及其零附件（铁道车辆除外）	30.6%	32.8%	32.7%	33.3%	33.9%	3.3
70	玻璃及其制品	15.5%	17.6%	18.9%	18.3%	18.6%	3.0
41	生皮（毛皮除外）及皮革	11.8%	12.5%	13.7%	15.8%	14.6%	2.8
68	矿物材料的制品	7.6%	8.9%	9.3%	8.9%	10.0%	2.4
32	鞣料、着色料、涂料、油灰、墨水等	5.2%	5.5%	6.0%	6.2%	7.3%	2.1
57	地毯及纺织材料的其他铺地制品	1.5%	2.3%	2.1%	1.7%	3.2%	1.8
27	矿物燃料、矿物油及其产品、沥青等	6.5%	6.4%	7.8%	7.2%	8.3%	1.7

数据来源：trademap

3. 友岸

在奥巴马和特朗普执政时期，美国尚未明确提出"友岸"的概念，但是在《跨太平洋伙伴关系协议》（TPP）预期下和对自华进口产品加征关税影响下，纺织、轻工、电子等劳动密集型产业已经有向越南等东盟国家转移的倾向；拜登政府时期，美国"友岸外包"概念正式形成。

奥巴马政府时期，受 TPP "从纱线开始"的原产地规则影响，以美国为主要出口市场的纺织企业开始迁往越南等国。2011 年，面对美国在亚太地区军事和经济两方面的"失衡"，奥巴马提出"亚太再平衡战略"，其目标是增强美国在亚洲地区的领导能力。在第一任期，奥巴马将战略重点放在了军事领域，主要包括南海问题、朝核危机等。在第二任期，其战略重点由军事层面向经济层面转变。《跨太平洋伙伴关系协定》(TPP)作为亚太再平衡战略的重要组成部分，旨在重塑亚太经济秩序，确保贸易伙伴遵守美国的规则和价值观。由于中国被排除在该体系外，TPP 也被看作美国在经济上对华遏制战略的重要依托。TPP 的排外程度较高，通过"从纱线开始"的原产地规则确保区域内成员享受零关税待遇。在 TPP 预期下沃尔玛等企业已经要求其供应商向外转移，以顺应 TPP 高水平的原产地规则。2012 年，在美国本土卖场中，来自东盟地区的产品已经随处可见，如 Tommy Hilfiger 在美国奥莱店的 polo 衫是由菲律宾制造的。

特朗普政府单方面对华加征关税加快了部分产业向美国"友岸"国家的转移步伐。受加征关税影响，越南等东盟国家正在加速占领美国市场，填补我国出口产品缺口。尽管我国仍是美国最大的进口来源国，但自中国的进口额在美国总进口额中的比重从 2017 年的 21.9%下降至 2021 年的 18.4%，减少了 3.5 个百分点。尤其是加征关税清单产品的自华进口额占比已经从 2017 年的 17.9%降至 2021 年的 13.0%，减少了约 5.0 个百分点。与此同时，自东盟国家的进口额在美国进口中的比重则从 2017 年的 7.3%增长至 2021 年的 10.3%，上升了 3.0 个百分点。其中，2017—2021 年，美国自越南、马来西亚、泰国的进口总额分别增长了 123.4%、51.8%和 56.5%，年均增速分别为 22.3%、11.0%和 11.9%。对华加税高的产品进口额上升趋势尤其明显，以越南为例，美国自越南进口额从 188.3 亿美元上升至 536.0 亿美元，年均增速高达 29.9%，其中机械设备产品（HS84）进口额四年年均增速更是高达 80.5%。

拜登政府正式提出"友岸外包"概念后，越南等国家在美国供应链体系中的重要性上升。2021 年 6 月拜登政府在其供应链战略中首次提出"友岸外包"概念，但当时并未引起广泛关注。进入 2022 年，特别是在俄乌冲突加剧、东西方价值观分歧背景下，美国频频推进"友岸外包"，这一概念也开始进入大众视野。2022 年 4 月，美国财政部长耶伦在美国智库"大西洋理事会"的演讲中提及"友岸外包"，认为应把供应链转移到众多可信赖国家；美国众议员 Mark E. Green 提出《西半球近岸法案》，旨在减少美国对中国制造业的依赖。2022 年 5 月，美国商务部长雷蒙多在达沃斯年会上强调重组供应链将更加关注"友岸外包"，鼓动所谓的"友好国家"一起合作；同期，美国－东盟领导人峰会也体现了美国将在华供应链转移至东盟各国的意图；2022 年 6 月，耶伦访问加拿大时再次提出"友岸外包"，呼吁美国在关键商品上减少对竞争国家的依赖；2022 年 7 月，耶伦在访问韩国时呼吁韩国等"值得信赖的盟友"减少对中国供应链的依赖。

自"友岸外包"概念提出以来，越南等东盟国家和印度在美国进口总额中所占的比重呈明显上升趋势（见表 5-7）。2018—2022 年，美国自越南、泰国、马来西亚、印度尼西亚和印度等国的进口额在美国进口总额中的占比中分别上升了 2.0 个、0.6 个、0.2 个、0.3 个和 0.5 个百分点，越南也成为美国供应链体系中份额上升幅度最大的国家。

表 5-7　2018—2022 年美国在亚洲主要"友岸"国家的进口额占比情况

进口来源国	占比					2022 年较 2018 年变化（个百分点）
	2018 年	2019 年	2020 年	2021 年	2022 年	
越南	2.0%	2.7%	3.5%	3.7%	4.0%	2.0
泰国	1.3%	1.4%	1.6%	1.7%	1.9%	0.6
马来西亚	1.5%	1.6%	1.9%	2.0%	1.7%	0.2
印度尼西亚	0.8%	0.8%	0.9%	1.0%	1.1%	0.3
印度	2.2%	2.3%	2.2%	2.6%	2.7%	0.5

数据来源：trademap

从具体产品看，轻工、纺织、电子等劳动密集型产品是东盟各国和印度在美国供应链中份额提升幅度最大的品类（见表 5-8～表 5-13），一定程度上体现了这些产业制造环节的转移情况。此外，随着英特尔、美光、德州仪器等电子信息巨头纷纷前往越南、新加坡等国家布局，未来这些国家的相关产品在美国进口品类中的占比必将进一步增加。

表5-8 2018—2022年越南在美国进口品类中占比增幅较大的工业产品

HS2位税号	产业大类	占比 2018年	2019年	2020年	2021年	2022年	2022年较2018年变化（个百分点）
94	家具；寝具等；灯具；活动房	8.1%	12.3%	17.2%	17.5%	18.2%	10.1
64	鞋靴、护腿和类似品及其零件	23.3%	25.8%	31.3%	27.6%	30.2%	6.9
85	电机、电气、音像设备及其零附件	3.0%	6.2%	8.0%	8.7%	9.8%	6.8
46	编结材料制品；篮筐及柳条编结品	12.5%	13.8%	14.8%	17.4%	18.8%	6.3
65	帽类及其零件	8.1%	9.9%	11.8%	11.4%	13.8%	5.7
54	化学纤维长丝	1.4%	2.0%	3.6%	4.7%	6.6%	5.2
62	非针织或非钩编的服装及衣着附件	13.3%	15.1%	17.5%	17.0%	17.9%	4.4
25	盐；硫磺；土及石料；石灰及水泥等	0.5%	0.6%	2.5%	3.1%	4.9%	4.4
95	玩具、游戏或运动用品及其零附件	2.2%	3.9%	6.1%	4.8%	6.1%	3.9
57	地毯及纺织材料的其他铺地制品	0.0%	1.0%	3.2%	3.3%	3.8%	3.8

数据来源：trademap

表 5-9　2018—2022 年泰国在美国进口品类中占比增幅较大的工业产品

HS2位税号	产业大类	占比 2018年	2019年	2020年	2021年	2022年	2022年较2018年变化（个百分点）
43	毛皮、人造毛皮及其制品	0.1%	4.3%	6.0%	7.1%	5.9%	5.8
55	化学纤维短纤	5.5%	6.9%	6.8%	8.4%	8.9%	3.4
40	橡胶及其制品	11.8%	14.3%	15.6%	14.7%	14.9%	3.1
74	铜及其制品	0.5%	0.5%	0.9%	1.5%	2.4%	1.9
42	皮革制品；旅行箱包；动物肠线制品	0.8%	1.3%	1.3%	1.6%	2.5%	1.7
68	矿物材料的制品	0.3%	0.3%	0.7%	0.9%	1.9%	1.6
85	电机、电气、音像设备及其零附件	2.2%	2.2%	3.0%	3.0%	3.6%	1.4
76	铝及其制品	1.2%	1.4%	1.9%	2.3%	2.6%	1.4
94	家具；寝具等；灯具；活动房	0.4%	0.6%	1.2%	1.3%	1.6%	1.2
84	核反应堆、锅炉、机械器具及零件	2.1%	2.3%	2.9%	3.2%	3.3%	1.2

数据来源：trademap

表 5-10　2018—2022 年马来西亚在美国进口品类中占比增幅较大的工业产品

HS2位税号	产业大类	占比 2018年	2019年	2020年	2021年	2022年	2022年较2018年变化（个百分点）
92	乐器及其零件、附件	1.9%	2.6%	2.9%	3.8%	4.0%	2.1
94	家具；寝具等；灯具；活动房	1.5%	2.1%	3.4%	2.7%	2.9%	1.4
68	矿物材料的制品	0.1%	0.8%	2.4%	2.4%	1.0%	0.9
29	有机化学品	0.4%	0.5%	1.2%	1.7%	1.2%	0.8
90	光学、照相、医疗等设备及零附件	2.6%	2.7%	2.9%	2.9%	3.3%	0.7

续表

HS2位税号	产业大类	占比 2018年	2019年	2020年	2021年	2022年	2022年较2018年变化（个百分点）
88	航空器、航天器及其零件	0.4%	0.4%	0.3%	0.3%	1.1%	0.7
49	印刷品；手稿、打字稿及设计图纸	1.5%	2.3%	2.5%	2.7%	2.2%	0.7
56	絮胎、毡呢及无纺织物；线绳制品等	0.3%	0.3%	0.5%	0.5%	0.9%	0.6
84	核反应堆、锅炉、机械器具及零件	1.1%	1.1%	1.5%	1.7%	1.6%	0.5
72	钢铁	0.6%	0.7%	0.4%	0.4%	1.1%	0.5

数据来源：trademap

表5-11　2018—2022年印度尼西亚在美国进口品类中占比增幅较大的工业产品

HS2位税号	产业大类	占比 2018年	2019年	2020年	2021年	2022年	2022年较2018年变化（个百分点）
92	乐器及其零件、附件	12.1%	13.8%	12.3%	12.5%	16.6%	4.5
46	编结材料制品；篮筐及柳条编结品	3.3%	4.1%	4.9%	5.6%	7.3%	4.0
42	皮革制品；旅行箱包；动物肠线制品	2.5%	3.8%	4.0%	4.4%	5.6%	3.1
64	鞋靴、护腿和类似品及其零件	5.8%	6.1%	6.7%	7.3%	8.6%	2.8
54	化学纤维长丝	0.6%	1.1%	1.8%	2.2%	2.3%	1.7
55	化学纤维短纤	5.2%	7.1%	5.5%	6.4%	6.8%	1.6
94	家具；寝具等；灯具；活动房	1.2%	1.7%	2.3%	2.4%	2.8%	1.6

续表

HS2位税号	产业大类	2018年	2019年	2020年	2021年	2022年	2022年较2018年变化（个百分点）
52	棉花	3.6%	3.5%	4.2%	4.3%	5.0%	1.4
44	木及木制品；木炭	2.8%	2.5%	2.6%	3.0%	3.9%	1.1
65	帽类及其零件	0.4%	0.8%	1.0%	1.0%	1.2%	0.8

数据来源：trademap

表5-12 2018—2022年菲律宾在美国进口品类中占比增幅较大的工业产品

HS2位税号	产业大类	2018年	2019年	2020年	2021年	2022年	2022年较2018年变化（个百分点）
42	皮革制品；旅行箱包；动物肠线制品	2.6%	3.7%	3.7%	3.4%	4.0%	1.4
43	毛皮、人造毛皮及其制品	0.1%	0.6%	0.7%	1.1%	1.3%	1.2
65	帽类及其零件	0.3%	0.5%	0.6%	0.6%	0.7%	0.4
40	橡胶及其制品	0.5%	0.7%	0.5%	0.6%	0.8%	0.3
46	编结材料制品；篮筐及柳条编结品	5.8%	6.4%	6.5%	6.0%	6.1%	0.3
68	矿物材料的制品	0.3%	0.4%	0.8%	0.7%	0.6%	0.3
85	电机、电气、音像设备及其零附件	1.2%	1.3%	1.3%	1.4%	1.5%	0.3
66	伞、手杖、鞭子、马鞭及其零件	0.0%	0.2%	0.3%	0.3%	0.2%	0.2
58	特种机织物；簇绒织物；刺绣品等	0.1%	0.2%	0.2%	0.2%	0.3%	0.2
93	武器、弹药及其零件、附件	1.6%	1.4%	1.3%	1.6%	1.8%	0.2

数据来源：trademap

表 5-13　2018—2022 年印度在美国进口品类中占比增幅较大的工业产品

HS2 位税号	产业大类	2018年	2019年	2020年	2021年	2022年	2022年较2018年变化（个百分点）
60	针织物及钩编织物	7.2%	8.1%	11.2%	17.1%	21.5%	14.3
53	其他植物纤维；纸纱线及其机织物	27.0%	29.9%	35.9%	40.4%	38.3%	11.3
52	棉花	10.9%	11.6%	10.5%	14.1%	16.3%	5.4
46	编结材料制品；篮筐及柳条编结品	10.4%	15.8%	15.3%	17.0%	15.6%	5.2
57	地毯及纺织材料的其他铺地制品	29.4%	32.3%	31.8%	33.1%	34.7%	5.3
68	矿物材料的制品	6.1%	8.9%	8.2%	10.0%	11.3%	5.2
54	化学纤维长丝	8.7%	9.6%	10.7%	13.4%	13.1%	4.4
50	蚕丝	13.5%	15.3%	18.0%	26.4%	17.2%	3.7
55	化学纤维短纤	7.2%	6.1%	6.6%	9.3%	10.9%	3.7
56	絮胎、毡呢及无纺织物；线绳制品等	4.1%	6.0%	5.4%	7.9%	7.3%	3.2

数据来源：trademap

> **专栏 5-1：从通用电气的发展看美国制造业的"再岸"和"友岸"**
>
> 　　美国制造业巨头通用电气的生产线在不同时期的全球转移恰恰就是美国整个制造业从"离岸"到"再岸""友岸"的写照。
>
> 　　通用电气家电总部设在美国肯塔基州路易斯维尔，园区内拥有六栋巨型建筑、独立的消防部门、发电厂，甚至独立的邮政编码。随着二战后经济的复苏，到 1955 年该园区创造了 1.6 万个就业岗位，1973 年达到高峰 2.3 万个。"在几乎生产了美国国内产品细目清单的全部商品后，这家工业巨头将生产业务从肯塔基州的园区搬离，将热水器等生产线转移至中国。到了 2011 年初，美国园区仅剩下不到 2000 人。"①

---

① 蒂姆·哈特泽尔，戴夫·里珀特. 美国制造业回归之路 [M]. 何蓉译. 北京：人民邮电出版社，2016.

这种变化和第八任 CEO 杰克·韦尔奇塑造的"通用电气永远不会让华尔街失望，永远不会让投资者失望，永远追求一流业绩"理念[①]息息相关——通用电气公司过于依赖金融业务，在过去几十年里一直在追求利润最大化，忽略了其核心制造业的发展。在这种制造业空心化的趋势下，通用电气的困境也逐渐暴露：仅 2000 年一年，通用电气的股价就缩水 70%。2008 年国际金融危机爆发后，受其金融子公司——通用电气金融服务公司的影响，通用电气背负巨额债务并濒临破产，其股价降至 16.2 美元，与 2000 年开盘价相比缩水近 90%。

转折点发生在 2011 年，通用电气的"再岸"战略开启。

这一年，通用电气第九任 CEO 杰夫·伊梅尔特被时任美国总统奥巴马任命为就业与竞争力委员会主席，重建美国经济成为其重要使命[②]。2012 年，通用电气提出工业互联网的概念，开始重新思考"再岸"。根据回流倡议组织（Reshoring Initiative）的统计，通用电气在 2012 年和 2013 年，先后将热水器、电池、节能灯泡的生产转移回肯塔基州的路易斯维尔、纽约州的斯克内克塔迪和俄亥俄州的布赛勒斯，创造了 1000 多个的就业岗位[③]。在肯塔基州的工业园，还包含双开门电冰箱、不锈钢洗碗机、前置式洗衣甩干机的生产线。Reshoring Institute 于 2012 年 3 月的一项研究显示，与 2008 年相比，通用电气的回流直接创造了 4000 多个就业机会，还为其供应商带来了 18000 个额外工作岗位[④]。此外，通用电气还在肯塔基州路易斯维尔工厂投资了超过 10 亿美元用于房地产、工厂和其他设施建设，拉动了美国经济发展。2015 年，通用电气先后出售数个金融业务包，总价值高达 1260 亿美元，按其计划，截至 2016 年底，通用电气将再次变身为传统工业型企业[⑤]，这种去金融化并回归实体经济的选择也是美国制造

[①] 托马斯·格里塔，泰德·曼恩. 熄灯：傲慢、妄想和通用电气的没落[M]. 北京：中国青年出版社，2022.
[②] 弗雷德里克·皮耶鲁齐，马修·阿伦. 美国陷阱[M]. 北京：中信出版社，2019.
[③] 根据回流倡议组织案例整理
[④] Zachary Hines. General Electric's New Reshoring Efforts[R]. Reshoring Institute, 2012(03).
[⑤] 通用电气回归工业 先后出售 1260 亿美元金融业务[N]. 国际金融报. 2015(10).

业回流的映射。

影响通用电气作出"再岸"决策的因素是多元的，既有非政治因素也有政治因素。在非政治因素上，中国生产成本上涨、技术革新带来的美国本土制造成本下降（技术更新后，热水器在美国的组装时间为2个小时，远远低于中国的10个小时）等都成为生产线回流的驱动力。政治因素则包括政府补贴等，例如，通用电气在路易斯维尔市购置生产设备的10亿美元中就包含了政府补贴。

在"友岸"方面，通用电气也在积极响应相关政策。随着"印太战略"的实施，通用电气与印度的合作密切展开。截至2022年11月，通用电气在印度的供应链企业已发展到13家，涉及军用航空设备、商用航空发动机、海上作业、航空电子设备等细分领域。在2023年1月"美印关键和新兴技术倡议"（iCET）启动会上，美国国家安全顾问沙利文表示，美方将加速审批通用电气在印度本土生产飞机发动机的申请。由于该发动机也能应用于战机，此举也被美国官员称为"前所未有"的合作，凸显了美国将生产力在"友岸"布局的意图。

从1973年达到高峰后的"离岸"到2011年开始重新选择"再岸"，通用电气这近40年间的转变，是对美国制造业空心化和制造业再回流的诠释，也是美国推动全球产业转移的一个缩影。

二、欧洲：再工业化与去工业化的两难

金融危机后，产业空心化的问题同样困扰欧洲。欧洲也同美国一样开始对"去工业化"进行反思，并于2012年正式推出"再工业化"战略。但是疫情打乱了欧洲"再工业化"的节奏，2022年的俄乌冲突则直接将欧洲拖

入新一轮"去工业化"进程，[1]美国和中国逐渐成为欧洲产业转移的受益国。

（一）失去的10年：欧洲"再工业化"战略未能扭转颓势

1. 欧洲"再工业化"战略提出后，各主要国家纷纷响应

2008年国际金融危机爆发，随之而来的欧债危机为欧洲敲响了警钟，让欧盟开始重新审视实体经济与虚拟经济、工业与服务业之间的关系，制造业地位再获重提，多个欧盟成员国呼吁启动"再工业化"之路。2012年，欧盟委员会推出了欧洲"再工业化"战略，计划到2020年将制造业占GDP的比重从15%提升至20%，并将创新、投资、培训、市场确立为"再工业化"战略的四大支柱，将生物经济、关键技术、低碳汽车、智能电网等作为优先发展领域。

一是注重顶层设计，加强战略制定。例如德国重视强化技术和工业领域的领导力，偏重先进技术研发和制造能力提升。德国工业战略总体目标是在技术和工业方面确保德国维持或重新获得在欧洲和全球的领导地位。2018年9月5日，德国联邦政府颁布《高科技战略2025》，确定了12个重点工作领域，明确跨部门的综合性科研与创新政策目标、重点以及阶段性标志成果，确定了联邦政府未来几年科研与创新政策的战略框架。2019年5月8日，德国总理默克尔提出，到2025年，研发支出占GDP的比例提高至3.5%。2019年2月和2019年11月，德国经济和能源部先后发布《国家工业战略2030》草案和最终版，提出到2030年德国工业增加值占GDP的比重提高至25%，占欧盟国家工业增加值的比重提高至20%的具体目标，旨在重振德国经济，保持全球竞争力[2]。再如，2017年1月，英国公布国家《现代工业战略绿皮书》，并出台一系列促进科技创新的举措来实现战略目标，其政策核心是加大对科研和创新的投

---

[1] 孙彦红. 欧洲"去工业化"势头影响深远[OL]. 环球网，2022(10).
[2] 民生银行研究院产业研究团队. 欧美"再工业化"成效及对我国的启示与借鉴[R]. 民银智库研究，第69期，2017(07).

资。具体包括：加大研发投入，确保英国科研投入继续世界领先。2020—2021年，追加47亿英镑投入，相当于政府研发支出增长20%，通过政府投资和改进税收政策拉动私人投资科研和创新。

二是加强贸易政策和产业政策的实施力度，维护本国在国际经济格局中的地位。欧美各主要国家在促进"再工业化"过程中普遍加大了国家对贸易的干预力度，先后出台了外商投资审查、出口管控和贸易防御机制等贸易保护主义措施。在外商投资审查方面，欧盟《外商直接投资审查条例》为审查进入欧盟的FDI建立了总体框架，并于2020年10月生效。2022年9月，欧盟发布了关于《外商直接投资审查条例》实施情况的年度报告，报告显示，欧盟27个成员国中有25个国家已经建立了外商直接投资审查机制，启动了协商或立法程序。出口管控方面，2021年9月，欧盟新的出口管制条例生效，旨在加强对两用货物（即民用货物和可能用于军事或安全目的货物）的管制，以强化欧盟国家应对新安全风险和新兴技术的能力。

三是加强多边合作。2017年12月，2018年3月、5月、9月，以及2019年1月和5月，美日欧三方发布了六次联合宣言，要求按照"新一代贸易规则"的原则改革多边贸易体制。

2. 效仿美国发布"供应链安全审查报告"

2021年5月欧盟委员会发布《欧盟战略依赖与能力报告》（以下简称《报告》）。作为欧盟工业5.0战略的配套文件，《报告》筛选出137种"战略依赖产品"和7大"战略依赖技术"，并提出降低欧盟战略依赖的系列举措。《报告》首先对"供应链弹性""开放式战略自主""战略能力""战略依赖"等关键概念进行定义，将"战略依赖"定义为"对欧盟国家安全、公民健康、绿色发展和数字化转型等战略利益至关重要，但欧盟需要依赖有限来源且欧盟境内替代生产能力有限的商品、服务、数据、基础设施、技能和技术"。考虑到指标的可获取性，《报告》将"战略依赖"分为"战略依赖产品"和"战略依赖技术"两个维度，前者采用贸易数据定量评估，后者则采用"综合科研、投资、创新和商业动态的指标体系"定性评估。

欧盟"战略依赖产品"有137种（含34种"最敏感"产品），主要集中在能源密集产业，中国、越南和巴西是前三大进口来源国。《报告》依据三项经济指标（欧盟从非欧盟进口的集中度、非欧盟进口产品占总需求的比重、欧盟产品对非欧盟进口产品的替代性）对"能源密集产业、医疗卫生、可再生能源、国防、航空航天、电子和数字化"七大敏感领域的产品进行评估，最终确定欧盟有137种"战略依赖产品"，约占欧盟进口产品品类总数的6%。这些产品的前三大进口来源国分别是中国、越南和巴西，其中，自中国进口额占比达到52%。137种产品主要集中在能源密集产业（包括关键原材料、化学品等99种产品）、医疗卫生产业（包括原料药等14种产品），以及支撑绿色发展和数字化转型的相关产业（包括蓄电池、稀土永磁体、无线电接收器、电脑手机等17种产品）。其中，34种产品的供应多元化和用欧盟产品替代的可能性较低，为"最敏感"产品，其中，22种产品为原料药和铁合金等原材料和半成品，12种产品为涡轮螺旋桨、防护服、无线电接收器等制成品。

《报告》对欧盟和美国对中国的供应链依赖进行了评估，认为欧盟和美国在部分产品上都高度依赖中国，且很难从中国以外的其他地区获取。主要包括医疗卫生领域的抗生素等原料药品、能源密集产业的钨酸盐和铁合金等关键原材料、可再生能源行业的永磁铁、电子行业的手机、电脑和无线电接收器等。

欧盟"战略依赖技术"集中在人工智能、大数据、云计算、网络安全、工业生物技术、机器人和微电子（含半导体）7大领域，这些领域基本被美国主导，中国在ICT领域的企业研发投入已经超越欧盟。

《报告》将"先进制造、先进材料、人工智能、大数据、云计算、工业生物技术、物联网、微电子（含半导体）、移动信息技术、纳米技术、光子学、机器人和网络安全"视作对欧盟军事和民用工业发展具有战略意义的13大关键技术领域。经评估，《报告》认为欧盟在先进制造、先进材料等技术领域表现良好，但在人工智能、大数据、云计算、网络安全、工业生物技术、机器人和微电子（含半导体）等 7 大领域存在"战略依赖"，与美国等全球商业竞争对手相比，"战略能力"有待提升。

研发投入不足是欧盟关键技术竞争弱势的重要原因。2019 年，欧盟企业研发投入约为 2000 亿欧元，不仅比美国的企业研发支出低 45%，也低于中国。2010—2019 年，欧盟企业研发投入增长主要集中在汽车领域，美国企业研发投入增长更多集中在生物医药、ICT 产品和服务领域，中国企业在 ICT 领域的企业研发投入已经超过欧盟企业。此外，欧盟在清洁能源技术研发方面具有技术领先优势，但用于清洁能源研发的投资持续下降，目前已低于中国和日本。

《报告》对关键原材料等四类"战略依赖产品"以及半导体技术等两大"战略依赖技术"的"战略依赖"程度进行具体评估。

关键原材料：约有 30 种关键原材料存在战略依赖。其中，98%的稀土由中国供应，98%的硼酸盐由土耳其供应，71%的铂金由南非供应。未来 30 年全球关键原材料的需求将成倍增长，原材料供应国的出口限制越来越多，欧盟境内生产加工能力不足等多重因素叠加，使得关键原材料供应链存在风险。2020 年 9 月欧委会已通过《关键原材料行动计划》，采取系列措施降低对外依赖。

药品和原料药：高端原料药具有竞争优势，普通原料药则依赖中国和印度。瑞士、意大利、法国和德国等国的高端原料药具有竞争优势，中国在抗生素和抗病毒的原料药方面拥有强势地位，印度则在中枢神经系统和呼吸系统领域处于领先地位。欧盟已于 2020 年 11 月推出《欧洲卫生联盟报告》，并提出"欧洲药品战略"。

锂电池：电池组和关键原料的产能较小，对中国等亚洲国家依赖较大。2018 年欧盟锂电池产能只占全球锂电池产能的 3%，而中国锂电池产能约占全球锂电池产能的 66%，日韩等其他亚洲国家锂电池产能共占全球锂电池产能的 20%。有关研究预测，到 2050 年，欧盟对锂和钴的需求量将分别是目前 16～57 倍、3～15 倍，但欧盟的开采和加工能力非常有限，很难满足需求。为此，欧盟早在 2017 年就建立了欧洲电池联盟；2018 年通过《电池战略行动计划》，未来欧盟将加快推进电池标准相关法案的制定进程、加大对电池投资的援助力度、大力资助电池技术研发、培养熟练工人。

氢燃料：技术领先世界，但铂等关键材料缺乏。《欧盟工业战略》已宣布成立欧洲清洁氢能联盟，为氢能战略提供投资和项目通道。欧盟未来将在氢能研发、标准和定义等领域开展国际合作，确保建立基于规则的全球氢能市场；积极开发替代材料或者平行替代技术，以缓解对原材料的外部依赖。

半导体技术：制造设备具有一定优势，设计和制造严重依赖美国和亚洲国家。欧盟在汽车电子、传感器和先进制程芯片制造设备领域有优势，但在设计领域严重依赖美国，芯片制造领域极度依赖亚洲。

云计算和边缘计算技术：基本被美国主导，部分新兴领域存在市场机遇。欧盟云市场基本被亚马逊、微软和谷歌等美国企业所主导。鉴于边缘计算领域尚未出现全球主导企业，欧盟有可能在此领域夺回市场主导权。

《报告》从降低"137种产品战略依赖"和提升"7大技术领域战略能力"两方面入手降低欧盟战略依赖

降低"137种产品战略依赖"的举措包括以下几点：一是发挥企业在丰富进口来源多元化方面的主动性，鼓励企业积极参与供应链多边合作和协调机制；二是增强贸易政策工具的使用力度，利用现有贸易协定，推进与相关国家政策协调，确保欧盟市场能够抵御外国政府在补贴、政府采购等领域的不公平贸易行为；三是构建充分合作和竞争的欧盟单一市场，利用公共采购、提高研发和创新资助、为中小企业提供特定支持、提升欧盟劳动力技能等多种途径，为提高欧盟境内生产和战略储备创造良好政策和市场环境。

提升"7大技术领域战略能力"的举措包括以下几点：一是设立欧盟关键技术监测机制，定期分析监测关键技术的价值链及欧盟的发展差距和对外依赖程度；二是加强工业界在研究和创新方面的合作，以技术发展的共同议程为基础，引导更多私营企业参与；三是利用"欧洲恢复和复原力基金""数字欧洲项目"，加大对先进数字技术的投资，建立欧盟战略数字能力；四是利用"数字十年"倡议，围绕数字基础设施、数字技能和教育、企业数字化转型和公共服务数字化四大支柱，加大对欧盟成员国跨境项目的投资，提升互联互通；五是创新投资工具，汇集不同成员国的联合投资，为欧盟在关键领域的创新和研究提供资金支持；六是推广氢燃料、原材料等领域产业联盟的成熟经验，在先进技术领域建立新的产业联盟。

3. 从效果看，欧洲"再工业化"战略收获甚微

第一，无论是 GDP 还是制造业都未在"再工业化"战略实施后表现出强劲的增长。数据显示，2012 年以来，除了 2020 年前后出现大幅波动，欧盟国家 GDP 和制造业增加值的年均增长主要集中在 1%~2% 的低速区间。其中，GDP 从 18.4 万亿美元增至 20.7 万亿美元，年均增速为 1.3%；制造业增加值从 2.5 万亿美元增至 3 万亿美元，年均增速为 2%。

第二，欧洲"再工业化"战略的目标之一——提升制造业占 GDP 比重的愿景基本失败。数据显示，2000—2009 年期间欧盟制造业增加值占 GDP 增加值的比重整体呈下降趋势，从 17.5% 降至 13.9%，减少了 3.6 个百分点；这一数据在 2010 年后基本保持平稳，在 14%~15% 的区间上下波动，2022 年为 14.9%，距离 2020 年达到 20% 的目标相距甚远。其中，德国整体保持平稳，除了 2009 年受金融危机影响出现明显下行，其余年份基本保持在 18%~20% 的区间；荷兰、西班牙、意大利主要分为两个阶段，金融危机前，各国制造业增加值占各国 GDP 增加值的比重呈明显的下行趋势，之后基本保持平稳不变，分别处于 10%~11%、11%~12%、14%~15% 的区间；法国制造业增加值占 GDP 增加值的比重呈明显下行趋势，2000 年这一数据为 14.5%，2022年已经降至 9.3%，下降了 5.2 个百分点（见图 5-11）。

第三，欧盟资本净流出局面并未得到明显改善。金融危机爆发后，欧盟的 FDI 呈大幅回落，2008 年同比下降 67%，国际资本投资欧盟意愿不强。2009—2013 年整体处于低位徘徊，年均规模处于 3000 亿美元至 4000 亿美元的区间（2011 年高于 4000 亿美元）。2014 年开始出现小幅反弹并于 2015 年达到

阶段性峰值（6303 亿美元）。随后，欧盟的 FDI 呈波动性下行趋势，2022 年降至 1250 亿美元，表明欧盟对国际投资的吸引力仍在趋弱（见图 5-12）。从 FDI 与 OFDI 之间的差值看，2000 年以来欧盟 FDI 规模普遍低于 OFDI，也表明欧盟整体的资本流出局面并未得到明显改善（见图 5-13）。

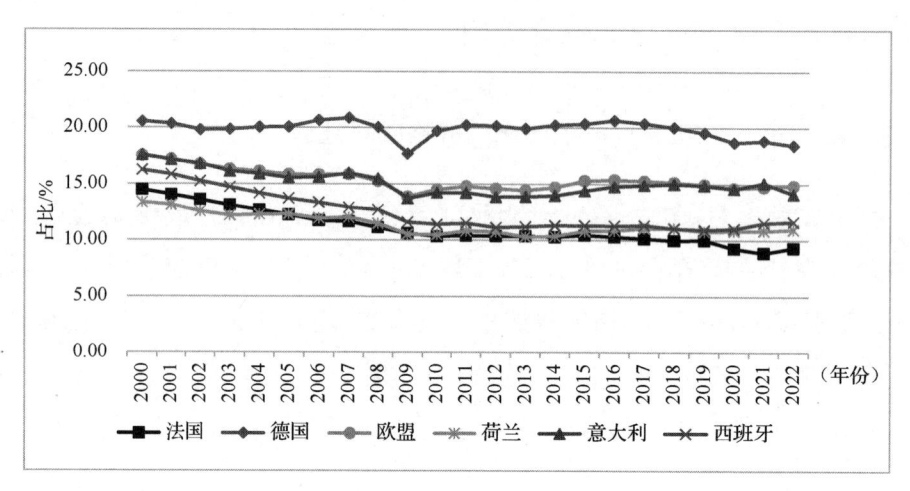

图 5-11　2000—2022 年欧盟及其主要国家制造业增加值占 GDP 增加值比重变化

数据来源：世界银行

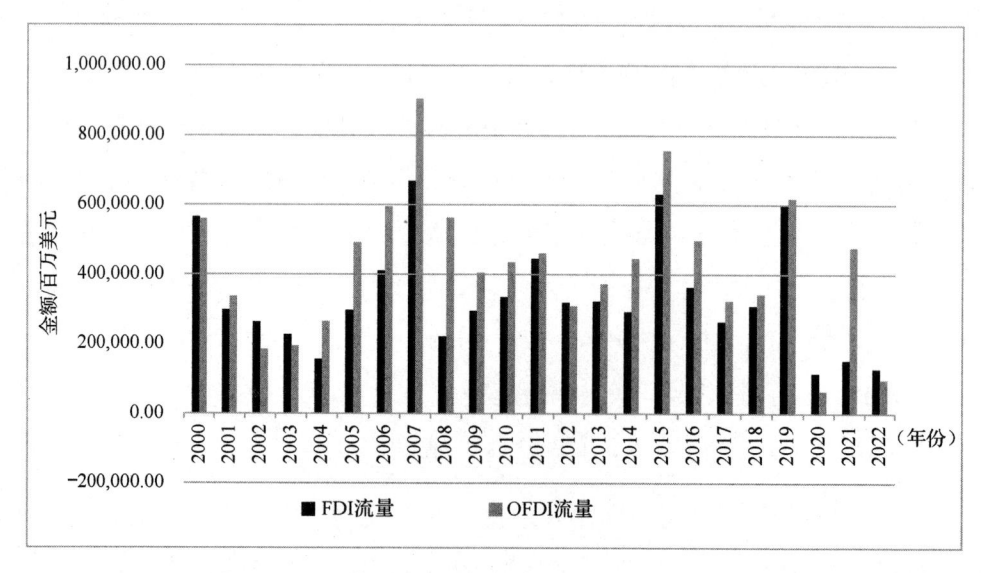

图 5-12　2000—2022 年欧盟 FDI 和 OFDI 规模

数据来源：联合国贸易和发展会议

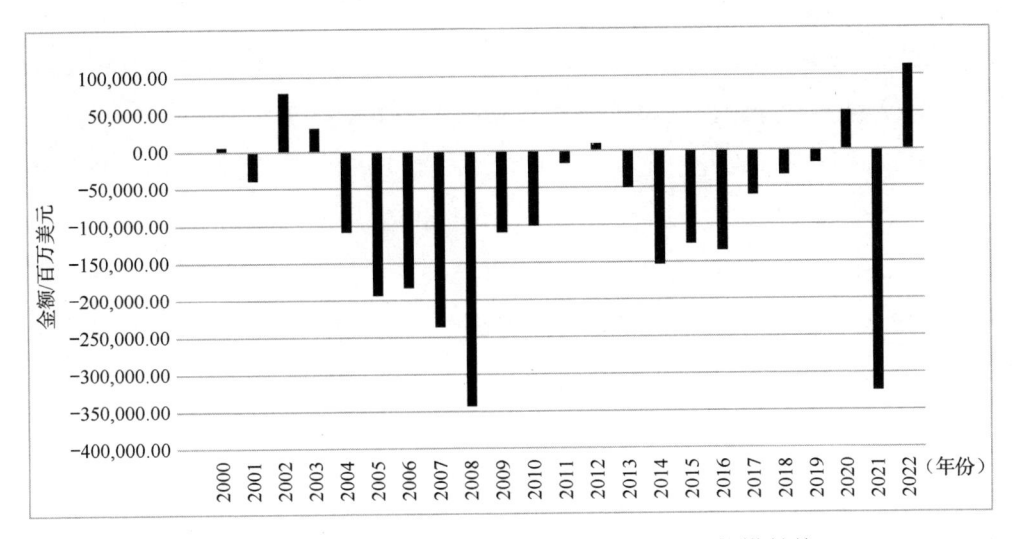

图 5-13　2000—2022 年欧盟 FDI 和 OFDI 规模差值

数据来源：联合国贸易和发展会议

（二）俄乌冲突的反噬：欧洲面临新一轮去工业化

1. 俄乌冲突发生后一大批跨国公司自俄撤离

在西方各国的围剿之下，俄乌冲突迅速从一场区域性热战升级为全球性制裁战。制裁手段囊括了禁止与乌东两地区交易；对金融机构、国有企业和个人的经济制裁；对俄罗斯国防、航空航天和海事等行业实施严格出口管制、修改俄罗斯外国直接产品规则等一揽子措施。除了单边手段，美国还利用全球治理体系对俄实施多边制裁，2022 年 2 月 26 日，美国、欧盟、英国和加拿大发表共同声明，宣布禁止俄罗斯部分银行使用环球同业银行金融电讯协会（SWIFT）国际结算系统。在极限制裁下，跨国公司纷纷从俄罗斯撤资。

根据耶鲁大学管理学院的数据，冲突发生 2 个月后，陆续有 800 余家企业宣布不同程度地自俄撤离。从撤离方式看，完全撤资的企业共 286 家，占比 32.7%，主要集中在金融（18 家）、软件（12 家）、能源（10 家）等行业，代表企业有伦敦证券交易所集团、安克诺斯、埃克森美孚等；暂停在俄业务的企业共358家，占比41%，主要集中在汽车（39家）、机械设备（36家）、电子（27家）等行业，代表企业有通用汽车、大众汽车、霍尼韦尔、苹果、IBM等；减少现有业务的企业共98家，占比11.2%，主要集中在机械设备（14家）、轻工（9家）、金融（9家）、食品和餐饮供应商（8家）等行业，代表企业有博世、利乐、摩根大通、百胜餐饮集团等；减少新增业务的企业共132家，占比15.1%，主要集中在机械设备（13家）、食品和餐饮供应商（12家）、轻工（10家）等行业，代表企业如艾默生电气、雀巢、宝洁、联合利华等。

从撤离企业的属地看，美国企业数量最多，共计307家，占比35.1%；其他数量较多的国家和地区还包括：英国（65家，占比7.4%）、德国（62家，占比7.1%）、法国（37家，占比4.2%）、波兰（36家，占比4.1%）、芬兰（35家，占比4%）、日本（32家，占比3.7%），以上国家的撤离企业已经接近总撤离企业的70%。部分国际组织和区域性组织如国际空间站、国际足联、欧洲广播电视联盟等也参与其中，共计37家，占比4.2%。此外，也有来自巴西、爱沙尼亚、墨西哥、新加坡等国的企业自俄撤离。

2. 俄乌冲突的蝴蝶效应：欧洲能源危机大爆发

俄乌冲突诱发的地缘政治风险使欧洲能源的脆弱性暴露无遗。在失去了俄罗斯这一重要的能源供应国后，欧盟发展的瓶颈凸显[①]。在"北溪"管道爆炸当月，美国对欧洲的天然气出口量占其天然气总出口量的70%，而欧洲天然气均价是美国天然气现货价格的七倍以上[②]。数据显示，2022年1月，欧元区能源价格指数同比增长28.6%；3月同比增长44.7%；到了11月，该指数同比增幅已经达到55.7%，创下近25年来的最高纪录。随着能源和大宗商品价格的上涨不断向消费端和生产端传导，欧洲多国的CPI、PPI屡创新高。CPI方面，2022年二季度开始，欧洲主要国家的CPI陆续达到峰值，

[①] 何丽丽. "北溪"天然气管道泄漏加剧欧洲能源危机 欧洲经济前景或将黯淡[OL]. 新华财经, 2022(09).
[②] 麦洁莹等. 俄乌冲突这一年，国际能源市场波动，欧盟交易电价涨近3倍[N]. 南方都市报, 2023(02).

德国 8.8%、法国 6.2%、意大利 11.8%、西班牙 10.5%、荷兰 17.1%、英国 11.1%（见图 5-14）。PPI 方面，主要国家同比增长接近 30%，部分超过 40%。其中，德国增长 45.8%、法国增长 29.7%、意大利增长 40.1%、西班牙增长 42.9%、荷兰增长 43.1%、英国增长 24.4%（见图 5-15）。

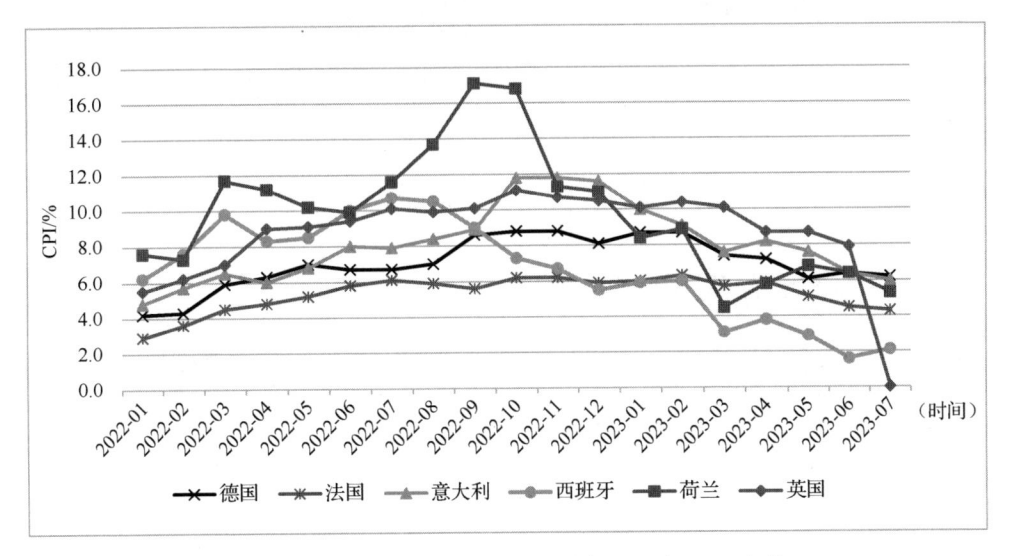

图 5-14　2018—2023 年欧洲主要国家 CPI 变化

数据来源：欧盟及各国统计局

受成本提高的影响，欧洲制造业盈利空间被大幅压缩，制造业景气度也不断下滑。数据显示，俄乌冲突以来，欧洲各主要国家制造业 PMI 一路下行，并于冲突半年后普遍跌破 50% 的荣枯线（见图 5-16）。其中德国制造业 PMI 下行趋势最为明显，从 2022 年 2 月的 58.4% 降至 2023 年 7 月的 38.8%；法国制造业 PMI 从 57.2% 降至 45.1%；意大利制造业 PMI 从 58.3% 降至 44.5%；西班牙制造业 PMI 从 56.2% 降至 47.8%；荷兰制造业 PMI 从 60.6% 降至 45.3%；英国制造业 PMI 从 58% 降至 45.3%（统计周期均为 2022 年 2 月至 2023 年 7 月）。2022 年 7 月-2023 年 7 月，德国和英国的制造业 PMI 连续 13 个月处于荣枯线之下，法国、西班牙、荷兰有 11 个月处于荣枯线之下。

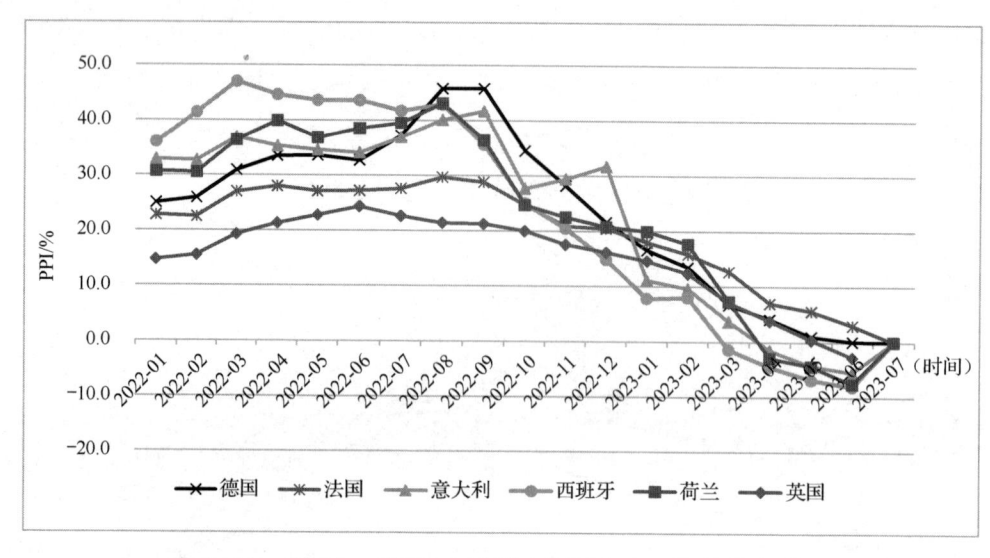

图 5-15 2018—2023 年欧洲主要国家 PPI 同比变化情况

数据来源：欧盟及各国统计局

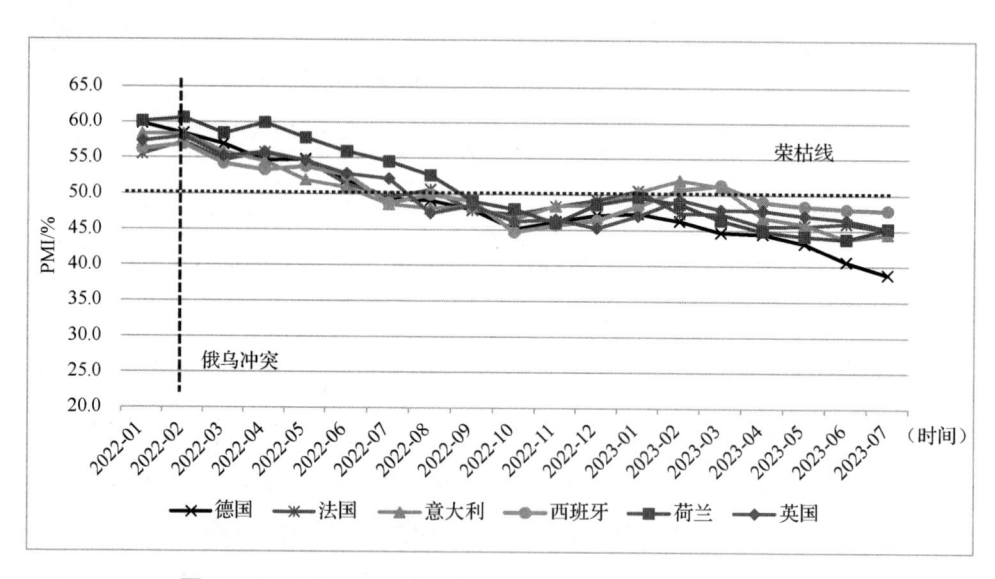

图 5-16 2022—2023 年欧洲主要国家制造业 PMI 变化

数据来源：wind

3. 能源危机阴霾下，欧洲本土面临一波破产潮并开启了向美国、中国的双向产业转移

2022 年 9 月底，欧盟国家的铝、锌、钢铁、化工等高能耗行业的产能已因停产或外迁而萎缩了近一半。安卓信用保险公司估计，2023 年荷兰将有超过 4100 家企业破产，比 2022 年大幅增长 77%。[①]2023 年 6 月德国经济研究所（IW）的一份报告显示，2022 年流出德国的直接投资比流入德国的投资多出约 1250 亿欧元（约合人民币 9850.3 亿元），这是"德国有记录以来最高的资本净流出量"，报告还警告称："这些数字令人震惊，从最坏情况来看，这就是去工业化的开始"。[②]以特斯拉和巴斯夫为例。特斯拉原定在德国勃兰登堡州的格林海德（Grünheide）镇打造一座超级工厂，并在此生产完整的汽车电池，但 2023 年 2 月，该州经济事务部宣布，特斯拉"显然已经放弃了这一计划"。巴斯夫曾宣布要在生产以外的领域节省 5 亿欧元，从而应对暴涨的能源成本和不断下降的利润。然而，这 5 亿欧元显然不足以解决巴斯夫的困境，因为该集团已经宣布，将开始削减生产设施本身——关闭其在路德维希港的一家合成氨生产工厂。[③]合成氨生产在 20 世纪初的发展，是巴斯夫的开创性成就之一。然而，合成氨的生产耗能巨大，约 80% 的生产成本用于能源，尤其是天然气。而在欧洲如今的天然气价格之下，继续在本土生产合成氨显然已经无利可图。此外，巴斯夫另一家同在路德维希港的、生产塑料前体 TDI 的工厂也在面临被完全关停的风险，原因同样与能源成本过高有关。

在本土企业破产的同时，部分有能力的欧洲企业开始将产能向外转移，美国和中国成为这一波转移的主要承接国。一方面，美国《通胀削减法案》战略正在吸引大量欧洲资金流向美国，该法案为"清洁能源"项目和电动汽

[①] 孙彦红. 欧洲"去工业化"势头影响深远[OL]. 环球网，2022(10).
[②] 侯兴川. 德国去年资本外逃创纪录 欧洲最大经济体或已开启去工业化进程[OL]. 海外网，2023(06).
[③] 欧洲时报德国版，2023(02).

车提供了价值3690亿美元的补贴和税收减免，另一项《芯片和科学法案》也旨在通过补贴鼓励投资者在美国建厂。2022年9月，总部设在阿姆斯特丹的氨和氮产品制造商OCI NV宣布，该公司将在美国得克萨斯州扩建一座氨气工厂；安赛乐米塔尔也已在得克萨斯州投资了一家生产热压块铁的工厂[①]；2023年2月，特斯拉公司暂停了在德国生产电池的计划，考虑回到美国。

另一方面，得益于四大内生优势，我国也顺势成为欧洲"去工业化"的承接国。根据中国商务部的数据，2022年1—10月全国实际使用外资1683.4亿美元，同比增长17.4%，其中来自德国的投资同比增长95.8%，明显高于整体外商投资增速，而同期国内固定资产投资增速仅为5.8%。荣鼎咨询的一份咨询报告显示，近四年德国对华投资中，化工巨头巴斯夫和三大车企大众、宝马、戴姆勒占比接近80%，也就是说，少数大型跨国企业的投资动向即能对欧洲对华直接投资产生重要影响。俄乌冲突以来，多家欧洲跨国公司选择扩大在华投资，典型案例包括巴斯夫、宝马、奥迪、博世、斯凯孚、空中客车等企业在中国的新生产基地开工和扩产，涵盖了化工、汽车、电气、机械、医疗等行业。这些企业主要来自德国，既包括了资源密集型行业（如化工），也有技术密集型行业（如医疗）。

三、日本及韩国：全球新一轮产业转移的跟随者

新冠疫情期间，日韩企业大多出现供应链断链、工厂停工等情况。在此背景下，日韩跨国公司开始加速多元化布局。大国地缘政治风险呈螺旋式上升也进一步左右了日韩等国的跨国公司的转移步伐。日本和韩国积极推动"中国+1"，无论是前往美国"友岸"的东南亚国家还是"近岸"的墨西哥，都在实质上响应了美国的供应链重塑战略。与此同时，在美国的影响下，日韩在华企业也开始控制在华产能。

---

① 何丽丽. "北溪"天然气管道泄漏加剧欧洲能源危机 欧洲经济前景或将黯淡[OL]. 新华财经，2022(09).

（一）日本：以回流为主，多元化为辅的转移路径

1."供应链弹性计划"与重振制造业

2018年，受美对华进口产品加征关税影响，机械、化工产品受到波及，日本工业巨头为避免损失，已经开启自华撤离的步伐。这一年，日本东芝机械计划把生产树脂零部件成型机的生产基地从上海转移到日本和泰国；日本三菱电机公司将位于中国大连的工厂转移到了日本；日本小松公司将部分生产线从中国撤离，转移到日本和墨西哥；日本爱丽丝欧雅玛公司计划把生产线从中国转移到韩国；日本化工巨头旭化成决定将位于中国的化工企业搬回日本。2019年5月日本著名的办公设备及光学机器制造商理光集团也决定将设立在中国的工厂迁往泰国。新冠疫情暴发后，日本最先响应美国供应链多元化的号召，提出实施"供应链弹性计划"。2020年4月，日本政府专项拨款2435亿日元（约合157亿元人民币）鼓励日企迁回本土或迁往东南亚国家，以增加产业链供应链的多元化。

与此同时，随着半导体等战略性物资和关键技术的重要性增加，日本政府开始大力推动制造业基础技术的产业振兴和前沿技术研发。2022年5月，日本参议院全体会议表决通过《经济安全保障促进法案》。2022年12月，日本政府将抗菌药、肥料、永磁体、机床和工业机器人、半导体、蓄电池等11类商品指定为特定重要商品。针对11类"特定重要商品"，日本逐一制定了"确保稳定供应的指导方针"，旨在通过对私营企业的支持，推进确保稳定供应的工作。其他产业振兴相关举措还包括：普及具有高环境性能的产品；推进新产业集群或强化现有产业集群的功能，加强与新兴产业相关的支撑功能；加强网络安全；推动战略性标准化认证；加强供应链韧性；确保能源和原材料稳定供应等。此外，日本第六次科学技术和创新基本计划提出以未来目标为导向，推导出解决方案，并据此制定政策，通过创新推动社会变革。日本正在大力推动创新型人工智能、大数据、物联网、材料、量子技术、

环境能源等对未来社会至关重要的关键前沿技术的研发。2023年11月，日本政府计划拨款约2万亿日元（约130亿美元）支持芯片产业。部分资金将通过本财年的追加预算拨付，预计将用于支持台积电和芯片代工企业Rapidus，后者的目标是在北海道制造尖端芯片。

2. 制造业回流趋势拉动日本国内投资

在"供应链弹性计划"发布两个月后，有90个项目申请回迁日本，其中57个获得补贴，包括夏普、钟渊化学等知名企业。根据三菱UFJ研究咨询公司2023年3月发布的《日本制造业课题和应对的方向性调查》，最近一年进行生产基地转移的企业中，从回归日本角度看，来自中国的企业最多，有113家；从东盟转移回日本的企业有36家，从美国转移回日本的有7家，欧洲有4家，韩国有3家，其他国家有3家（见图5-17）。2023年7月，据日经亚洲近日报道，日本电器生产商松下计划将斥资100亿日元（约7000万美元），从2023财年开始，逐渐将位于中国广州的高端空调产线转移至日本滋贺县。

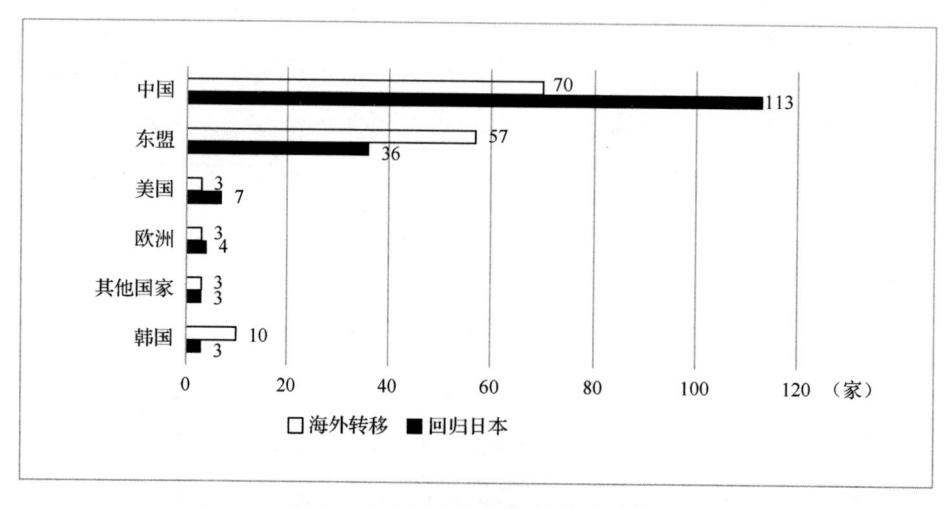

图 5-17 日本生产基地转移趋势

数据来源：三菱UFJ《日本制造业课题和应对的方向性调查》

从最近一年转移的原因来看，关于回归日本本土的主要原因，很多日本制造企业表示是为了应对新冠疫情，试图强化日本国内生产基地。对于未来日本国内生产基地与海外基地的角色分工，无论是大企业还是中小企业，将日本国内生产基地视为创造新技术和新产品基地的占比最大。此外，在维持、扩大国内生产基地时，约60%的制造商将"确保工厂工人"或"确保高级技术人员和熟练技能人员"作为希望日本政府改善的环境因素，称劳动力短缺是一个挑战。

从效果看，2022年日本国内订单已经实现大幅增长。根据日本建设业联合会在2023年4月27日发布的一项调查，2022年度日本国内建设订单同比增长8.4%，达到16万亿日元（约合人民币8338亿元），创过去20年来新高。其中，来自私营部门的订单增加了6.8%，达到11.9万亿日元，在过去10年间仅次于2018年；来自政府的订单增加了11.5%，达到4.3万亿日元。私营部门中来自制造业的订单大幅增加41.6%，达到3.1万亿日元，是过去20年的最高额。此轮订单的增长是由半导体工厂建设等以制造业为中心的私营部门活动所驱动的，反映出制造业回流速度加快。

日本国内大型设备投资也有所增加。全球最大半导体代工企业台积电正在日本九州熊本县建厂。台积电熊本工厂得到了日本政府、索尼半导体解决方案公司、电装等合作伙伴的大力支持。该工厂的资本支出总额为86亿美元，日本经济产业省批准了4760亿日元（约合35亿美元）的补贴。台积电声称还有兴趣在日本建设第二座半导体工厂，且日本政府正考虑为二厂提供最高9000亿日元的补贴。2023年10月31日，据中国台湾地区《经济日报》报道，台积电位于日本熊本的工厂已取得重大进展，目前已经外派和招募到了1000多人，计划2024年开始量产。[①] 全球第二大NAND存储器芯片制造商铠侠（Kioxia）在日本三重县修建的Fab 7闪存工厂，已于2022年10月建成并投产。丰田汽车、索尼、NTT、NEC、软银等日本八家大型公司成立的半导体合资企业Rapidus也于2023年4月表示，将在北海道千岁市推进

---

① 故渊. 消息称台积电日本熊本工厂员工数已破千人，计划明年投入量产[OL]. IT之家, 2023(10).

2nm 晶圆厂建设。日本经济产业省于 2023 年 4 月初宣布，力争到 2030 年，本国半导体产业规模达 15 万亿日元（约合人民币 7697 亿元），增至目前的 3 倍。

3. 日本多元化布局加快，我国仍是其重要选择

一方面，日本企业在东南亚的布局在加快。据统计，在"供应链弹性计划"发布两个月后，有 124 家日资企业申请迁往东南亚国家，其中 30 个项目获得补贴，包括：生产硬盘部件的 Hoya 公司迁往越南和老挝；信越化工计划把稀土磁铁生产转移到越南等。2020 年 9 月，日本宣布扩大补贴计划，增加印度、孟加拉国等作为鼓励搬迁的目标国。从新冠疫情后日本 FDI 投资布局趋势看，2022 年对中国 FDI 较 2019 年增长了 4.7%；对东盟国家如越南、泰国增长了 14.7% 和 16.4%；对美国和墨西哥分别增长 16.7% 和 16.4%（见图 5-18）。

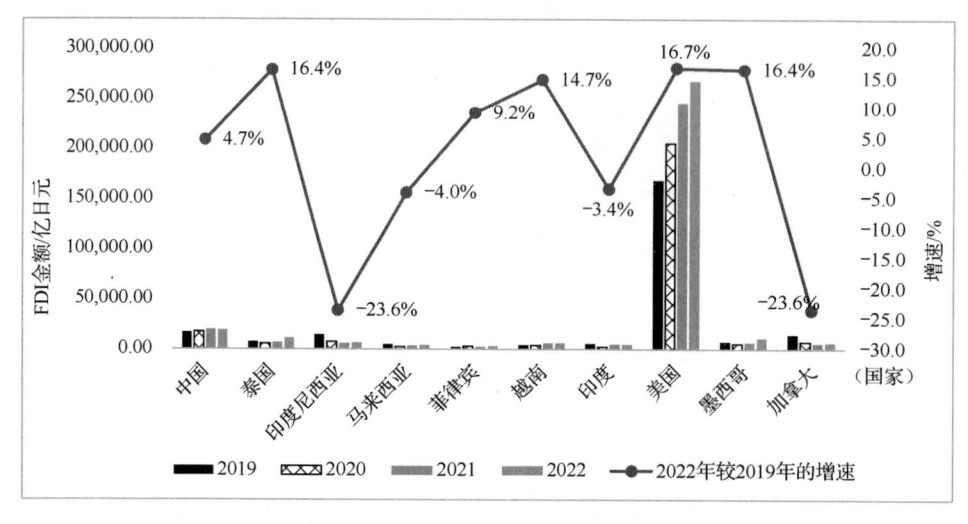

图 5-18　2019—2022 年日本对主要国家的 FDI 趋势

数据来源：日本央行

另一方面，在日本多元化的布局选择中，中国仍然处于难以忽略的重要位置。三菱 UFJ 研究咨询公司的数据显示，最近一年向中国转移的日本企

业有 65 家，数量排名第一；其次为东盟，转移企业数量为 57 家；韩国 10 家，美国、欧洲、其他国家各为 3 家。而关于日本企业向海外转移的主要原因，很多制造企业列举了"消费地生产""劳动者数量"等，可以看出日本制造业企业对海外劳动力和市场的期待依然很大，这对于拥有大市场、多人才优势的中国来说，无疑是有利的。

（二）韩国：政治站队下的多元布局、赴美投资与扩大产能

1．以三星为例看韩国在新一轮产业转移中的布局选择

韩国企业参与第四轮和第五轮产业转移中最典型的代表即三星集团。三星集团 1992 年进入中国市场，并在中国设立制造工厂，三星惠州工厂成为其早期在华设立的工厂之一，中国也成为三星电子最主要生产基地之一。但是自 2008 年以后，三星开始布局东南亚。除了中国劳动力成本不断上涨这一原因，三星电子制品在中国市场份额不断收缩也是其转战东南亚的重要原因。

以智能手机生产为例，2013—2014 年，中国手机品牌迅速崛起，不但在 5G 这一热点技术上拔得头筹，在品牌、产品和技术创新等方面也在引领全球智能手机发展的潮流。与其他中国本土手机厂商销售份额的大幅提高相比，三星手机的销售份额急剧降低（见表 5-14）。尤其是 2016 年，三星 Note7 型手机频出爆炸事故等更使其在华销售和市场份额大跌。2016—2018 年三星手机在华市场份额分别为 4.9%、2.1%和 0.8%，市场份额的急速下降使得三星开始大规模自华撤资。2017—2019 年间，三星基本关停了在华电子产品的组装工厂，具体包括中国深圳（2017 年）、天津（2018 年 12 月）、惠州（2019 年 9 月）的三家工厂。根据三星 2022 可持续发展报告，截至 2021 年底，其中国区员工数为 17820 人，与 2013 年峰值的 63316 人相比减少了约 5 万人。

表 5-14　主要手机品牌在中国市场的份额对比

企　业	2013 年市场份额	企　业	2018 年市场份额
三星	18.7%	华为	26.4%
联想	11.9%	OPPO	19.8%
酷派	10.7%	vivo	19.1%
华为	9.3%	小米	13.1%
小米	5.3%	苹果	9.1%

在自华撤资的同时，三星也逐渐加大了在越南的投资与布局，是最早一批抢占东南亚人口红利的跨国公司之一。

早在新一轮产业转移开始时，三星即在越南北宁省投资建设三星电子（越南）1 号厂，以此打下了在越南经营的"滩头阵地"（见表 5-15）。此后，三星又在越南太原省建立 2 号厂，并继续将领域拓展至电视、芯片、显示器等其他电子制品领域，其在越南的投资和经营规模持续扩大。到 2014 年，三星已成为在越南投资规模最大的外企。2016 年，越南从事信息技术和移动通信业务经营的 15 万名员工中，约有 13 万人是三星公司的员工，占比达 86.6%。到 2018 年末，三星在越累计投资已达 170 亿美元。三星逐步将越南打造成其最大的手机制品生产基地。数据显示，三星在越南的手机生产量约占三星全球产量的 50%。2020 年，三星公司及其合作公司在越南雇佣工人数已达 37 万，甚至一度被越南部分民众称为越南的"国民企业"。①

表 5-15　全球新一轮产业转移初期三星在越南的主要投资情况

投资公司	越南子公司	投资时间	金额（亿美元）	主要生产内容
三星电子	三星电子越南	2008 年	25	手机
	三星电子越南太原	2013 年	50	手机
	三星电子 HCMC CE Complex	2014 年	14	电视、空调、冰箱、洗衣机等
三星电机	三星电机越南	2013 年	12.3	半导体、芯片、相机模块
三星显示器	三星显示北宁	2014 年	10	手机、平板电脑用显示屏

---

① 徐传博．"三星帝国"的越南发家史[OL]．凤凰网，2020(09)．

2. 多元化布局：加速向越南、印度等国家投资

新冠疫情以来，韩国开始努力加大供应链的多元布局，特别是韩国贸易协会成立并运营了支持购买用于半导体、电池、石油化学、汽车等领域的核心原材料的特别工作小组。除政府以外，跨国公司出于供应链安全的考虑也重新调整在华业务。三星显示（Samsung Display）于2020年将液晶显示器（LCD）工厂出售给中国 TCL 的子公司华星光电后，目前只运营两家 OLED（有机发光二极管）模组工厂。LG 电子在 2021 年关闭了位于中国的 PCB、电脑、手机、偏光片、LED 工厂。此外，韩国爱茉莉太平洋也关闭了中国境内的 1000 多家化妆品卖场。目前，爱茉莉太平洋把海外业务的重点放在了美国和东南亚市场。

3. 地缘政治风险下的选择：赴美及其周边建厂

一方面，韩国企业正在增加在美国及美国近岸的投资。近年来，韩国跨国企业赴美投资的消息频频传出：2021 年 11 月，三星电子宣布将在得克萨斯州投资 170 亿美元建立晶圆厂；2022 年 5 月美国总统拜登访韩期间，现代汽车宣布将在美国投资 105 亿美元，其中，50 亿美元用于未来新产业，55 亿美元用于电动汽车和电池工厂建设；2022 年 7 月，SK 集团计划在美国的半导体、生物技术和能源市场投资 220 亿美元；2023 年 6 月，LG 新能源和现代汽车计划投资 43 亿美元在美国佐治亚州合作建设一家电池工厂，同年 8 月，现代汽车表示将在美国亚利桑那州投资 56 亿美元建设一个电池生产综合体，以满足北美日益增长的电动汽车需求。

同时，韩国企业在墨西哥建立生产基地响应了美国的供应链重塑战略。大韩商工会议所 2022 年 7 月公布的数据显示，三星电子、SK、现代汽车、LG 电子、浦项制铁等企业已在墨投资设立 450 余家工厂。[①]以三星电子为

---

① 全球制造业中心，墨西哥还有多远？[OL]. 环球网，2022(11).

例，墨西哥已经成为其全球重要的生产基地之一。2022 年 7 月，墨西哥外长埃布拉德（Marcelo Ebrard）表示，韩国三星电子将在墨西哥追加投资 5 亿美元，用于家用电器生产。此前三星公司已经在墨西哥蒂华纳运营了一家电视机组装厂，年产量约 1900 万台，新的投资将在墨西哥中部的克雷塔罗进行。

CHAPTER 6

第六章
新兴经济体：全球新一轮产业转移的受益者

在发达国家"友岸外包"和"近岸外包"政策的影响下，以越南和墨西哥为代表的"友岸"和"近岸"新兴经济体显然已经成为新一轮产业转移的最大受益者。本章主要从越南和墨西哥的角度出发，分析两国外商投资流入和贸易增长等情况，为评估这一进程对我国的影响提供新的视角。

一、越南：美国"友岸"供应链的最大受益者

（一）越南外商直接投资（FDI）增长情况

1. 2009—2021年，越南FDI年均增长4.4%，2023年前9个月增长7.7%

新一轮产业转移的主要表现即越南成为全球FDI的重要流入国。如图6-1所示，2009—2021年，全球对越南的FDI从231.1亿美元增至388.5亿美元，年均增速4.4%。这一时期全球对越南的FDI可分为两个阶段，第一个阶段是2009—2017年，全球对越南的FDI增长较快；第二阶段是2018年之后，全球对越南的FDI保持平稳，除了2020年出现较大波动外，其余四年均处于370亿美元～380亿美元的区间。

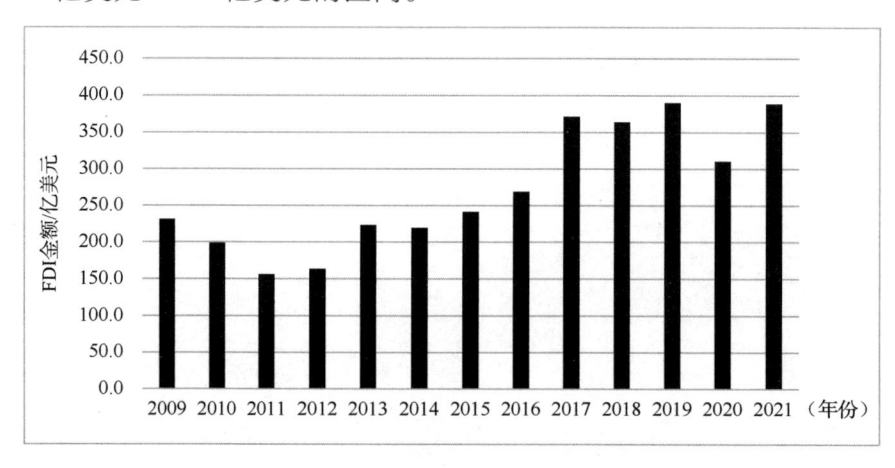

图6-1 2009—2021年全球对越南的FDI

数据来源：越南统计局

从主要来源看，越南 FDI 来源以亚洲为主。2020 年对越投资首位是新加坡，达到 94.9 亿美元，第二名为韩国（42.1 亿美元），第三名为日本（29.8 亿美元），中国大陆排在第四名（26.1 亿美元），其他主要来源国家和地区还包括中国台湾、中国香港和泰国等（见图 6-2）。

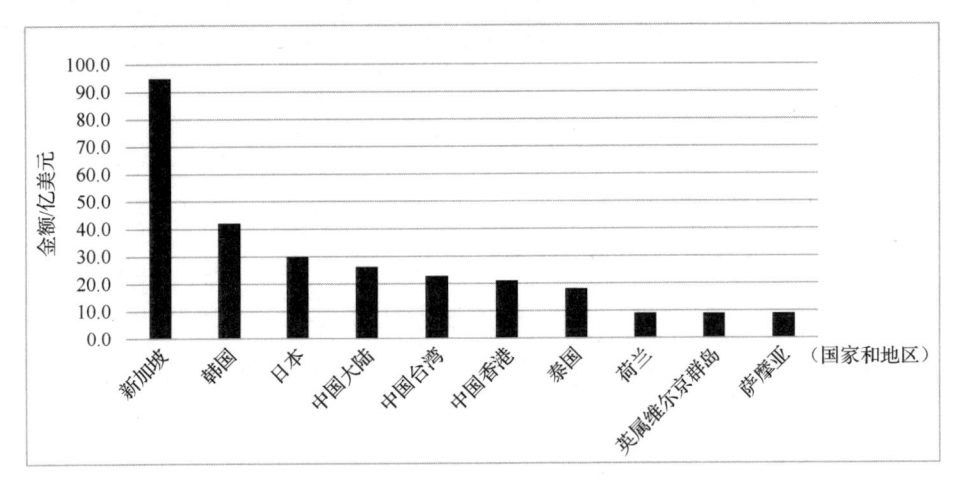

图 6-2　2020 年越南 FDI 主要来源国家和地区

数据来源：trademap

从主要投资领域看，越南 FDI 主要用于制造业，2020 年投资总额达 147.9 亿美元，占外资总额的 47.6%；其次是电力、燃气、蒸汽和空调供应业，投资总额 51.9 亿美元，占比达 20%；第三位是房地产业，49.8 亿美元，占比 16%。制造业方面则主要集中在消费电子、纺织等劳动密集型产业。

从 2023 年的情况看，越南 FDI 增长进一步加快。据越南计划与投资部外国投资局的数据显示，截至 2023 年 11 月 20 日，外商直接投资新签、增资和融资购买股份总额达 288.5 亿美元，同比增长 14.8%，增幅较前 10 月小幅上升 0.1 个百分点。其中，新签项目 2865 个，同比增长 58.1%，注册资本总额超过 164.1 亿美元，同比增长 42.2%；增资项目 1152 个，同比增长 15.9%，增资总额超过 64.7 亿美元，同比下降 32.1%。分行业看，加工制造业投资总额 209.7 亿美元，位居第一，占注册资本总额的 72.7%，同比增长 40.2%。从投资来源看，2023 年前 11 月，共有 110 个国家和地区对越南进行投资，其中新加坡以投资总额 51.5 亿美元领先，占 FDI 总额的 17.8%，较 2022 年同期下降 10.9%；中国香港以 43.3 亿美元排名第二，占 FDI 总额的 15%，是去年同期的 2.2 倍以上。韩国位居第三，投资总额 41.7 亿美元，占 FID 总额的 14.5%，较去年同期增长 1.2 倍。接下来是中国大陆、日本等。从项目数量来看，中国大陆新批投资项目数量领先（占比 22.1%）。

2. 跨国公司加大在越南布局力度

以消费电子领域为例，苹果越南工厂已在 2020 年 3 月开始投产，主要从事 AirPods 初代产品的生产，其产量约为中国产量的 30%。2020 年 5 月，日本松下等公司宣布将越南作为东南亚最大的设备生产基地。除了三星、英特尔、LG 等传统大厂之外，富士康、立讯精密、温斯顿、和硕、歌尔等也纷纷在越南设立工厂。中国台湾仁宝（越南）有限责任公司投资 5 亿美元在越南永福建设笔记本电脑工厂。歌尔在北宁投资了价值 3.06 亿美元的项目。由于中国手机品牌在越南市场的份额不断扩大，一些手机厂家也将产业链布局于越南，以便贴近消费市场。①

此外，纺织、家具等行业在越南的布局也在增多：在纺织领域，山东鲁泰和广东华利等纺织行业都在近两年布局越南以规避地缘政治风险；在家具行业，包括顾家家居、乐歌股份、敏华控股、永艺股份、美克家居、恒林椅业等也都在越南开设了工厂。

（二）贸易增长情况

1. 2022 年越南出口增速高达 39.8%

如图 6-3 所示，2010 年越南出口规模仅为 722.4 亿美元，2022 年增长至 4695.5 亿美元，扩大了 5.5 倍。从增速看，2010—2015 年整体呈下降趋势，

---

① 马鑫，李嘉怡等．似曾相识：全球产业链向东南亚转移情况分析报告[OL]．第一财经资讯，2022(11)．

从 20%~30%的高位降至 10%以下；2015 年以后开始波动上升，2022 年高达 39.8%，高出我国同期出口增速 32.9 个百分点。

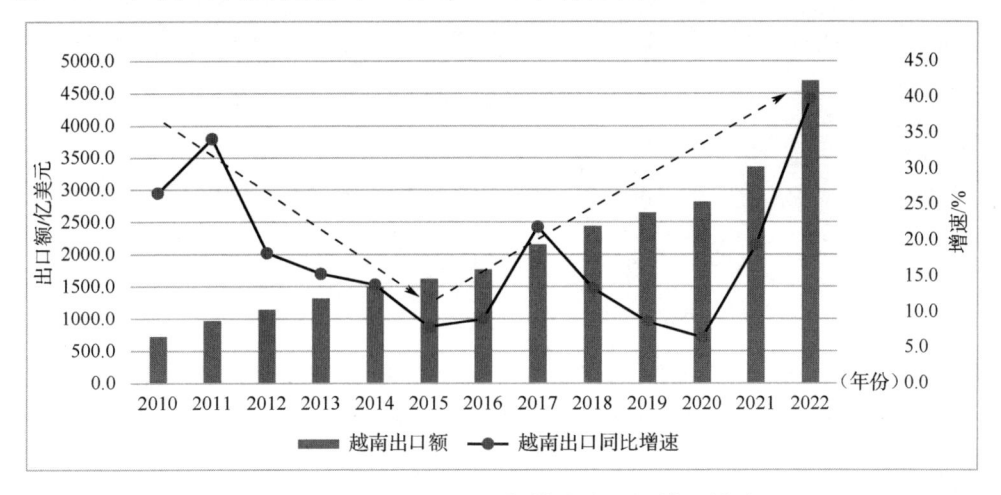

图 6-3　2010—2022 年越南出口规模及增速

数据来源：trademap

2．家具、鞋类等在美国市场的占比迅速上升

家具（HS94）、鞋类（HS64）、电机电气（HS85）在美国进口来源中的占比大幅上升。2022 年，上述三类产品在美国进口来源中的占比较 2018 年分别上升了 10.1 个、6.9 个和 6.8 个百分点，目前分别为 18.2%、30.2%和 9.8%；其他增幅较大的产品还包括编结材料制品（HS46）、帽类（HS65）、化学纤维长丝（HS54）等，分别较 2018 年增长了 6.3 个、5.7 个、5.2 个百分点至 18.8%、13.8%、6.6%。

二、墨西哥：美国"近岸"供应链的最大受益者

（一）墨西哥外商直接投资（FDI）增长情况

1．2023 年一季度全球对墨西哥的投资提速近 50%

近年来，美国为推动供应链重塑，利用一系列协议和法案推动北美区域内

供应链向其"近岸"拓展。如 2021 年 7 月,《美墨加协议》（USMCA）正式生效,规定只有美国、墨西哥或加拿大生产部件成分在 75%以上的汽车或卡车才可以零关税出售。相较于 1994 年生效的《北美自由贸易协定》（NAFTA）所要求的 62.5%提高了 12.5 个百分点。《通胀削减法案》也规定美国政府对消费者购买电动车实施 7500 美元的减税优惠,但其前提条件是,电池组装和加工等环节必须在北美或与美国有自由贸易协定的国家进行。

在这些措施的影响下,墨西哥正在成为除了越南以外承接全球产业转移的又一"热土"。墨西哥经济部报告显示,如果不考虑 Televisa-Univisión 的合并和 Aeroméxico 的重组,2023 年一季度墨西哥 FDI 将同比增长 47.6%,且主要集中在制造业,如交通设备、化工、计算机设备、电力设备等行业。[①]

以家电领域和电子设备为例,近年来,全球主营家电企业持续加大冰箱、洗衣机等产品在墨西哥的产能布局。2022 年欧洲领先的家电制造商博世投资 2.6 亿美元在墨西哥建厂,生产满足北美市场消费者需求的大容量冰箱,预计 2024 年投产运行,年产能可达 60 万台。同年,韩国三星电子在墨西哥投资 5 亿美元,用于家用电器生产。2021 年惠而浦投资 1.2 亿美元扩建墨西哥科阿韦拉州工厂,新建法式门冰箱生产线,年产量将超过 30 万台。中国家电企业 TCL、彩迅和海信此前均在墨西哥投资建设彩电工厂,2021 年,海信集团在北美华富山工业园投资 2.6 亿美元建设冰箱、洗衣机等白色家电产业园。2023 年 7 月,中国联德股份和中国联创电子先后发布公告赴墨西哥建厂。中国联德股份将在墨西哥设立子公司,首期投资总金额 5656 万美元。中国联创电子表示,为积极快速开发北美地区的光学和影像市场,将以美国子公司联创光学（美国）为主体与墨西哥当地合作单位 Prodensa 公司签订合作协议,投资总额不超过 1090 万美元在墨西哥建设工厂。

---

① 路虹. 墨西哥吸引亚洲制造业转移势头强劲[OL]. 中国商务新闻网, 2023(07).

2. 中国企业纷纷前往墨西哥投资，成为墨西哥 FDI 来源增长最快的国家

2023 年 3 月，美国电动汽车巨头特斯拉宣布在墨西哥新莱昂州建设全球最大的电动汽车工厂，有业界人士判断这将带动 20 多家中国国内特斯拉供应商前往墨西哥建厂。数据显示，中国汽车配件企业均胜电子、拓普集团、金力永磁、三花智控、立中集团、东山精密、祥鑫科技、岱美股份、银轮股份等均已在墨西哥开展产业布局动作。[①]

在这一轮产业布局的带动下，中国成为墨西哥 FDI 来源增长最快的国家。新冠疫情之前，中国对墨西哥的 FDI 不多，按照 2020 年的数据尚未进入前十名，但现在已经处于领先地位。根据墨西哥国立自治大学的研究，2022 年中国对墨西哥的 FDI 同比增长了 48%。[②] 美国达拉斯联储研究报告显示，中国在墨西哥的直接投资份额在近几年迅速上升，流入墨西哥的 FDI 从 2011 年的 3800 万美元增长到 2021 年的 3.86 亿美元，是墨西哥 FDI 来源中增长最快的国家。

坐落于墨西哥北方第一大工业城市蒙特雷的北美华富山工业园董事长胡海在接受媒体采访时表示，"2022 年至今，我们园区，包括我所在的城市，几乎是一地难求，中国企业争相涌入，'抢（厂）房抢地'"。西班牙对外银行（BBVA）的一项调查发现，作为墨西哥工业中心的蒙特雷市，其私营工业园区的新增企业中，有五分之一是中国企业。[③]

（二）贸易增长情况

1. 2022 年墨西哥出口规模超过 5000 亿美元，增速高于我国出口增速 10 个百分点

如图 6-4 所示，2010—2022 年，墨西哥出口规模从 2983.1 亿美元增至

[①] 黎雨桐，谭雅涵. 特斯拉 A 股"小伙伴"出海墨西哥[OL]. 21 世纪经济报道，2023(06).
[②] 路虹. 墨西哥吸引亚洲制造业转移势头强劲[OL]. 中国商务新闻网，2023(07).
[③] 李小天. 墨西哥，下一个"世界工厂"？[OL]. 霞光社，2023(10).

5782.8亿美元，创历史新高。增速方面，2010—2015年整体呈下降趋势，2015年以后开始呈上升趋势（除了2020年受新冠疫情影响出现大幅下降），2021年达到高点18.6%，2022年有小幅回落，但是出口增速也高达16.9%，比我国同期出口增速（6.9%）高出10个百分点。

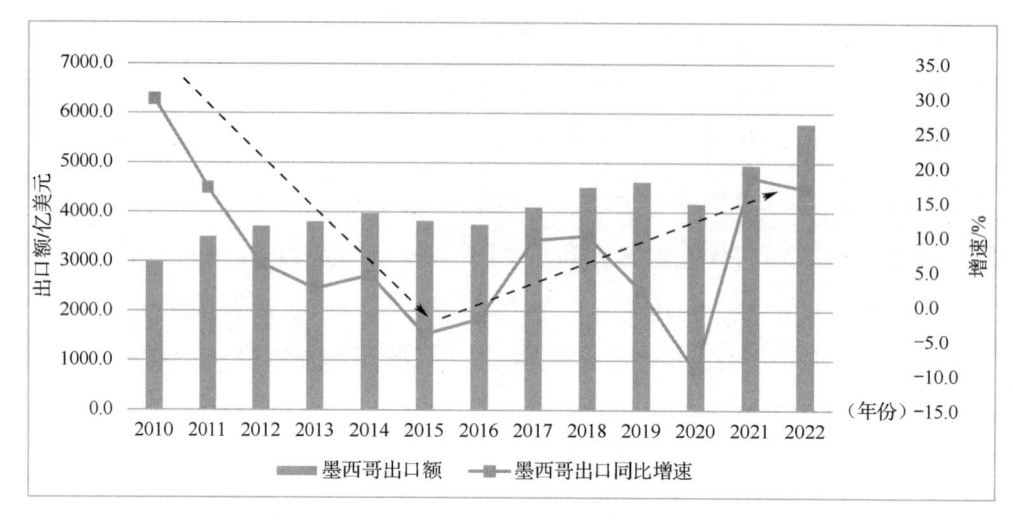

图6-4　2010—2022年墨西哥出口规模及增速

数据来源：trademap

2. 化学品、船舶、玻璃制品等在美国进口来源的占比上升明显

2023年上半年墨西哥成为美国进口来源的第一大国，占比达到15.2%，较2018年的占比提升了1.9个百分点，已高出我国1.6个百分点。其中，洗涤剂、润滑剂、人造蜡、塑型膏等（HS34），船舶及浮动结构体（HS89），玻璃及其制品（HS70），帽类及其零件（HS65），矿物材料制品（HS68）占比分别增长了6.3个、6.1个、5.8个、4.9个、4.6个百分点（见表6-1）。

表6-1　2023上半年美国进口产品中来源为墨西哥和中国的占比变化

HS2位税号	产品	墨西哥占比变化（个百分点）	中国占比变化（个百分点）
34	洗涤剂、润滑剂、人造蜡、塑型膏等	6.3	-5.1
89	船舶及浮动结构体	6.2	-3.3

续表

HS2 位税号	产　品	墨西哥占比变化（个百分点）	中国占比变化（个百分点）
70	玻璃及其制品	5.9	-15.5
65	帽类及其零件	5.0	-25.3
68	矿物材料制品	4.6	-16.2
94	家具；寝具等；灯具；活动房	4.5	-22.7
32	鞣料；着色料；涂料；油灰；墨水等	4.5	-9.5
57	地毯及纺织材料的其他铺地制品	4.4	-12.5
72	钢铁	4.4	-0.1

数据来源：trademap，赛迪研究院整理

2023 年 6 月，中国机电产品进出口商会的一份分析报告显示，墨西哥已成为美国最大家电产品进口来源国。[①] 2023 年一季度，墨西哥成为美国进口白色家电产品份额最高的国家，占美国自全球进口白色家电份额的 27%。受多重因素影响美国自中国进口白色家电的份额持续下降，从 2019 年的 33%下降至 2022 年的 31%。2023 年一季度美国自中国进口家电金额为 45.7 亿美元，占比降至 25%，较去年同期减少了 33.4%。而美国自墨西哥进口持续增长，2022 年美国自墨西哥进口家电金额为 197.6 亿美元，较 2019 年的 149.2 亿美元增长了 32%；2023 年一季度，美国自墨西哥进口家电金额为 51 亿美元，较去年同期增长了 10%。

三、越南、墨西哥承接新一轮产业转移的共性问题

（一）技术工人缺失，承接高技术产业、环节能力不足

根据课题组对越南部分经贸合作园区的调研，中高端行业在越南难以发展，一个主要原因在于缺少拥有丰富经验的技术工人，即使有高端机器设备也难以弥补。已经在越南北宁和荣市建厂的某企业表示，尽管已经从国内向

[①] 周南. 墨西哥取代中国成为美国最大家电产品进口来源国[OL]. 中国机电产品进出口商会，2023(06).

越南工厂派了几百人，但太复杂的产品生产线还没有搬过去。越南 CODA RESOURCES 有限公司则表示，技术管理人员（车间主任级）和技术工人需要从中国招募，占总员工的比重约为 1/10。在对赴墨西哥投资的工作人员的采访中，有人表示"一个中国人干活抵得上三个墨西哥人"。[①]

（二）配套不足、成本过高，高度依赖中国的供应链

以苹果在越南的供应链为例，苹果在越南有 27 家苹果（Apple）工厂，生产了大量的 iPhones、iPad、AirPods 和其他电子设备。然而，这 27 家苹果工厂背后的供应链是中国、日本、韩国、美国和新加坡企业，没有一家是越南本土企业。某合作园区表示，近年来越南引进的企业约七成都是制造和加工环节。除了日本、韩国的跨国巨头（如 LG、三星等）把产业链全部迁到越南，其他国家的企业主要是把中低端环节放到越南。

墨西哥方面也是如此。出海全球化智库 Equal Ocean 的创始合伙人黄渊普接受采访时表示，"企业普遍没有把核心环节放过去，一般都只满足各类规定中的最低标准，诸如本地产品生产比例、本地员工数量等"。

出现这一现象主要是由于越南、墨西哥配套能力有限，难以承接全产业链的迁入。尤其是产业链较长、核心环节要求高的产业仍高度依赖中国的供应链。墨西哥的原材料成本较高，约是中国的 7~10 倍，很多企业更倾向于从中国采购原材料，仅在墨西哥进行组装。不过，一些生产技术难度较低的产品，如普通家具等，则在墨西哥完成了全生产链布局。

（三）基础设施、营商环境遭到诟病

越南制造业面临的制约还包括基础设施较差、营商环境不佳等。如供电方面，2023 年夏季，东南亚遭遇了罕见的高温热浪，导致多个国家的电力供应出现紧张甚至短缺的情况。其中，越南的情况最为严重，全国多地出现

---

① 贾梦雅. 中国企业，正在疯狂涌入墨西哥[OL]. 凤凰网，2023(10).

大规模的停电现象，给民生和工业造成了巨大的影响。根据报道，鸿海和立讯精密等苹果公司供应商的部分工厂，以及三星电子在越南北部的工厂都收到当地电力公司的要求，让其轮流停电。再如营商环境方面，普遍存在不履行承诺的问题，据某越南园区反映，其早期园区规划是 8 平方公里，但政府最终只兑现了 2 平方公里。

而墨西哥受美国干预过多，政策不稳定，也将影响外商投资的预期。例如 2022 年 4 月及 2023 年 5 月，墨西哥政府通过修订《矿业法》将锂列为战略性矿产，宣布实施锂矿国有化，禁止向私人授予锂矿特许权，并称将对所有已授予的锂矿特许权进行审查。2023 年 8 月，墨西哥矿业总局（DGM）向中资企业赣锋锂业墨西哥子公司发出了取消 9 个锂矿特许权的决定通知，以服务本国锂矿国有化，加强对矿产的限制。再如，2023 年 8 月，墨西哥突然提高了涉及 392 种产品的进口关税，此举将直接影响中国相关产品的出口。

关于部分赴越投资企业的调查研究报告

第五轮产业转移浪潮下，我国企业赴越南投资势头增强。2023 年以来，课题持续对部分赴越投资企业开展了调研访谈，发现：

（一）中国企业赴越投资有主客观原因。一是越南制造业的低成本优势依然十分明显，成为吸引企业投资的客观原因。据某园区反映，税收方面，中国企业所得税是 25%，东盟 10 国里越南所得税最低（20%），部分国家级的工业园区大部分都享受了 2 免 4 减半或者 4 免 9 减半不等的企业所得税优惠；劳动力成本方面，越南流水线工人 6 天工作日，包含三险一金的政府指导用工成本是 1800~2000 人民币左右；环保限制也相对偏弱。二是企业自身走出去的需求。企业发展到一定阶段，走出去开拓国际市场具有必然性，而越南成为很多企业走出去的"首站"，主要在于其与我国接壤的地理优势，带给企业"心理上的安全感"。某电子企业刚来到越南投资的时候，只敢租 22500 平方米的一层的厂房，经过 4 年的发展，已经租了 3 栋 27500 平方米的厂房。三是规避政治因素。近年来赴越投资的企业绝大多数订单都面向欧美，部分客户甚至要求必须在某一时间节点前完成越南投产才会签订下一年度的订单，这也解释了越南在美国进口来源占比的上升。

（二）越南承接劳动密集型制造业的空间在收窄，承接高技术产业或环节的能力不足，难以与中国形成正面竞争。一是随着越南土地成本和人工成本开始快速上涨，劳动密集型产业优势不断减弱。调研显示，近年来越南引进的企业约七成都是制造和加工环节。除了日本、韩国的跨国巨头（如 LG、三星等）把产业链全部迁到越南，其他国家的企业主要是把中低端环节放到越南。但随着越南土地成本和人工成本开始快速上涨，劳动密集型产业优势不断减弱。越南某园区在招商时已经提示赴越投资的企业不要把完全依赖人工的劳动密集型产业或者是生产加工环节搬至越南，否则很快将面临招工难问题，并建议以半自动化或者自动化程度相对比较高的环节减少对人工的依赖。这一转变也说明越南已经进入产业转型期，未来劳动密集型产业的转移重点将趋向老挝柬埔寨等成本更低的国家。二是越南承接高技术产业或环节的能力不足，尤其是技术工人的缺失使其面临较大制约。越南 CODA RESOURCES 有限公司则表示，技术管理人员（车间主任级）和技术工人需要从中国招募，占总员工的比重约 1/10。

第三篇
区域篇

CHAPTER 7

第七章
外溢或集聚？区域产业转移
的量化评估

本章对我国区域产业转移的不同阶段进行了划分，分析了区域产业转移在不同阶段呈现的特点。与此同时，通过对比2012年至2021年的数据，评估细分行业在东部、东北部、中部和西部四大区域间的转移情况。结果显示，东部地区有4个行业出现聚集，5个行业出现外溢；东北地区有10个行业出现外溢；中部地区和西部地区的产业聚集效应明显，分别有9个和6个行业出现聚集。

一、区域产业转移不同阶段的演变

根据不同时期的特点，我国区域产业转移可以分为三个发展阶段。第一个阶段为1999—2005年。在这一阶段，尽管国家提出西部大开发战略，但东部地区相关指标仍保持了一定惯性增长，属于东部优先发展阶段。第二个阶段是2006—2012年。在这一阶段，产业开始加快向中部和西部地区转移，无论是外资还是出口，东部地区的增速均开始放缓。东部地区出口额占全国出口额的比例从第一阶段的30.7%降至12%；与之相对应的是中部和西部地区外资、出口规模上升，形成东部带动中西部的梯度发展态势。第三个阶段是2013—2021年。受结构性问题影响，各区域均开始改造传统产业，培育新兴产业，中西部地区承接东部发达地区产业转移的速度虽有一定放缓，但区域产业转移进入协调发展阶段。各阶段四大区域外商投资相关数据见表7-1和表7-2，四大区域出口额相关数据见表7-3和表7-4。

（一）第一阶段（1999—2005年）：东部优先发展

这一时期，东部地区的相关指标增速普遍高于中西部地区，是20世纪80年代"两个大局"战略构想下东部地区优先发展战略的延续。数据显示，2001—2005年，[1]东部地区外商企业投资总额占全国外商企业投资总额的比

---

[1] 鉴于数据可获得性，对于第一阶段量化分析区间为2001—2005年。

重从 78.4%增至 79.2%，增长了 0.8 个百分点，其中 2004 年为最高点，占比为 79.4%；东北地区和西部地区外商企业投资总额占全国外商企业投资总额的比重分别从 9.3%和 6.2%下降到 7.7%和 5.9%，分别下降了 1.6 个和 0.3 个百分点；不过，此阶段中部地区外商企业投资总额占全国外商企业投资总额的比重已经开始上升，从 6.1%上升至 7.1%，且增幅超过了东部地区。出口方面，东部地区出口占全国出口的比重从 87.5%增至 89.2%，增长了 1.7 个百分点；中部地区出口占全国出口的比重从 3.8%降至 3.2%，下降了 0.6 个百分点，西部地区出口占全国出口的比重在 3.4%~3.7%区间小幅波动。从增速上看，2001—2005 年东部地区外商企业投资总额平均增速为 14.8%，高于东北地区 5.6 个百分点，高于西部地区 1.4 个百分点，低于中部地区 3.9 个百分点。出口方面，东部地区增速快于东北、中部和西部。2001—2005 年东部地区出口额平均增速为 30.7%，东北、中部、西部地区出口额平均增速分别为 22.8%、24.9%、29.9%，分别低于东部地区出口额平均增速 7.9 个、5.8 个、0.8 个百分点。

（二）第二阶段（2006—2012 年）：东、中、西部梯度发展

2006—2012 年是区域产业转移的梯度发展阶段。随着西部大开发、中部地区崛起等区域发展战略的实施，工业发展的优惠政策逐步向中西部和东北地区倾斜。与此同时，东部地区也开始面临劳动力、土地等要素成本的制约，逐渐形成东部地区向中西部梯度产业转移的趋势。2006—2012 年，东部地区外商企业投资总额占全国外商企业投资总额的比重从 78.5%降至 75.9%，出口额占全国出口额的比重从 89%降至 83%；中部和西部地区外商企业投资总额占全国外商企业投资总额分别从 7.3%和 6.0%增至 8.6%和 8.2%，增长了 1.3 个百分点和 2.2 个百分点；出口额占全国出口额的比重分别从 3.4%和 3.5%增长至 5.9%和 7.3%，分别增长了 2.5 个百分点和 3.8 个百分点。从增速上看，中西部地区开始明显超越东部地区。外资方面，2006—2012 年东部地区外商企业投资总额占全国外商投资总额比重平均增速为

10.1%，东北、中部和西部的平均增速分别为 8.9%、13.6%和 16.6%，中部和西部分别高于东部地区 3.5 个和 6.5 个百分点；出口方面，东部地区出口平均增速为 12%，中部和西部地区维持了 20%以上的高增速，分别高于东部地区 12.2 个和 15.8 个百分点。

（三）第三阶段（2013—2021 年）：各区域协调发展

这一阶段中国经济进入新常态阶段。在经济转型升级的整体趋势下，工业经济地区结构总体向更加协调的方向发展。无论是发达的东部地区还是欠发达的中西部地区都开始根据自身要素禀赋优势改造传统产业，培育新兴产业。与此同时，新的结构性问题也开始暴露，受中西部地区要素成本上涨、环保意识加强和国际投资环境变化的影响，中西部地区承接东部发达地区产业转移的速度放缓。[1]例如，2013—2021 年，东部地区外商企业投资总额年平均增速为 23.6%，较第二阶段的 10.1%提高了 13.5 个百分点，并比同期中部地区外商投资总额年平均增速高 4.8 个百分点，表明此阶段外资有向东部地区"回流"的态势。从占比上看，2021 年东部地区的出口额占总出口额的比重已经降至 78.5%，较 2001 年下降了 9 个百分点，较 2004 年的高点下降 10.5 个百分点；中部地区和西部地区分别增至 10.1%和 9.5%，较 2013 年分别增长了 3.9 个和 1.4 个百分点，较 2001 年分别增长了 6.3 个和 6.1 个百分点。

尽管占比开始下降，但是凭借多年来的优势，东部地区仍是吸收外资和出口型制造业的重点区域。从规模上看，2021 年，东部地区外商企业投资总额共计 141136.2 亿美元，是东北地区（7774.2 亿美元）的 18 倍，中部地区（11391.7 亿美元）的 12 倍，西部地区（19269.5 亿美元）的 7 倍。在如此大的规模之下，2021 年东部地区的外商企业投资总额还保持了 30%的高增速。出口额方面四大区域的表现与外资情况相一致，东部地区在规模上远大于其他区域。

---

[1] 邓洲，于畅. 中国经济学人新中国 70 年工业经济的结构变迁[J]. 中国经济学人，2019(08).

表 7-1　2001—2021 年四大区域外商投资总额占外商投资总额的比重

年　份	东部地区	东北地区	中部地区	西部地区
2001	78.4%	9.3%	6.1%	6.2%
2002	78.0%	9.6%	6.4%	5.9%
2003	78.2%	9.3%	6.7%	5.9%
2004	79.4%	7.7%	6.8%	6.1%
2005	79.2%	7.7%	7.1%	5.9%
2006	78.5%	8.1%	7.3%	6.0%
2007	78.9%	7.5%	7.4%	6.2%
2008	78.6%	7.0%	7.4%	7.1%
2009	77.9%	7.0%	7.7%	7.3%
2010	76.9%	7.3%	8.1%	7.7%
2011	76.5%	7.3%	8.4%	7.8%
2012	75.9%	7.4%	8.6%	8.2%
2013	76.3%	7.0%	8.5%	8.2%
2014	75.9%	6.7%	8.9%	8.5%
2015	76.3%	5.8%	9.5%	8.4%
2016	78.2%	5.4%	8.3%	8.1%
2017	77.9%	5.6%	8.7%	7.7%
2018	76.8%	6.0%	8.9%	8.2%
2019	75.0%	5.8%	9.3%	9.9%
2020	77.7%	4.8%	8.2%	9.3%
2021	78.6%	4.3%	6.3%	10.7%

数据来源：国家统计局，赛迪研究院整理

表 7-2　不同阶段四大区域外商投资总额年平均增速

区　域	2001—2005 年	2006—2012 年	2013—2021 年
东部地区	14.8%	10.1%	23.6%
东北地区	9.2%	8.9%	16.0%
中部地区	18.7%	13.6%	18.7%
西部地区	13.4%	16.6%	27.3%
总计	14.6%	10.3%	22.7%

数据来源：国家统计局，赛迪研究院整理

表 7-3 2001—2021 年四大区域出口额占总出口额的比重

年份	东部地区	东北地区	中部地区	西部地区
2001	87.5%	5.3%	3.8%	3.4%
2002	88.0%	5.0%	3.4%	3.6%
2003	88.5%	4.5%	3.3%	3.7%
2004	89.0%	4.1%	3.5%	3.5%
2005	89.2%	4.2%	3.2%	3.4%
2006	89.0%	4.1%	3.4%	3.5%
2007	88.3%	4.2%	3.6%	3.9%
2008	86.9%	4.4%	4.1%	4.6%
2009	88.3%	3.9%	3.5%	4.3%
2010	87.4%	4.0%	4.0%	4.6%
2011	85.5%	3.9%	4.9%	5.7%
2012	83.0%	3.8%	5.9%	7.3%
2013	81.7%	4.0%	6.2%	8.1%
2014	80.5%	3.5%	6.8%	9.3%
2015	81.5%	2.8%	7.3%	8.4%
2016	82.9%	2.5%	7.4%	7.2%
2017	82.0%	2.4%	7.7%	7.9%
2018	81.1%	2.3%	8.1%	8.5%
2019	79.9%	2.2%	8.9%	8.9%
2020	79.1%	1.8%	9.5%	9.5%
2021	78.5%	1.9%	10.1%	9.5%

数据来源：海关总署，赛迪研究院整理

表 7-4 不同阶段四大区域出口额年平均增速

区域	2001—2005 年	2006—2012 年	2013—2021 年
东部地区	30.7%	12.0%	4.9%
东北地区	22.8%	12.0%	-2.5%
中部地区	24.9%	24.2%	12.1%
西部地区	29.9%	27.8%	7.8%
总计	30.1%	13.3%	5.6%

数据来源：海关总署，赛迪研究院整理

二、分行业看我国制造业的区域转移

（一）从制造业整体看，东部地区与中西部地区呈"此消彼长"态势，东北地区下降明显

如表7-5所示，从各地区制造业主营收入占全国制造业总营收的比重看，东部地区从2012年的60.6%微降至2021年的59.4%，减少了1.2个百分点；中部地区和西部地区承接制造业转移趋势明显，中部地区从2012年的18.8%增长了1.8个百分点至20.6%，西部地区从12%增长了3.3个百分点至15.3%，东北地区则下降了3.9个百分点。

表7-5 四大区域制造业营业收入占全国制造业总营收的比重

区 域	2012年	2015年	2021年
东部地区	60.6%	59.9%	59.4%
东北地区	8.6%	5.9%	4.7%
中部地区	18.8%	21.3%	20.6%
西部地区	12.0%	12.9%	15.3%

数据来源：中国工业统计年鉴，赛迪研究院整理

（二）从各行业看，中部地区的聚集效应最为明显，以纺织、皮革、电子等劳动密集型产业为主

通过对比2012年和2021年四大区域制造业31个细分行业主营收入占该行业全国主营收入的比重变化，可推算细分行业在四大区域间的转移情况。本书将该区域细分行业主营收入占比增长大于5个百分点的定义为"聚集"，将占比下降大于5个百分点的定义为"外溢"。如表7-6所示，东部地区有4个行业出现聚集，5个行业出现外溢；东北地区有10个行业出现外溢；中部地区和西部地区的产业聚集效应明显，分别有9个和6个行业出现聚集。

表 7-6　四大区域分行业的聚集和外溢情况（个）

变化趋势	东部地区	东北地区	中部地区	西部地区
聚集	4	0	9	6
外溢	5	10	1	0

数据来源：中国工业统计年鉴，赛迪研究院整理

具体来看，如表 7-7 所示，东部地区聚集的行业主要为医药制造业、通用设备制造业、专用设备制造业和金属制品、机械和设备修理业，主营业务收入占比分别增长了 6.6 个、5.6 个、10.9 个、9.2 个百分点。东部地区外溢的行业主要包括：文教、工美、体育和娱乐用品制造业，减少了 6.3 个百分点；铁路、船舶、航空航天和其他运输设备制造业，减少了 6.8 个百分点；计算机、通信和其他电子设备制造业，减少 14.7 个百分点；其他制造业，减少了 6.6 个百分点；废弃资源综合利用业，减少了 35.5 个百分点。

东北地区外溢的行业主要有木材加工和木、竹、藤、棕、草制品业，减少了 15.2 个百分点；金属制品、机械和设备修理业，减少了 14.6 个百分点；通用设备制造业，减少了 9.1 个百分点等。

中部地区的聚集效应最为明显，吸引了 9 个行业的聚集，主要包括纺织服装、服饰业，增长了 6.6 个百分点；皮革、毛皮、羽毛及其制品和制鞋业，增长了 6.9 个百分点；印刷和记录媒介复制业，增长了 5.4 个百分点；文教、工美、体育和娱乐用品制造业，增长了 7.4 个百分点；计算机、通信和其他电子设备制造业，增长了 8.7 个百分点等。

西部地区行业聚集的数量略低于中部地区，但也有 6 个行业表现为聚集，主要是食品制造业，增长 7.9 个百分点；酒、饮料和精制茶制造业，增长 13.0 个百分点；木材加工和木、竹、藤、棕、草制品业，增长 10.2 个百分点；非金属矿物制品业，增长 7.5 个百分点；计算机、通信和其他电子设备制造业，增长 6.9 个百分点。

对比来看，中部地区和西部地区承接产业转移形成了一定的错位，中部地区以承接纺织、皮革、电子等劳动密集型产业为主，西部地区则以承接食

品、烟草、木材等初级加工品为主,这与双方的资源禀赋有很大的关系。

表 7-7 四大区域分行业营业收入占比变化

行业	东部地区 占比/% 2012年	东部地区 占比/% 2021年	东部地区 占比变化(个百分点)	东北地区 占比/% 2012年	东北地区 占比/% 2021年	东北地区 占比变化(个百分点)	中部地区 占比/% 2012年	中部地区 占比/% 2021年	中部地区 占比变化(个百分点)	西部地区 占比/% 2012年	西部地区 占比/% 2021年	西部地区 占比变化(个百分点)
制造业	60.6	59.4	-1.1	8.6	4.7	-3.9	18.8	20.6	1.8	12.0	15.3	3.3
农副食品加工业	42.5	45.0	2.5	17.7	9.5	-8.1	25.2	27.0	1.7	14.6	18.5	3.9
食品制造业	52.3	48.3	-4.1	9.1	5.0	-4.1	23.8	24.1	0.3	14.8	22.7	7.9
酒、饮料和精制茶制造业	37.0	32.0	-5.0	9.0	3.6	-5.4	24.5	21.9	-2.6	29.5	42.5	13.0
烟草制品业	35.9	38.8	2.9	3.8	3.4	-0.4	26.9	26.3	-0.6	33.4	31.6	-1.8
纺织业	75.1	71.4	-3.7	1.8	0.4	-1.4	17.0	21.3	4.3	6.1	6.9	0.8
纺织服装、服饰业	75.8	71.9	-3.9	4.7	1.2	-3.5	16.5	23.1	6.6	3.0	3.8	0.8
皮革、毛皮、羽毛及其制品和制鞋业	75.0	71.4	-3.6	2.5	0.9	-1.6	17.0	23.9	6.9	5.5	3.8	-1.7
木材加工和木、竹、藤、棕、草制品业	49.6	50.7	1.1	17.3	2.1	-15.2	21.6	25.5	3.9	11.5	21.8	10.2
家具制造业	64.5	69.3	4.8	9.0	1.2	-7.8	16.8	21.0	4.2	9.7	8.5	-1.3
造纸和纸制品业	66.0	69.4	3.3	5.0	1.6	-3.3	19.3	16.9	-2.3	9.7	12.1	2.3
印刷和记录媒介复制业	61.9	58.9	-3.1	4.5	1.1	-3.4	21.8	27.2	5.4	11.7	12.8	1.1
文教、工美、体育和娱乐用品制造业	83.7	77.4	-6.3	2.2	0.3	-1.9	11.6	19.0	7.4	2.5	3.3	0.8
石油、煤炭及其他燃料加工业	53.0	51.8	-1.2	14.9	14.8	0.0	12.7	13.4	0.7	19.4	20.0	0.6
化学原料和化学制品制造业	63.6	59.1	-4.4	7.0	5.0	-2.0	17.7	19.2	1.6	11.8	16.7	4.9
医药制造业	53.7	60.3	6.6	11.7	4.6	-7.0	21.1	20.6	-0.4	13.6	14.4	0.8
化学纤维制造业	89.0	85.0	-4.0	1.6	1.5	-0.1	4.9	6.7	1.8	4.4	6.8	2.3
橡胶和塑料制品业	68.6	71.9	3.3	8.0	2.0	-5.9	15.7	17.6	1.9	7.8	8.4	0.7
非金属矿物制品业	44.5	45.8	1.2	11.6	2.9	-8.8	29.3	29.4	0.1	14.5	22.0	7.5
黑色金属冶炼和压延加工业	55.3	56.1	0.8	8.9	7.6	-1.2	20.5	18.9	-1.6	15.3	17.3	2.0

续表

行业	东部地区 占比/% 2012年	东部地区 占比/% 2021年	东部地区 占比变化（个百分点）	东北地区 占比/% 2012年	东北地区 占比/% 2021年	东北地区 占比变化（个百分点）	中部地区 占比/% 2012年	中部地区 占比/% 2021年	中部地区 占比变化（个百分点）	西部地区 占比/% 2012年	西部地区 占比/% 2021年	西部地区 占比变化（个百分点）
有色金属冶炼和压延加工业	37.4	38.6	1.2	3.3	2.3	-1.0	35.3	30.3	-5.0	24.0	28.9	4.8
金属制品业	70.4	69.2	-1.1	7.4	2.6	-4.7	14.7	18.7	4.1	7.6	9.4	1.8
通用设备制造业	64.6	70.2	5.6	12.4	3.2	-9.1	15.4	18.4	3.0	7.7	8.1	0.4
专用设备制造业	55.8	66.7	10.9	10.4	2.9	-7.5	25.4	21.0	-4.4	8.4	9.4	1.0
汽车制造业	54.6	56.2	1.6	16.4	12.7	-3.7	16.5	17.9	1.4	12.6	13.3	0.7
铁路、船舶、航空航天和其他运输设备制造业	59.6	52.7	-6.8	10.9	10.4	-0.6	13.7	17.0	3.3	15.8	19.9	4.1
电气机械和器材制造业	72.3	72.2	-0.1	4.8	1.3	-3.5	16.4	18.2	1.9	6.5	8.2	1.7
计算机、通信和其他电子设备制造业	83.2	68.4	-14.7	1.5	0.7	-0.8	8.1	16.8	8.7	7.3	14.1	6.9
仪器仪表制造业	78.8	76.6	-2.2	4.6	2.1	-2.5	10.9	13.8	2.9	5.7	7.5	1.8
其他制造业	61.5	54.9	-6.6	5.4	2.8	-2.5	19.2	29.5	10.4	13.9	12.7	-1.2
废弃资源综合利用业	65.5	30.0	-35.5	4.3	4.5	0.2	24.2	51.7	27.6	6.1	13.8	7.7
金属制品、机械和设备修理业	54.9	64.1	9.2	20.8	6.2	-14.6	11.1	18.3	7.2	13.2	11.4	-1.8

数据来源：中国工业统计年鉴，赛迪研究院整理

（三）从各省份制造业转移情况看，江苏、山东、辽宁出现外溢的行业较多

1．东部地区

2012—2021年，东部地区各省份中，江苏和山东的外溢情况最为明显，分别有8个和18个制造业行业发生外溢（见表7-8）。其中，江苏发生外溢的行业主要为化学纤维制造业，仪器仪表制造业，计算机、通信和其他电子

设备制造业，2021年营业收入占比较2012年分别减少了12.5个、12.9个、7.8个百分点。山东发生外溢的行业主要为文教、工美、体育和娱乐用品制造业，家具制造业，橡胶和塑料制品业，纺织业，2021年营业收入占比较2012年分别减少了9.5个、9.7个、10.5个、14.8个百分点（见表7-9）。

表 7-8 东部地区各省份的聚集和外溢情况（个）

变化趋势	北京	天津	河北	上海	江苏	浙江	福建	山东	广东	海南
聚集	1	0	0	1	0	3	6	1	7	0
外溢	0	1	0	0	8	1	0	18	1	0

数据来源：中国工业统计年鉴，赛迪研究院整理

表 7-9 东部地区分行业营业收入占比变化（个百分点）

行业	北京	天津	河北	上海	江苏	浙江	福建	山东	广东	海南
制造业	0.3	-0.8	-0.3	-0.3	-1.6	1.4	2.0	-5.2	3.2	0.0
农副食品加工业	0.2	-0.3	0.7	0.2	-0.1	0.2	3.0	-5.1	3.4	0.2
食品制造业	0.3	-3.9	0.2	0.1	0.6	0.0	3.1	-6.4	2.2	-0.1
酒、饮料和精制茶制造业	0.1	-0.5	-0.6	0.0	-1.6	-0.4	2.4	-5.9	1.2	0.4
烟草制品业	-0.1	0.0	0.6	-1.2	1.8	3.3	-0.2	-0.8	-0.3	0.0
纺织业	-0.1	0.1	-2.4	0.1	0.3	1.6	9.3	-14.8	2.1	0.0
纺织服装、服饰业	-0.3	-1.5	-1.4	-1.4	-7.3	2.3	10.5	-6.4	1.6	0.0
皮革、毛皮、羽毛及其制品和制鞋业	-0.1	-0.3	-0.2	-0.5	-4.1	-4.2	15.4	-6.9	-2.8	0.0
木材加工和木、竹、藤、棕、草制品业	0.0	0.0	0.4	-0.3	-6.2	1.5	6.9	-1.4	0.3	0.1
家具制造业	-0.1	-0.3	-0.7	-0.4	1.4	5.5	3.0	-9.7	6.2	0.0
造纸和纸制品业	-0.1	0.5	-1.6	-0.3	-0.3	2.2	3.4	-6.6	5.7	0.5
印刷和记录媒介复制业	-0.8	0.1	-2.3	-1.3	1.0	2.1	4.2	-6.7	0.6	0.0
文教、工美、体育和娱乐用品制造业	-0.6	-0.9	-0.5	0.5	-0.1	1.8	7.7	-9.5	-4.5	0.0
石油、煤炭及其他燃料加工业	-1.2	-1.1	-1.3	-1.7	-1.7	1.1	1.2	5.2	-1.5	-0.2

续表

行业	北京	天津	河北	上海	江苏	浙江	福建	山东	广东	海南
化学原料和化学制品制造业	-0.1	-0.2	0.0	1.2	-6.2	1.6	2.3	-5.0	1.7	0.2
医药制造业	9.5	-0.2	-0.9	0.8	-1.8	1.7	1.6	-5.1	0.8	0.3
化学纤维制造业	0.0	-0.2	0.2	-0.3	-12.5	0.6	8.8	-1.2	0.6	-0.1
橡胶和塑料制品业	-0.3	-0.3	-0.9	0.2	4.6	1.6	2.1	-10.5	6.7	0.1
非金属矿物制品业	-0.3	0.0	-0.7	0.3	-0.1	2.6	3.2	-7.4	3.4	0.2
黑色金属冶炼和压延加工业	-0.1	-1.9	2.4	-0.5	-0.3	-0.7	0.8	0.1	0.9	0.0
有色金属冶炼和压延加工业	0.1	-0.4	-0.2	-0.4	-0.6	0.1	3.2	-1.9	1.4	0.0
金属制品业	-0.4	-1.3	0.0	-0.6	0.7	2.1	2.5	-7.7	3.6	-0.1
通用设备制造业	0.1	-0.4	-1.1	1.2	3.6	5.4	1.2	-8.4	4.1	0.0
专用设备制造业	0.8	-1.5	-0.7	1.3	4.6	3.6	1.4	-6.6	8.0	0.0
汽车制造业	-0.7	-0.7	0.8	-0.7	0.8	1.7	0.1	-3.0	3.4	-0.2
铁路、船舶、航空航天和其他运输设备制造业	1.3	0.2	-0.4	0.5	-5.3	-0.5	-0.6	-3.3	1.1	0.0
电气机械和器材制造业	-0.2	-0.1	-0.3	-0.4	-2.8	3.3	1.7	-6.6	5.2	0.0
计算机、通信和其他电子设备制造业	0.2	-2.2	0.0	-4.4	-7.8	2.8	-0.3	-2.7	-0.1	0.0
仪器仪表制造业	-0.3	0.2	1.0	0.7	-12.9	5.6	1.6	-4.6	6.8	-0.4
其他制造业	3.6	-2.5	-1.1	-0.3	-6.1	-3.8	0.6	-3.7	6.8	0.0
废弃资源综合利用业	-0.2	-5.8	0.5	-0.7	-4.7	-5.8	2.8	-0.1	-21.6	-0.1
金属制品、机械和设备修理业	2.2	0.6	1.1	8.0	-2.1	2.3	-3.4	-2.0	2.5	0.1

数据来源：中国工业统计年鉴，赛迪研究院整理

2．中部地区

2012—2021年，中部地区以聚集为主，9个行业出现了聚集，但是从各省份看，仅江西、湖北两个省份各有1个行业出现聚集，表明中部地区承接产业转移未出现一省独大过于集中的情况（见表7-10）。江西出现聚集效应

的行业为废弃资源综合利用业，2012年营业收入在全国占比仅为2.2%，2021年大幅提升至21.4%，增加了19.2个百分点。湖北聚集的行业为印刷和记录媒介复制业，2021年营业收入占比较2012年增加了5.0个百分点至8.4%（见表7-11）。

表7-10　中部地区各省份的聚集和外溢情况（个）

变化趋势	山西	安徽	江西	河南	湖北	湖南
聚集	0	0	1	0	1	0
外溢	0	0	0	1	0	0

数据来源：中国工业统计年鉴，赛迪研究院整理

表7-11　中部地区分行业营业收入占比变化（个百分点）

行业	山西	安徽	江西	河南	湖北	湖南
制造业	0.3	0.4	1.1	-1.0	0.5	0.4
农副食品加工业	0.0	-0.5	0.6	-1.3	0.6	2.3
食品制造业	0.0	0.0	-0.3	-2.7	0.4	3.0
酒、饮料和精制茶制造业	-0.1	-0.1	0.2	-2.9	-1.1	1.4
烟草制品业	-0.1	0.0	0.2	-0.8	1.0	-0.9
纺织业	0.0	0.3	1.1	-0.9	3.1	0.8
纺织服装、服饰业	0.0	0.0	1.9	2.3	1.2	1.2
皮革、毛皮、羽毛及其制品和制鞋业	0.0	0.7	2.1	-1.6	1.4	4.3
木材加工和木、竹、藤、棕、草制品业	-0.1	-0.4	0.7	-0.3	2.1	1.9
家具制造业	0.0	0.2	4.6	-1.8	1.0	0.3
造纸和纸制品业	0.2	0.6	1.0	-4.2	0.7	-0.7
印刷和记录媒介复制业	-0.1	0.4	0.3	-1.8	5.0	1.5
文教、工美、体育和娱乐用品制造业	0.0	0.3	1.3	-0.1	3.6	2.4
石油、煤炭及其他燃料加工业	2.0	0.5	-0.2	-0.8	-0.3	-0.6
化学原料和化学制品制造业	0.2	0.8	0.1	-0.2	1.0	-0.3
医药制造业	0.2	0.8	-0.2	-2.2	0.6	0.4
化学纤维制造业	0.0	-0.1	0.5	1.7	-0.7	0.4
橡胶和塑料制品业	0.0	1.2	1.5	-2.3	0.7	1.0
非金属矿物制品业	0.6	1.5	1.3	-6.2	1.5	1.4
黑色金属冶炼和压延加工业	0.6	-0.1	0.4	-0.6	-1.8	0.0

续表

行业	山西	安徽	江西	河南	湖北	湖南
有色金属冶炼和压延加工业	0.4	0.0	-1.1	-1.0	-1.2	-2.1
金属制品业	0.4	0.5	1.4	-0.3	0.7	1.4
通用设备制造业	-0.1	0.1	0.6	-1.1	0.8	2.6
专用设备制造业	-0.2	-0.4	0.9	-3.3	1.8	-3.1
汽车制造业	0.3	0.4	0.1	-0.6	0.6	0.6
铁路、船舶、航空航天和其他运输设备制造业	0.3	-0.5	1.7	-1.1	1.4	1.6
电气机械和器材制造业	0.1	-0.4	1.8	-0.8	0.8	0.4
计算机、通信和其他电子设备制造业	0.4	1.9	2.6	2.4	0.9	0.5
仪器仪表制造业	-0.4	-0.1	1.0	0.8	1.9	-0.4
其他制造业	4.8	0.6	1.5	0.9	-1.3	3.8
废弃资源综合利用业	4.9	-1.4	19.2	0.7	4.0	0.1
金属制品、机械和设备修理业	1.6	0.2	0.8	0.1	4.8	-0.2
占比变化大于5的（聚集）	0	0	1	0	1	0
占比变化小于-5的（外溢）	0	0	0	1	0	0

数据来源：中国工业统计年鉴，赛迪研究院整理

3．西部地区

与中部地区类似，2012—2021年，西部地区整体看有6个行业出现了聚集，但是也分散至各省份。仅广西、四川两省各有1个行业出现聚集（见表7-12）。广西出现聚集效应的行业为木材加工和木、竹、藤、棕、草制品业，2012年营业收入在全国占比仅为5.1%，2021年大幅提升至15.1%，增加了10个百分点。四川聚集的行业为酒、饮料和精制茶制造业，2021年营业收入占比较2012年增加了9.5个百分点至25.4%（见表7-13）。

表7-12 西部地区各省份的聚集和外溢情况（个）

变化趋势	内蒙古	广西	重庆	四川	贵州	云南	西藏	陕西	甘肃	青海	宁夏	新疆
聚集	0	1	0	1	0	0	0	0	0	0	0	0
外溢	0	0	0	0	0	0	0	0	0	0	0	0

数据来源：中国工业统计年鉴，赛迪研究院整理测算

表 7-13　西部地区分行业营业收入占比变化（个百分点）

行业	内蒙古	广西	重庆	四川	贵州	云南	西藏	陕西	甘肃	青海	宁夏	新疆
制造业	0.0	0.1	0.8	0.9	0.2	0.4	0.0	0.5	-0.1	0.0	0.1	0.3
农副食品加工业	-1.4	0.6	0.8	0.8	0.3	1.0	0.0	0.9	0.0	0.0	0.1	0.6
食品制造业	3.3	-0.3	0.7	1.7	0.3	0.6	0.0	0.5	0.0	0.0	0.6	0.5
酒、饮料和精制茶制造业	-1.5	-0.9	0.5	9.5	2.7	1.7	0.0	1.2	-0.2	-0.1	0.0	0.0
烟草制品业	0.2	0.1	0.2	0.0	-0.2	-1.9	0.0	-0.3	-0.2	0.0	0.2	-0.1
纺织业	-1.1	0.0	-0.3	0.2	0.1	0.0	0.0	0.4	0.0	-0.1	-0.1	1.6
纺织服装、服饰业	-0.3	-0.4	-0.1	0.9	0.1	0.1	0.0	0.3	0.0	0.0	0.0	0.2
皮革、毛皮、羽毛及其制品和制鞋业	-0.1	-0.4	-0.4	-0.7	0.0	0.0	0.0	0.1	-0.2	0.0	0.0	0.0
木材加工和木、竹、藤、棕、草制品业	-2.0	10.0	1.5	0.3	-0.1	0.2	0.0	0.1	0.0	0.0	0.0	0.1
家具制造业	-0.3	-1.1	0.4	-0.6	0.2	0.0	0.0	0.2	0.0	0.0	0.0	-0.1
造纸和纸制品业	-0.3	-0.1	1.5	0.7	0.6	0.1	0.0	-0.1	0.0	0.0	-0.1	0.0
印刷和记录媒介复制业	-0.3	-1.4	1.2	0.8	0.5	-0.2	0.0	0.5	0.0	-0.1	0.1	0.0
文教、工美、体育和娱乐用品制造业	-0.3	-0.1	0.3	0.4	0.1	0.2	0.0	0.3	0.0	-0.2	0.0	0.0
石油、煤炭及其他燃料加工业	2.2	-0.6	0.0	0.7	0.2	0.9	0.0	-1.0	-1.1	0.0	0.3	-0.9
化学原料和化学制品制造业	0.7	-0.3	0.2	0.6	0.1	0.2	0.0	1.2	0.0	0.2	0.8	1.1
医药制造业	-0.4	-0.8	0.7	0.4	-0.1	0.1	0.0	0.5	0.2	-0.1	0.1	0.2
化学纤维制造业	0.0	0.0	1.0	1.2	0.0	0.0	0.0	0.1	0.0	0.0	0.2	-0.1
橡胶和塑料制品业	-0.4	-0.4	0.5	0.6	0.3	0.0	0.0	-0.1	0.0	0.0	0.0	0.0
非金属矿物制品业	0.3	0.2	0.7	2.6	0.7	0.6	0.1	0.9	0.2	0.1	0.0	1.2
黑色金属冶炼和压延加工业	0.6	1.4	0.3	-0.1	-0.1	0.4	0.0	0.2	-0.9	0.0	0.4	-0.2
有色金属冶炼和压延加工业	0.5	1.6	0.5	0.1	0.3	1.2	0.0	-0.9	-0.3	0.2	-0.4	2.0
金属制品业	-0.7	-0.2	0.4	1.2	0.3	0.3	0.0	0.3	0.2	0.0	0.0	0.0
通用设备制造业	-0.3	0.0	1.0	-0.5	0.1	0.1	0.0	0.1	0.0	-0.1	0.0	0.0
专用设备制造业	-0.3	-0.3	1.1	-0.3	0.1	0.0	0.0	0.5	0.1	0.0	0.0	0.1

续表

行业	内蒙古	广西	重庆	四川	贵州	云南	西藏	陕西	甘肃	青海	宁夏	新疆
汽车制造业	-0.4	-0.9	0.8	0.2	-0.1	-0.1	0.0	1.2	0.0	0.0	0.0	0.0
铁路、船舶、航空航天和其他运输设备制造业	0.1	-0.3	-2.3	3.6	0.5	0.0	0.0	2.3	0.0	0.0	0.0	0.0
电气机械和器材制造业	-0.3	-0.5	0.3	0.8	0.2	0.1	0.0	0.9	-0.2	0.2	0.1	0.2
计算机、通信和其他电子设备制造业	0.0	0.2	2.4	1.8	0.2	0.7	0.0	1.0	0.1	0.1	0.2	0.0
仪器仪表制造业	-0.1	-0.2	0.1	2.0	0.0	0.2	0.0	-0.3	0.0	0.0	0.1	0.0
其他制造业	-0.5	-0.8	-0.5	0.5	0.5	-0.3	0.0	-0.3	0.4	-0.2	0.0	-0.1
废弃资源综合利用业	0.4	2.4	-0.3	0.7	0.1	1.6	0.0	1.7	0.0	0.0	0.5	0.6
金属制品、机械和设备修理业	0.0	1.4	-0.6	-2.1	0.4	0.0	0.0	-0.4	-0.8	-0.1	0.2	0.2
占比变化大于5的（聚集）	0	1	0	1	0	0	0	0	0	0	0	0
占比变化小于-5的（外溢）	0	0	0	0	0	0	0	0	0	0	0	0

数据来源：中国工业统计年鉴，赛迪研究院整理

4．东北地区

东北地区中辽宁的外溢效应最为明显，有6个行业发生了外溢（见表7-14），主要是专用设备制造业，营业收入占比减少了5.7个百分点；木材加工和木、竹、藤、棕、草制品业，营业收入占比减少了6.2个百分点；非金属矿物制品业，营业收入占比减少了5.9个百分点；通用设备制造业，营业收入占比减少了8.0个百分点；家具制造业，营业收入占比减少了5.5个百分点；金属制品、机械和设备修理业，营业收入占比减少了14.6个百分点。此外，辽宁木材加工和木、竹、藤、棕、草制品业也出现明显的外溢，2021年较2012年营业收入占比减少了6.2个百分点（见表7-15）。

表 7-14　东北地区各省份的聚集和外溢情况（个）

变化趋势	辽宁	吉林	黑龙江
聚集	0	0	0
外溢	6	1	0

数据来源：中国工业统计年鉴，赛迪研究院整理

表 7-15　东北地区分行业营业收入占比变化（个百分点）

行业	辽宁	吉林	黑龙江
制造业	-2.5	-1.0	-0.3
农副食品加工业	-4.0	-3.4	-0.8
食品制造业	-2.9	-1.3	0.1
酒、饮料和精制茶制造业	-2.7	-2.0	-0.7
烟草制品业	-0.2	-0.1	-0.2
纺织业	-1.0	-0.3	-0.1
纺织服装、服饰业	-3.3	-0.2	0.0
皮革、毛皮、羽毛及其制品和制鞋业	-1.8	-0.1	0.3
木材加工和木、竹、藤、棕、草制品业	-6.2	-6.3	-2.7
家具制造业	-5.5	-1.5	-0.8
造纸和纸制品业	-2.4	-0.7	-0.3
印刷和记录媒介复制业	-2.4	-0.8	-0.2
文教、工美、体育和娱乐用品制造业	-1.5	-0.2	-0.3
石油、煤炭及其他燃料加工业	1.0	-0.3	-0.7
化学原料和化学制品制造业	-0.7	-1.0	-0.3
医药制造业	-1.9	-3.7	-1.4
化学纤维制造业	-0.5	0.5	-0.1
橡胶和塑料制品业	-4.8	-0.6	-0.5
非金属矿物制品业	-5.9	-2.3	-0.6
黑色金属冶炼和压延加工业	-1.3	-0.1	0.1
有色金属冶炼和压延加工业	-1.0	-0.2	0.2
金属制品业	-3.8	-0.7	-0.2
通用设备制造业	-8.0	-0.7	-0.4

续表

行业	辽宁	吉林	黑龙江
专用设备制造业	-5.7	-1.3	-0.4
汽车制造业	-0.5	-3.4	0.3
铁路、船舶、航空航天和其他运输设备制造业	-1.2	0.1	0.5
电气机械和器材制造业	-2.9	-0.4	-0.2
计算机、通信和其他电子设备制造业	-0.8	0.0	0.0
仪器仪表制造业	-2.3	-0.4	0.2
其他制造业	-2.2	-1.4	1.1
废弃资源综合利用业	0.4	-1.2	1.0
金属制品、机械和设备修理业	-14.6	-0.3	0.3
占比变化大于5的（聚集）	0	0	0
占比变化小于-5的（外溢）	6	1	0

数据来源：中国工业统计年鉴，赛迪研究院整理

CHAPTER 8 | 第八章
去向何方？产业转移的区域分析

本章以我国中部地区6省份和西部地区12省份的出口数据为分析样本，对标墨西哥、越南、印度等国，全面地分析了我国中西部地区和上述各国（以下简称墨越印）之间在承接产业转移上的竞合关系。根据分析结果，我国中西部地区和墨越印承接产业转移的时间几乎同步，其中越南与我国中西部地区的竞争最为明显。在我国中西部地区和墨越印产生交集的出口产品中，尽管电子产品出口受政治因素影响较大，但我国中西部地区手机零件等部分电子产品的出口额仍然相当可观，侧面印证了我国中西部地区承接产业转移的潜力。同时，与东部地区相比，我国中西部地区承接产业转移的过程中面临劳动力流失、成本高、营商环境较差、基础设施和配套不足等四大问题，未来与其他产业转移承接国的竞争中还需积极解决和改善上述问题。

一、我国中西部还是墨越印，制造业转移到了哪里？

（一）从出口规模与增幅看

从出口规模上看，我国中部和西部 18 个省份 2018 年出口额共计为 4130.0 亿美元，是墨西哥出口额的 0.9 倍，越南出口额的 1.7 倍、印度出口额的 1.3 倍。2022 年中西部地区出口额共计为 7354.6 亿美元，是墨西哥出口额的 1.3 倍、越南出口额的 1.6 倍、印度出口额的 1.6 倍。可以看出，中西部的出口总额在 2018 年还小于墨西哥，但是 2022 年已经是墨西哥的 1.3 倍，增幅方面也可以反映出这种变化，中西部 2022 年出口额较 2018 年增长了 78.1%，墨西哥仅增长了 28.2%。

跟印度相比，我国中西部也是领先的，2018 年印度出口额为 3240 亿美元，2022 年为 4526.8 亿美元，增长了 39.7%，增幅低于我国中西部。出口规模方面，2018 年中西部出口额是印度的 1.3 倍，2022 年变为 1.6 倍，表明中西部在出口规模大于印度的情况下，出口额增速还高于印度。

中西部地区出口额增幅与越南相比略有不足。2018 年中西部出口额是越南的 1.7 倍，2022 年降为 1.6 倍，越南出口增幅高达 92.7%，高出中西部出口额增幅 14.6 个百分点。

此外，我们还进一步比较了我国中西部地区与马来西亚、印度尼西亚、泰国、菲律宾四个东南亚国家，如表 8-1 所示，可以看出无论是出口规模还是出口额增幅上，中西部地区都远高于这四个国家，故后文主要讨论中西部与墨西哥、越南和印度之间的比较。

表 8-1 中国中西部与其他主要承接国出口额的比较

国家/区域	2018 年出口额（亿美元）	2022 年出口额（亿美元）	2022 年较 2018 年出口额增幅	2018 年倍数（中国中西部地区出口额/各国出口额）	2022 年倍数（中国中西部地区出口额/各国出口额）
中国中西部	4130.0	7354.6	78.1%	—	—
墨西哥	4509.2	5782.8	28.2%	0.9	1.3
越南	2437.0	4695.5	92.7%	1.7	1.6
印度	3240.0	4526.8	39.7%	1.3	1.6
马来西亚	2474.9	3531.5	42.7%	1.7	2.1
印度尼西亚	1802.2	2919.8	62.0%	2.3	2.5
泰国	2499.2	2841.1	13.7%	1.7	2.6
菲律宾	674.9	789.3	17.0%	6.1	9.3

数据来源：海关总署、trademap，赛迪研究院整理

（二）从出口大类看

如表 8-2 所示，从 HS2 位税号看，墨西哥出口的主要产品大类为汽车（HS87）、机械（HS84）、电机电气（HS85）、矿物燃料（HS27）、光学（HS90），2022 年出口额分别为 1360.8 亿美元、1030.1 亿美元、973.3 亿美元、378.5 亿美元、228.4 亿美元，分别占当年总出口额的 23.5%、17.8%、16.8%、6.5%、3.9%，较 2018 年分别增长了 17.8%、36.6%、18.8%、27.4%、19.9%。

越南出口的主要产品大类为电机电气（HS85）、机械（HS84）、鞋靴（HS64）、服装（HS61）、家具（HS94），2022 年出口额分别为 1918.4 亿美元、408.1 亿美元、342.5 亿美元、216.2 亿美元、211.3 亿美元，分别占当年

总出口额的 40.9%、8.7%、7.3%、4.6%、4.5%，较 2018 年分别增长了 121.5%、248.5%、103.7%、56.1%、184.8%。

印度出口的主要产品大类为矿物（HS27）、贵金属（HS71）、机械（HS84）、电机电气（HS85）、有机化学品（HS29），2022 年出口额分别为 984.7 亿美元、392.7 亿美元、275.0 亿美元、265.7 亿美元、218.8 亿美元，分别占当年总出口额的 21.8%、8.7%、6.1%、5.9%、4.8%，较 2018 年分别增长了 102.2%、−2.2%、34.3%、123.8%、22.8%。

表 8-2　墨西哥、越南和印度出口前五名的产品大类

国家	HS2位税号	类别	2018 年出口额（亿美元）	2022 年出口额（亿美元）	2018 年出口占比（%）	2022 年出口占比（%）	2022 年较 2018 年出口额增幅（%）
墨西哥	87	车辆及其零附件（铁道车辆除外）	1155.1	1360.8	25.6	23.5	17.8
墨西哥	84	核反应堆、锅炉、机械器具及零件	753.9	1030.1	16.7	17.8	36.6
墨西哥	85	电机、电气、音像设备及其零附件	819.2	973.3	18.2	16.8	18.8
墨西哥	27	矿物燃料、矿物油及其产品；沥青等	297.2	378.5	6.6	6.5	27.4
墨西哥	90	光学、照相、医疗等设备及零附件	190.5	228.4	4.2	3.9	19.9
越南	85	电机、电气、音像设备及其零附件	866.0	1918.4	35.5	40.9	121.5
越南	84	核反应堆、锅炉、机械器具及零件	117.1	408.1	4.8	8.7	248.5
越南	64	鞋靴、护腿和类似品及其零件	168.1	342.5	6.9	7.3	103.7
越南	61	针织或钩编的服装及衣着附件	138.5	216.2	5.7	4.6	56.1
越南	94	家具、寝具、灯具、活动房	74.2	211.3	3.0	4.5	184.8
印度	27	矿物燃料、矿物油及其产品；沥青等	487.0	984.7	15.0	21.8	102.2

续表

国家	HS2位税号	类别	2018年出口额（亿美元）	2022年出口额（亿美元）	2018年出口占比（%）	2022年出口占比（%）	2022年较2018年出口额增幅（%）
印度	71	珠宝、贵金属及制品、仿首饰、硬币	401.5	392.7	12.4	8.7	-2.2
印度	84	核反应堆、锅炉、机械器具及零件	204.7	275.0	6.3	6.1	34.3
印度	85	电机、电气、音像设备及其零附件	118.7	265.7	3.7	5.9	123.8
印度	29	有机化学品	178.2	218.8	5.5	4.8	22.8

数据来源：trademap，赛迪研究院整理

从墨越印的出口大类与我国中西部省份的出口大类对比看，同质化明显，重合的类别主要聚焦在机械（HS84）、电机电气（HS85）、有机化学品（HS29）三类。本部分主要选择了出口额较大且2018—2022年出口增幅较大的省份进行分析，如表8-3所示，包括湖南（2022年出口额769.9亿美元，较2018年增长151.8%）、江西（763.8亿美元，增长124.9%）、安徽（714.2亿美元，增长97.2%）、湖北（632.2亿美元，增长85.5%）、四川（931.5亿美元，增长84.8%）。

湖南出口的主要产品大类为电机电气（HS85）、机械（HS84）、家具（HS94）、钢铁制品（HS73）、钢铁（HS72），2022年出口额分别为126.1亿美元、75.3亿美元、46.8亿美元、46.0亿美元、40.0亿美元，分别占当年总出口额的16.4%、9.8%、6.1%、6.0%、5.2%，较2018年分别增长了113.2%、265.8%、289.1%、169.8%、735.6%。

江西出口的主要产品大类为电机电气（HS85）、机械（HS84）、钢铁（HS72）、无机化学品（HS28）、家具（HS94），2022年出口额分别为202.7亿美元、56.9亿美元、53.5亿美元、44.9亿美元、40.7亿美元，分别占当年总出口额的26.5%、7.4%、7.0%、5.9%、5.3%，较2018年分别增长了217.0%、186.6%、572.9%、177.0%、72.1%。

安徽出口的主要产品大类为机械（HS84）、电机电气（HS85）、汽车（HS87）、塑料及其制品（HS39）、有机化学品（HS29），2022年出口额分别为171.9亿美元、153.5亿美元、73.5亿美元、27.6亿美元、25.6亿美元，分别占当年总出口额的24.1%、21.5%、10.3%、3.9%、3.6%，较2018年分别增长了54.1%、214.0%、240.5%、120.8%、80.6%。

湖北出口的主要产品大类为电机电气（HS85）、机械（HS84）、钢铁（HS72）、汽车（HS87）、有机化学品（HS29），2022年出口额分别为149.2亿美元、61.3亿美元、36.5亿美元、31.6亿美元、30.6亿美元，分别占当年总出口额的23.6%、9.7%、5.8%、5.0%、4.8%，较2018年分别增长了63.2%、32.3%、304.9%、124.0%、44.9%。

四川出口的主要产品大类为机械（HS84）、电机电气（HS85）、无机化学品（HS28）、有机化学品（HS29）、汽车（HS87），2022年出口额分别为344.9亿美元、265.7亿美元、30.8亿美元、25.8亿美元、23.6亿美元，分别占当年总出口额的37.0%、28.5%、3.3%、2.8%、2.5%，较2018年分别增长了57.0%、80.0%、269.3%、130.4%、59.1%。

表8-3 中西部地区部分省份出口前五名的产品大类

省份	HS2位税号	类别	2018年出口额（亿美元）	2022年出口额（亿美元）	2018年出口占比（%）	2022年出口占比（%）	2022年较2018年增幅出口额（%）
湖南	85	电机、电气、音像设备及其零附件	59.1	126.1	19.3	16.4	113.2
湖南	84	核反应堆、锅炉、机械器具及零件	20.6	75.3	6.7	9.8	265.8
湖南	94	家具、寝具、灯具、活动房	12.0	46.8	3.9	6.1	289.1
湖南	73	钢铁制品	17.1	46.0	5.6	6.0	169.8
湖南	72	钢铁	4.8	40.0	1.6	5.2	735.6
江西	85	电机、电气、音像设备及其零附件	64.0	202.7	18.8	26.5	217.0
江西	84	核反应堆、锅炉、机械器具及零件	19.9	56.9	5.8	7.4	186.6

续表

省份	HS2位税号	类别	2018年出口额（亿美元）	2022年出口额（亿美元）	2018年出口占比（%）	2022年出口占比（%）	2022年较2018年增幅出口额（%）
江西	72	钢铁	7.9	53.5	2.3	7.0	572.9
江西	28	无机化学品	16.2	44.9	4.8	5.9	177.0
江西	94	家具、寝具、灯具、活动房	23.6	40.7	7.0	5.3	72.1
安徽	84	核反应堆、锅炉、机械器具及零件	111.6	171.9	30.8	24.1	54.1
安徽	85	电机、电气、音像设备及其零附件	48.9	153.5	13.5	21.5	214.0
安徽	87	车辆及其零附件（铁道车辆除外）	21.6	73.5	6.0	10.3	240.5
安徽	39	塑料及其制品	12.5	27.6	3.5	3.9	120.8
安徽	29	有机化学品	14.2	25.6	3.9	3.6	80.6
湖北	85	电机、电气、音像设备及其零附件	91.5	149.2	26.8	23.6	63.2
湖北	84	核反应堆、锅炉、机械器具及零件	46.4	61.3	13.6	9.7	32.3
湖北	72	钢铁	9.0	36.5	2.6	5.8	304.9
湖北	87	车辆及其零附件（铁道车辆除外）	14.1	31.6	4.1	5.0	124.0
湖北	29	有机化学品	21.1	30.6	6.2	4.8	44.9
四川	84	核反应堆、锅炉、机械器具及零件	219.7	344.9	43.6	37.0	57.0
四川	85	电机、电气、音像设备及其零附件	147.6	265.7	29.3	28.5	80.0
四川	28	无机化学品	8.3	30.8	1.7	3.3	269.3
四川	29	有机化学品	11.2	25.8	2.2	2.8	130.4
四川	87	车辆及其零附件（铁道车辆除外）	14.8	23.6	2.9	2.5	59.1

数据来源：海关总署，赛迪研究院整理

（三）从出口产品的附加值看

如表 8-4 所示，2018—2022 年，墨越印制造业出口的侧重点不同，其中墨西哥消费品出口增长最明显，2022年出口额为424.2亿美元，较2018年增长了17.6%，中间品和资源品出口额的增幅分别为7.9%和7.6%；越南方面，中间品出口增长最为明显，2022年出口额为1591.6亿美元，较2018年增长了77.2%，消费品和资源品分别出口1125.8亿美元和721.6亿美元，增幅分别为75.9%和23.3%；印度增长最快的为资源品，2022年出口额为277.2亿美元，较2018年增长了32.3%，中间品和消费品出口额的增幅分别为18.4%和21.4%。

表8-4　2018—2022年墨越印制造业出口情况

国家	分类	2018年（亿美元）	2019年（亿美元）	2020年（亿美元）	2021年（亿美元）	2022年（亿美元）	2022年较2018年出口额增幅（%）
墨西哥	消费品	360.8	352.8	350.5	414.2	424.2	17.6
墨西哥	中间品	1899.9	1729.3	1526.5	1815.0	2049.7	7.9
墨西哥	资源品	1297.4	1312.5	1185.5	1299.6	1396.5	7.6
越南	消费品	640.2	728.3	732.0	767.0	1125.8	75.9
越南	中间品	898.3	984.2	1102.9	1418.8	1591.6	77.2
越南	资源品	585.1	626.4	694.4	836.5	721.6	23.3
印度	消费品	639.2	681.0	573.8	714.1	757.1	18.4
印度	中间品	1505.7	1469.9	1313.4	1906.6	1827.6	21.4
印度	资源品	209.5	255.3	215.9	294.5	277.2	32.3

数据来源：trademap，赛迪研究院整理

如表8-5所示，2018—2022年，我国中西部制造业出口以中间品为主，其中中部地区2022年中间品出口额为1545.5亿美元，较2018年增长了87.7%，消费品和资源品出口额的增幅分别为75.2%和-27.6%；西部地区2022年中间品出口额为1437.5亿美元，较2018年增长了56.5%，消费品和资源品分别出口437.5亿美元和1019.1亿美元，增幅分别为46.2%和30.2%。由此可见，我国中西部承接产业转移的最大竞争对手是越南，与墨西哥和印度则有所错位。

表 8-5　2018—2022 年中西部地区制造业出口情况

地区	分类	2018年（亿美元）	2019年（亿美元）	2020年（亿美元）	2021年（亿美元）	2022年（亿美元）	2022年较2018年出口额增幅（%）
中部地区	消费品	391.5	464.2	549.3	647.8	686.0	75.2
中部地区	中间品	823.3	897.6	917.2	1325.3	1545.5	87.7
中部地区	资源品	702.3	772.2	875.0	1113.8	508.6	-27.6
西部地区	消费品	299.3	303.0	302.7	364.3	437.5	46.2
西部地区	中间品	918.5	957.7	986.7	1350.2	1437.5	56.5
西部地区	资源品	782.5	843.8	1027.7	1250.5	1019.1	30.2

数据来源：海关总署，赛迪研究院整理

（四）从主要承接的产品看

通过对比分析中西部与墨越印各自主要承接的产品大类，可以进一步了解近年来中西部与墨越印在承接产业转移的过程中是否产生了极大的竞争。主要承接产品的筛选标准为：（1）2018 年我国东部地区出口额大于 1 亿美元且 2018—2022 年出口增速为负，即 2018 年我国东部地区有较大出口规模但近几年出口额在下降的产品；（2）2022 年我国中西部地区、墨西哥、印度、越南出口额大于 1 亿美元且 2018—2022 年出口增速大于 15%，即出口增速较快且 2022 年已经达到相当可观的规模的产品。

1. 新一轮产业转移过程中，墨越印主要承接了哪些产品？

从新增数量看，墨越印三个国家共计承接 97 个 HS6 位税号产品，涉及 33 个 HS2 位税号大类。其中，墨越印承接产品主要分布在电机、电气、音像设备及其零附件（HS85）、核反应堆、锅炉、机械器具及零件（HS84）、非针织或非钩编的服装及衣着附件（HS62）、有机化学品（HS29）、家具；寝具等；灯具；活动房（HS94）五个大类，各大类中分别包括 14 个、13 个、9 个、6 个、5 个产品，2022 年出口额分别为 349.6 亿美元、313.4 亿美元、52.7 亿美元、8.2 亿美元、106.9 亿美元（见表 8-6）。

表 8-6　墨越印主要新增产品大类分布及 2022 年出口额

序号	HS2 位税号	产品个数（个）	2022 年出口额（亿美元）	序号	HS2 位税号	产品个数（个）	2022 年出口额（亿美元）
1	85	14	349.6	18	89	1	13.5
2	84	13	313.4	19	25	1	12.0
3	62	9	52.7	20	68	1	8.9
4	29	6	8.2	21	32	1	8.8
5	94	5	106.9	22	28	1	7.4
6	52	5	9.9	23	55	1	5.4
7	61	4	30.9	24	44	1	3.7
8	42	4	15.8	25	57	1	3.0
9	73	4	7.8	26	70	1	2.1
10	63	3	23.5	27	54	1	2.0
11	48	3	3.7	28	90	1	1.9
12	87	2	49.0	29	60	1	1.8
13	76	2	26.5	30	96	1	1.6
14	72	2	8.9	31	33	1	1.2
15	64	2	7.2	32	40	1	1.2
16	39	2	7.1	33	24	1	1.0
17	69	1	15.6	总计	--	97	--

数据来源：trademap，赛迪研究院整理

如表 8-7 所示，从产品看，HS85 项下主要包括在设计上带有视频显示器或屏幕的彩色电视接收装置（HS852872），2022 年出口额为 145.2 亿美元，主要承接国家为墨西哥，出口额为 116.8 亿美元；车辆、航空器、船用点火布线组及其他布线组（HS854430），出口额为 130.8 亿美元，主要承接国家为墨西哥、越南，出口额分别为 94.3 亿美元、33.9 亿美元；手机零件（HS851770），出口额为 88.7 亿美元，主要承接国家为越南，出口额为 84.9 亿美元；其他铅酸蓄电池（HS850720），出口额为 16.9 亿美元，承接国家为越南、印度、墨西哥，出口额分别为 9.7 亿美元、4.4 亿美元和 2.8 亿美元。

HS84 项下主要包括电脑零件（HS847330），出口额为 152.0 亿美元，主要承接国为越南，出口额为 132.8 亿美元；其他以系统形式报验的自动数据

处理设备（HS847149），出口额为 89.4 亿美元，主要承接国为墨西哥，出口额为 88.6 亿美元；车用往复式活塞发动机（HS840734），出口额为 34.1 亿美元，主要承接国为墨西哥，出口额为 32.4 亿美元；存储部件（HS847170），出口额为 30.4 亿美元，主要承接国为墨西哥，出口额为 25.7 亿美元；具有打印、复印及传真两种及以上功能的机器（HS844331），出口额为 28.9 亿美元，主要承接国为越南，出口额为 26.4 亿美元。

HS62 项下主要包括棉制男裤（HS620342），出口额为 26.2 亿美元，主要承接国为越南、墨西哥，出口额分别为 11.6 亿美元、9.9 亿美元；棉制男衬衫（HS620520），出口额为 17.2 亿美元，主要承接国为越南、印度，出口额分别为 8.9 亿美元、7.5 亿美元；棉制女裤（HS620462），出口额为 16.1 亿美元，主要承接国为越南，出口额为 11.3 亿美元。

HS29 项下主要包括其他仅含有氧杂原子的杂环化合物（HS293299），出口额为 1.8 亿美元；碘甲烷无环烃的碘化衍生物（HS290339），出口额为 1.7 亿美元；其他不含其他含氧基的环烷酮、环烯酮或环萜烯酮（HS291429），出口额为 1.7 亿美元，该项下产品的主要承接国均为印度。

HS94 项下主要包括带软垫的木框架坐具（HS940161），出口额为 50.2 亿美元；卧室用木家具（HS940350），出口额为 37.5 亿美元；厨房用木家具（HS940340），出口额为 14.3 亿美元，这些产品的主要承接国均为越南。

表 8-7　墨越印五大类下主要产品出口额及主要承接国家

HS2 位税号	HS6 位税号	产品	2022 年出口额（亿美元）	主要承接国家
85	852872	在设计上带有视频显示器或屏幕的彩色电视接收装置	145.2	墨西哥
85	854430	车辆、航空器、船用点火布线组及其他布线组	130.8	墨西哥
85	851770	手机零件	88.7	越南
85	850720	其他铅酸蓄电池	16.9	越南
85	852721	需外接电源的汽车用收录（放）音组合机	14.6	墨西哥
85	852351	固态非易失性存储器件（闪速存储器）	11.6	越南

续表

HS2位税号	HS6位税号	产　品	2022年出口额（亿美元）	主要承接国家
85	851718	其他电话机	11.5	印度
85	851769	其他发送接收声音/图像或其他数据用的设备	9.6	墨西哥
85	851840	音频扩大器	5.4	墨西哥
85	852871	在设计上不带有视频显示器或屏幕的电视接收装置	5.2	越南
85	853110	防盗或防火报警器及类似装置	5.0	墨西哥
85	852910	8525至8528设备的天线及其反射器及零件	4.2	越南
85	853224	多层瓷介电容器	3.6	墨西哥
85	851989	其他声音录制或重放设备	1.1	越南
84	847330	电脑零件、附件	152.0	越南
84	847149	其他以系统形式的自动数据处理设备	89.4	墨西哥
84	840734	车用往复活塞发动机，排量>1000ml	34.1	墨西哥
84	847170	存储部件	30.4	墨西哥
84	844331	具有打印、复印及传真两种及以上功能的机器	28.9	越南
84	844399	品目84.43所列设备其他零件	22.3	越南
84	844332	单一功能印刷机、复印机及传真机，可连接	14.9	越南
84	841919	其他非电热的快速热水器或贮备式热水器	5.1	墨西哥
84	847290	未列名办公室用机器	4.4	印度
84	845210	家用型缝纫机	4.4	越南
84	847340	8472所列机器的零件、附件	2.3	印度
84	840290	蒸汽及过热水锅炉零件	2.0	越南
84	841583	未装有制冷装置的空气调节器	1.7	墨西哥
62	620342	棉制男裤	26.2	越南
62	620520	棉制男衬衫	17.2	越南
62	620462	棉制女裤	16.1	越南
62	621040	用塑料等处理的其他纺织材制男服装	4.7	越南
62	620469	其他纺织材料制女裤	3.9	越南
62	621149	其他纺织材料制其他女式服装	2.3	印度
62	620920	棉制婴儿服装及衣着附件	2.2	印度
62	620192	棉制男式羽绒防寒短上衣、防风衣	2.0	越南
62	620292	棉制女式羽绒防寒短上衣、防风衣	1.4	越南
29	293299	其他仅含有氧杂原子的杂环化合物	1.8	印度
29	290339	碘甲烷无环烃的碘化衍生物	1.7	印度

续表

HS2位税号	HS6位税号	产品	2022年出口额（亿美元）	主要承接国家
29	291429	其他不含其他含氧基的环烷酮、环烯酮或环萜烯酮	1.7	印度
29	293629	其他未混合的维生素及其衍生物	1.3	印度
29	290522	无环萜烯醇	1.1	印度
29	292159	其他芳香多胺及其衍生物以及它们的盐	1.0	印度
94	940161	带软垫的木框架坐具	50.2	越南
94	940350	卧室用木家具	37.5	越南
94	940340	厨房用木家具	14.3	越南
94	940429	其他材料制褥垫	3.4	墨西哥
94	940421	海绵橡胶或泡沫塑料制褥垫，不论是否包面	3.2	墨西哥

数据来源：trademap，赛迪研究院整理

2. 新一轮产业转移过程中，我国中西部地区主要承接了哪些产品？

从新增数量看，我国中西部地区共计承接72个HS6位税号产品。主要分布在电机、电气、音像设备及其零附件（HS85）、非针织或非钩编的服装及衣着附件（HS62）、针织或钩编的服装及衣着附件（HS61）、核反应堆、锅炉、机械器具及零件（HS84）、家具；寝具等；灯具；活动房（HS94）五个大类，各大类中分别涉及15个、9个、7个、6个、5个HS6位税号产品，2022年出口额分别为158.7亿、39.8亿、20.3亿、125.9亿、1.5亿美元。与墨越印新增的97个产品种类相比，我国中西部在产品种类数量上少了25个。

表8-8 我国中西部主要新增产品大类分布及2022年出口额

序号	HS2位税号	产品个数（个）	2022年出口额（亿美元）	序号	HS2位税号	产品个数（个）	2022年出口额（亿美元）
1	85	15	158.7	13	39	1	5.5
2	62	9	39.8	14	44	1	1.2
3	61	7	20.3	15	55	1	2.4
4	84	6	125.9	16	57	1	1.0
5	94	5	21.5	17	60	1	1.7
6	73	4	10.7	18	63	1	1.7

续表

序号	HS2位税号	产品个数（个）	2022年出口额（亿美元）	序号	HS2位税号	产品个数（个）	2022年出口额（亿美元）
7	28	3	16.0	19	64	1	2.0
8	29	3	6.3	20	68	1	1.6
9	42	3	13.8	21	69	1	3.9
10	87	3	9.2	22	88	1	1.8
11	72	2	2.7	23	91	1	1.3
12	31	1	28.5	总计	--	72	--

数据来源：海关总署，赛迪研究院整理

从产品看，HS85项下主要包括手机零件（HS851770），2022年出口额为100.2亿美元，主要承接省份为广西，出口额为27.9亿美元；其他铅酸蓄电池（HS850720），出口额为14.6亿美元，主要承接省份为江西，出口额为5.7亿美元；在设计上带有视频显示器或屏幕的彩色电视接收装置（HS852872），出口额为12.2亿美元，主要承接省份为四川，出口额为5.2亿美元。

HS62项下主要包括棉制女裤（HS620462），出口额为13.6亿美元，主要承接省份为新疆，出口额为6.9亿美元；棉制男裤（HS620342），出口额为13.1亿美元，主要承接省份为新疆，出口额为6.6亿美元。

HS61项下主要包括棉制针织或钩编的女式上衣（HS610432），出口额为8.8亿美元，主要承接省份为湖南，出口额为3.4亿美元；棉制针织或钩编的男式上衣（HS610332），出口额为3.1亿美元，主要承接省份为湖南，出口额为1亿美元。

HS84项下主要包括电脑的零件、附件（HS847330），出口额为107.8亿美元，主要承接省份为陕西，出口额为58.5亿美元；其他以系统形式报验的自动数据处理设备（HS847149），出口额为9.3亿美元，主要承接省份为重庆，出口额为7.9亿美元；品目8443所列设备的其他零件（HS844399），出口额为4.1亿美元，主要承接省份为江西，出口额为1.9亿美元。

HS94 项下主要包括带软垫的木框架坐具（HS940161），出口额为 9.9 亿美元，卧室用木家具（HS940350），出口额为 4.7 亿美元，主要承接省份均为江西，出口额分别为 2.8 亿美元、1.3 亿美元。

表 8-9　2022 年我国中西部地区五大类下主要产品出口额

HS2 位税号	HS6 位税号	产品	2022 年出口金额（亿美元）	主要承接省份
85	851770	手机零件	100.2	广西
85	850720	其他铅酸蓄电池	14.6	江西
85	852872	在设计上带有视频显示器或屏幕的彩色电视接收装置	12.2	四川
85	853950	发光二极管（LED）灯泡（管）	9.7	江西
85	854430	车辆、航空器、船用点火布线组及其他布线组	3.9	安徽
85	853224	多层瓷介电容器	3.3	湖南
85	852329	其他磁性媒体	3.2	广西
85	852351	固态非易失性存储器件（闪速存储器）	2.7	湖北
85	853931	热阴极荧光灯	1.6	湖南
85	852910	8525 至 8528 设备的天线及其反射器及零件	1.5	四川
85	851840	音频扩大器	1.4	广西
85	852190	未列名视频信号录制或重放设备	1.2	江西
85	852290	品目 8519 或 8521 所列设备的其他零件、附件	1.2	广西
85	854620	陶瓷制的绝缘子	1.0	湖南
85	853110	防盗或防火报警器及类似装置	1.0	贵州
62	620462	棉制女裤	13.6	新疆
62	620342	棉制男裤	13.1	新疆
62	620333	合成纤维制男式上衣	3.2	新疆
62	620332	棉制男式上衣	2.7	新疆
62	620520	棉制男衬衫	1.7	新疆
62	620292	棉制女式带风帽的防寒短上衣、防风衣等	1.6	新疆
62	621050	用品目 59.03、59.06 或 59.07 的织物制其他女式服装	1.4	新疆

续表

HS2位税号	HS6位税号	产品	2022年出口金额（亿美元）	主要承接省份
62	621040	5903、5906或5907的织物制其他男式服装	1.2	新疆
62	620452	棉制女式裙子及裙裤	1.1	湖南
61	610432	棉制针织或钩编的女式上衣	8.8	湖南
61	610332	棉制针织或钩编的男式上衣	3.1	湖南
61	610442	棉制针织或钩编的女式连衣裙	2.3	江西
61	611120	棉制针织或钩编的婴儿服装及衣着附件	2.0	河南
61	610452	棉制针织或钩编的女式裙子及裙裤	1.7	湖南
61	610510	棉制针织或钩编的男衬衫	1.3	江西
61	611710	针织或钩编披巾、头巾、围巾、披纱、面纱等	1.2	湖南
84	847330	电脑的零件、附件	107.8	陕西
84	847149	其他以系统形式的自动数据处理设备	9.3	重庆市
84	844399	品目84.43所列设备其他零件	4.1	江西
84	844332	单一功能印刷机、复印机及传真机，可连接	1.9	河南
84	843031	自推进的采（截）煤机、凿岩机及隧道掘进机	1.8	湖南
84	842620	塔式起重机	1.1	湖南
94	940161	带软垫的木框架坐具	9.9	江西
94	940350	卧室用木家具	4.7	江西
94	940330	办公室用木家具	3.0	江西
94	940310	办公室用金属家具	2.7	河南
94	940140	能作床的两用椅，但庭园坐具或野营设备除外	1.2	江西

数据来源：海关总署，赛迪研究院整理

3. 我国中西部地区和墨越印三国共同承接产业转移的交集

我国中西部地区和墨越印三国共同承接的主要新增产品有34种，重合度为25%。这部分交集主要分布在电机电气（HS85），主要包括其他铅酸蓄电池、在设计上带有视频显示器或屏幕的彩色电视接收装置等9种产品；非针织或非钩编的服装及衣着附件（HS62），包括棉制男裤、棉制女裤、棉制男衬衫等 5 种产品；机械设备（HS84），主要包括其他以系统形式的自动数据处理设备、8471 所列机器的零件等 4 种产品；针织或钩编的服装及衣着附件（HS61），主要包括棉制针织或钩编的女式连衣裙、棉制针织或钩编的男衬衫、棉制针织或钩编的婴儿服装及衣着附件 3 种产品；皮革制品、旅行箱包（HS42），主要包括以皮革或再生皮革作面的手提包、以皮革或再生皮革作面的其他类似容器 2 种产品。

表 8-10 2022 年中西部与墨越印主要交集出口产品的出口额（亿美元）

HS6 位税号	产　品	墨西哥	印度	越南	中西部	总计	转移程度
293299	其他仅含有氧杂原子的杂环化合物	0.1	1.5	0.3	3	4.8	中西部领先
392620	塑料制衣服及衣着附件	0.1	0.1	2.3	5.5	8	中西部领先
420291	以皮革或再生皮革作面的其他容器	0.2	0.3	1.8	6	8.3	中西部领先
730419	其他钢铁制石油或天然气用无缝管道管	0.8	1.5	0	6.2	8.5	中西部领先
293629	其他未混合的维生素及其衍生物	0	1.3	0	1.6	2.9	双方相当
620292	棉制女式带风帽的防寒短上衣、防风衣等	0.1	0.1	1.2	1.6	3	双方相当
620462	棉制女裤	2.1	2.7	11.3	13.6	29.7	双方相当
847330	电脑零件、附件	17.5	1.7	132.8	107.8	259.9	双方相当
850720	其他铅酸蓄电池	2.8	4.4	9.7	14.6	31.5	双方相当
851770	手机零件	0.4	3.5	84.9	100.2	188.9	双方相当
853224	多层瓷介电容器	3.4	0	0.2	3.3	6.9	双方相当
420221	以皮革或再生皮革作面的手提包	0.6	4.5	5.8	6.5	17.3	墨越印领先
570330	其他化学纤维制簇绒人造草皮	0	1.3	3	1	5.3	墨越印领先
610442	棉制针织或钩编的女式连衣裙	0.1	1.6	2.7	2.3	6.7	墨越印领先
610510	棉制针织或钩编的男衬衫	0.1	5.3	5.2	1.3	12	墨越印领先

续表

HS6位税号	产品	墨西哥	印度	越南	中西部	总计	转移程度
611120	棉制针织或钩编的婴儿服装及衣着附件	0.1	8.5	3.7	2	14.3	墨越印领先
620342	棉制男裤	9.7	4.9	11.6	13.1	39.3	墨越印领先
620520	棉制男衬衫	0.8	7.5	8.9	1.7	18.9	墨越印领先
621040	5903、5906或5907的织物制其他男式服装	0	0.3	4.4	1.2	5.9	墨越印领先
690721	贴面砖、铺面砖,包括炉面砖及墙面砖,按重量计吸水率≤0.5%,但子目6907.30和6907.40所列商品除外	0.3	14.2	1.4	3.9	19.8	墨越印领先
730799	未列名钢铁制管子附件	0.6	1.3	0.4	1.5	3.9	墨越印领先
844332	单一功能印刷机、复印机及传真机,可连接	2.5	0.1	12.3	1.9	16.8	墨越印领先
844399	品目84.43所列设备其他零件	3.9	0.5	17.9	4.1	26.3	墨越印领先
847149	其他以系统形式的自动数据处理设备	88.6	0.2	0.6	9.3	98.7	墨越印领先
851840	音频扩大器	4.5	0	0.8	1.4	6.8	墨越印领先
852351	固态非易失性存储器件(闪速存储器)	2.7	4.2	4.7	2.7	14.3	墨越印领先
852872	在设计上带有视频显示器或屏幕的彩色电视接收装置	116.8	0.1	28.2	12.2	157.3	墨越印领先
852910	8525至8528设备的天线及其反射器及零件	1.4	0.3	2.5	1.5	5.7	墨越印领先
853110	防盗或防火报警器及类似装置	4.6	0.2	0.2	1	6	墨越印领先
854430	车辆、航空器、船用点火布线组及其他布线组	94.3	2.7	33.9	3.9	134.7	墨越印领先
870870	机动车辆的车轮及其零件、附件	16.8	1.6	0.9	4.3	23.6	墨越印领先
871639	其他货运挂车及半挂车	32.2	0	0	2.6	34.8	墨越印领先

续表

HS6 位税号	产品	墨西哥	印度	越南	中西部	总计	转移程度
940161	带软垫的木框架坐具	9.5	0.3	40.3	9.9	60.1	墨越印领先
940350	卧室用木家具	3.2	0.2	34.1	4.7	42.2	墨越印领先

数据来源：海关总署、trademap，赛迪研究院整理

进一步将上述 34 种产品按照承接程度分为三类。

第一类是向我国中西部转移程度强于向墨越印转移程度的产品，主要为化工产品，包括：其他仅含有氧杂原子的杂环化合物（HS293299），2022 年中西部地区出口额为 3 亿美元，墨西哥、印度、越南出口额分别仅为 0.1 亿美元、1.5 亿美元、0.3 亿美元；塑料制衣服及衣着附件（HS392620），中西部地区出口额为 5.5 亿美元，越南是墨越印三国中的主要承接国，出口额为 2.3 亿美元；以皮革或再生皮革作面的其他容器（HS420291），中西部地区出口额为 8.3 亿美元，墨越印三国出口额为 2.3 亿美元。

第二类是向墨越印转移程度明显强于向我国中西部转移程度的产品，主要为家具、陶瓷制品和部分电子零件。带软垫的木框架坐具（HS940161）、卧室用木家具（HS940350），主要承接国为越南，2022 年出口额分别为 40.3 亿美元和 34.1 亿美元，同期我国中西部地区出口额仅为 9.9 亿美元和 4.7 亿美元，有一定的差距。贴面砖、铺面砖（HS690721），主要承接国为印度，2022 年出口额为 14.2 亿美元，较 2018 年相比年均增速高达 28.1%，我国中西部地区出口额仅为 3.9 亿美元。在设计上带有视频显示器或屏幕的彩色电视接收装置（HS852872），主要承接国为墨西哥和越南，2022 年二者出口额分别为 116.8 亿美元和 28.2 亿美元，均明显高于我国中西部地区的 12.2 亿美元。

第三类是转移程度相近的产品。主要为电子、纺织服装、皮革类产品。手机零件（HS851770），越南和我国中西部地区 2022 年出口额分别为 84.9

亿和 100.2 亿美元；电脑零件、附件（HD847330），越南和我国中西部地区 2022 年出口额分别为 132.8 亿和 107.8 亿美元。以皮革或再生皮革作面的手提包（HS420221），印度、越南、我国中西部地区 2022 年出口额分别为 4.5 亿美元、5.8 亿美元、6.5 亿美元。2022 年越南出口棉制女裤（HS620462）11.3 亿美元，我国中西部出口 13.6 亿美元。尽管在涉疆法案的影响下以美国为市场的纺织品出口面临外迁压力，但从整体看，新疆承接纺织服装产业转移仍具有竞争力。

综合上述分析，我国中西部地区和墨越印承接产业转移几乎是同步发生的，其中越南在各方面与我国中西部地区的竞争最为明显。一方面，我国中西部地区在增速上弱于越南，在出口大类上与越南同质化严重，在出口附加值方面也和越南一样侧重中间品的出口；另一方面，我国中西部地区与墨越印三国在新承接的制造业出口产品中，有 1/4 的产品种类重合。尽管电子等行业呈现对外转移的趋势，但从数据上看，我国中西部地区出口额仍然相当可观，尤其是以手机零件、电脑零件为代表的电子产品的出口与越南不相上下，印证了我国中西部地区承接产业转移的潜力。

二、我国中西部地区承接新一轮产业转移面临的问题

（一）制造业劳动力流失明显

从全球第四轮产业转移开始，中西部劳动力流失的现象就已经存在，制造业劳动力向东部地区集中趋势明显。如表 8-11 所示，东部地区制造业就业占比从 2013 年的 49.9% 上升至 2021 年的 63.1%，增长 13.2 个百分点。东北地区、中部地区和西部地区则是全面收缩，分别从 11.4%、20.3%、18.4% 降至 4.3%、18.7%、13.8%。

表 8-11 2003—2021 年四大区域制造业就业人数占比变化

年 份	东部地区	东北地区	中部地区	西部地区
2003	49.9%	11.4%	20.3%	18.4%
2004	52.4%	10.7%	19.3%	17.6%
2005	55.4%	9.8%	18.3%	16.6%
2006	57.1%	9.1%	18.0%	15.8%
2007	59.0%	8.7%	16.6%	15.7%
2008	59.5%	8.4%	16.5%	15.7%
2009	59.7%	8.1%	16.6%	15.5%
2010	60.4%	7.5%	17.1%	15.0%
2011	59.9%	7.3%	18.0%	14.8%
2012	60.1%	7.0%	18.1%	14.9%
2013	61.3%	6.3%	18.2%	14.2%
2014	61.6%	6.0%	18.8%	13.5%
2015	61.3%	5.8%	19.5%	13.5%
2016	61.0%	5.4%	20.2%	13.4%
2017	61.0%	5.1%	20.4%	13.6%
2018	63.1%	5.0%	18.5%	13.4%
2019	62.6%	5.0%	19.4%	13.1%
2020	62.5%	4.6%	19.3%	13.5%
2021	63.1%	4.3%	18.7%	13.8%

数据来源：国家统计局，赛迪研究院整理

劳动力短缺成为制约中西部承接产业转移的重要原因。由于劳动力不足，尤其是高素质劳动力短缺，企业即使有订单也不敢多接，甚至放慢了建设进度或压缩了投资规模。以化工行业为例，调研显示，随着环保压力增大，化工行业向中西部转移趋势明显，2021 年新转至中西部的在建化工项目规模空前，但是人才供需不匹配的问题严重，高端人才和技术人才严重短缺，如生产管理、安全及研发类人才、分析化验、电气设备维护、电工电焊及特种作业人员等。[1]

---

[1] 陈熠城. 有工种薪酬高于东部！中西部化企哪些人才最难招？[N]中国化工报，2021(05).

（二）劳动力成本高于墨越印

如表 8-12 和表 8-13 所示，通过分析 2011—2021 年中西部 18 个省份制造业城镇私营单位和非私营单位就业人员平均工资的变化，不难发现，各省份的制造业就业人员工资呈较快增长。其中，私营单位的制造业就业人员工资年平均增速有 11 个省份达到 10%以上，甘肃、陕西、湖北增长最快，分别为 13.0%、12.4%、11.0%；非私营单位的制造业就业人员工资年平均增速有 5 个省份超过 10%，其他省份也均在 8%以上。

如果折合成美元横向比较，2021 年中部地区制造业城镇私营单位就业人员平均工资为 705.2 美元/月，非私营单位为 994.6 美元/月；西部地区制造业城镇私营单位就业人员平均工资为 724.4 美元/月，非私营单位为 1128.2 美元/月。而根据前文的数据，墨西哥、越南、印度的平均工资分别为 350 美元/月、285 美元/月、400 美元/月。以私营单位为例，我国中西部地区的平均工资约为墨西哥的 2 倍，越南的 2.5 倍，印度的 1.8 倍，劣势较为明显。

表 8-12　2011—2021 年我国中西部地区制造业城镇私营单位就业人员平均工资变化

省　份	区　域	2011 年平均工资（元）	2021 年平均工资（元）	2011-2021 年工资平均增速（%）
甘肃	西部地区	14639.0	49597.0	13.0
陕西	西部地区	17360.0	55981.0	12.4
湖北	中部地区	20144.0	57358.0	11.0
云南	西部地区	17939.0	49497.0	10.7
四川	西部地区	21878.0	59697.0	10.6
河南	中部地区	18188.0	49468.0	10.5
山西	中部地区	18418.0	49423.0	10.4
青海	西部地区	22084.0	59021.0	10.3
湖南	中部地区	21823.0	58199.0	10.3
江西	中部地区	20916.0	54909.0	10.1
宁夏	西部地区	23853.0	62525.0	10.1
广西	西部地区	20154.0	51694.0	9.9
贵州	西部地区	19578.0	48645.0	9.5
安徽	中部地区	23398.0	58135.0	9.5
重庆	西部地区	25955.0	63753.0	9.4

续表

省 份	区 域	2011年平均工资（元）	2021年平均工资（元）	2011—2021年工资平均增速（%）
内蒙古	西部地区	25042.0	58690.0	8.9
新疆	西部地区	24004.0	54804.0	8.6
西藏	西部地区	—	58941.0	—

数据来源：国家统计局，赛迪研究院整理

表8-13　2011—2021年我国中西部地区制造业城镇非私营单位就业人员平均工资变化

省 份	区 域	2011年平均工资（元）	2021年平均工资（元）	2011—2021年工资平均增速（%）
西藏	西部地区	29796.0	88355.0	11.5
四川	西部地区	33210.0	88490.0	10.3
云南	西部地区	32923.0	87341.0	10.2
贵州	西部地区	35200.0	92949.0	10.2
陕西	西部地区	33385.0	86840.0	10.0
广西	西部地区	30206.0	76986.0	9.8
青海	西部地区	35208.0	89234.0	9.7
内蒙古	西部地区	36330.0	91047.0	9.6
山西	中部地区	30182.0	74758.0	9.5
重庆	西部地区	36466.0	89966.0	9.5
宁夏	西部地区	35503.0	84879.0	9.1
湖北	中部地区	35824.0	84225.0	8.9
安徽	中部地区	36355.0	84197.0	8.8
湖南	中部地区	35652.0	82484.0	8.7
江西	中部地区	31158.0	71719.0	8.7
甘肃	西部地区	36312.0	83374.0	8.7
新疆	西部地区	39883.0	88422.0	8.3
河南	中部地区	30012.0	64495.0	8.0

数据来源：国家统计局，赛迪研究院整理

（三）营商环境问题普遍存在

好的营商环境是产业转移项目"接得稳、留得住、长得好"的重要保障。相较于东部，中西部地区营商环境与打造市场化、法治化、国际化的营商环境的目标相比还存在较大差距，存在开放程度低、行政效率较低、审批事项过多、服务水平较弱等问题，一定程度上限制了企业投资的积极性，成为制约中西部承接产业转移的重要掣肘。

根据不同机构对国内各省份营商环境的评估，中西部地区的营商环境评价排名普遍比较靠后。北京大学光华管理学院发布的《中国省份营商环境研究报告 2020》显示，东部地区营商环境平均得分为 62.2，东北地区为 48.9，中部地区为 52.6，西部地区为 48.7。其中，最后 5 名全部为西部地区的省份，分别为：新疆 43.19，青海 43.05，甘肃 41.22，广西 37.92，西藏 35.78。[①]

表 8-14　中国各省（市）营商环境平均得分及所属区域

省　份	得　分	区　域
北京	78.23	东部地区
上海	76.95	东部地区
广东	68.69	东部地区
四川	67.53	西部地区
江苏	63.2	东部地区
重庆	60.95	西部地区
浙江	60.68	东部地区
安徽	59.27	中部地区
山东	59.26	东部地区
贵州	58.11	西部地区
河南	57.15	中部地区
海南	55.27	东部地区
江西	54.54	中部地区
福建	54.36	东部地区
云南	54.13	西部地区
河北	53.93	东部地区
湖北	53.17	中部地区
天津	51.76	东部地区
宁夏	51.73	西部地区
吉林	51.21	东北地区
黑龙江	47.98	东北地区
辽宁	47.43	东北地区
山西	46.74	中部地区

---

① 张三保，张志学. 中国省份营商环境研究报告 2020[R]. 北京大学光华管理学院管理创新交叉学科平台，2020(12).

续表

省　　份	得　　分	区　　域
陕西	46.27	西部地区
内蒙古	44.97	西部地区
湖南	44.95	中部地区
新疆	43.19	西部地区
青海	43.05	西部地区
甘肃	41.22	西部地区
广西	37.92	西部地区
西藏	35.78	西部地区

数据来源：《中国省份营商环境研究报告2020》，赛迪研究院整理

《深化商事制度改革研究》课题组《中国营商环境调查报告（2022）》要求受访者给出其所认为的"除本省外，营商环境相对较好三个省市"名单，从得票率看，全国44%的非广东市场主体认为广东的营商环境较好；全国42%的非上海市场主体认为上海的营商环境较好，与广东得票率差2个百分点；全国35%的非浙江市场主体认为浙江的营商环境较好，排名第三。前三名全部为东部地区省份，而中西部省份的得票率普遍低于10%，河北、陕西、湖北、内蒙古、山西等省份的得票率不超过1%，甚至0%。[1]

在课题组调研中，有企业反映营商环境仍是制约发展的"软肋"，部分中西部地区存在办事难、办事慢等现象，影响了企业快速发展。有企业2017年转移至西部某省份后，当地承诺的土地拖了三年多时间，直到2020年底才开工建设，错过了市场发展壮大的黄金期。此外，产业政策稳定性、持续性不强，地方保护主义、政府拖欠账款问题突出，也一定程度制约了企业向中西部地区转移。

（四）基础设施建设相对落后

中西部基础设施、配套设施建设相对落后制约了其承接产业转移。根据清华大学互联网产业研究院发布的《中国新基建竞争力指数白皮书2020》，

---

[1] 徐现祥．中国营商环境调查报告(2022) [M]．北京：社会科学文献出版社，2022．

中部 6 省份的新型基础设施竞争力指数仅湖北和河南高于全国平均水平,西部 12 省份仅四川和贵州高于全国平均水平。具体看,如图 8-1 所示,北京市的新型基础设施竞争力指数达 90.1,排名第一;上海、江苏、浙江、福建、广东的新型基础设施竞争力指数分布在 80~90 之间;山东、河北、河南、湖北、四川、天津、贵州、湖南、安徽、重庆、陕西、云南、广西、宁夏、江西、山西、辽宁、吉林、甘肃、内蒙古的新型基础设施竞争力指数分布在 70~80 之间;黑龙江、海南、新疆、青海、西藏的新型基础设施竞争力指数分布在 60~70 之间。

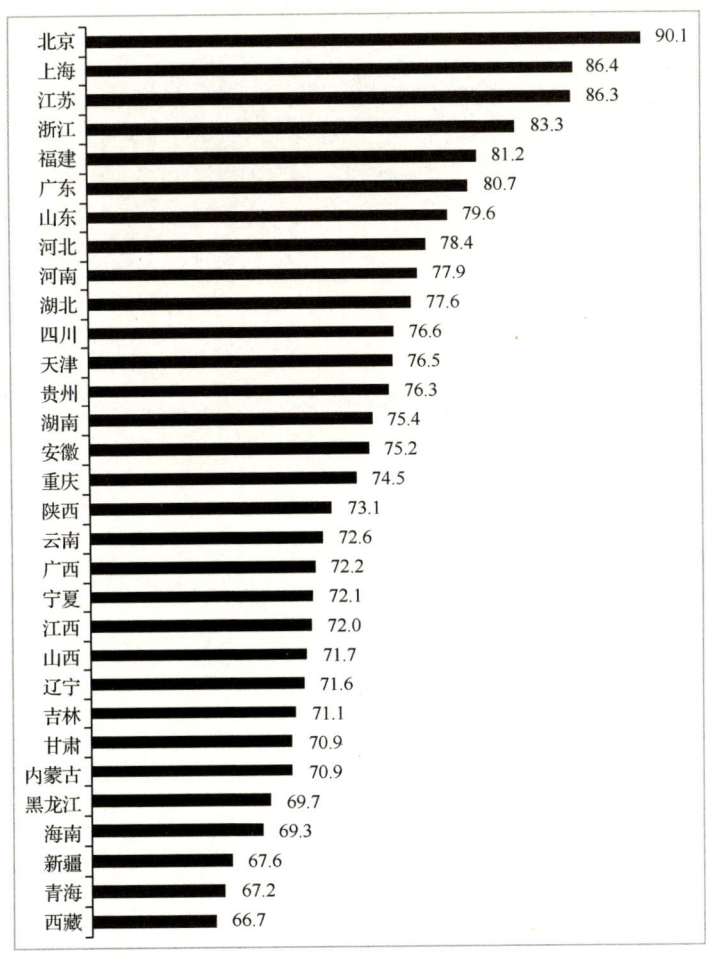

省份	指数
北京	90.1
上海	86.4
江苏	86.3
浙江	83.3
福建	81.2
广东	80.7
山东	79.6
河北	78.4
河南	77.9
湖北	77.6
四川	76.6
天津	76.5
贵州	76.3
湖南	75.4
安徽	75.2
重庆	74.5
陕西	73.1
云南	72.6
广西	72.2
宁夏	72.1
江西	72.0
山西	71.7
辽宁	71.6
吉林	71.1
甘肃	70.9
内蒙古	70.9
黑龙江	69.7
海南	69.3
新疆	67.6
青海	67.2
西藏	66.7

图 8-1　2022 年中国各省份新基建竞争力指数

数据来源:《中国新基建竞争力指数白皮书 2020》

第四篇
行业篇

CHAPTER
9

第九章
人工智能：审查力度加大，
内接受阻

随着数字化、网络化、智能化趋势的加速扩散，人工智能在各个领域发挥越来越重要的作用，各国对这一行业的关注度不断提升。美国已经利用出口管制、对外投资审查等手段干扰人工智能领域的投资，使得该领域的产业转移呈现新动向。

一、转移动因：人工智能等高科技行业对华投资被迫暂缓

（一）人工智能成为美国对外投资审查和出口管制的重要领域

近年来，美国政府不断动用融资限制等政策工具对我国人工智能领域围追堵截，干扰正常市场行为。对外投资审查方面，2021年，美国财政部将商汤、旷视、依图、云从、大疆等人工智能企业列入"非SDN-中国军事综合体企业清单"（NS-CMIC清单），限制企业在美投融资行为。2023年8月，美国总统拜登正式签署关于"对华投资限制"的行政命令，严格限制对我国半导体与微电子、量子信息技术及人工智能等领域的投资。这三大领域中，人工智能领域的美元资本最为活跃，也成为内接受阻最明显的领域。2023年10月，据《金融时报》消息，美国要求红杉资本说明自2010年以来，该公司及其前中国分公司在中国高科技领域，特别是人工智能领域投资的详细情况。据报道，美国要求红杉资本列出其投资中位于中国的、从事AI、机器学习、芯片和量子技术研发的公司名单。实际上，红杉资本为了缓解美国官员和立法者的审查压力，已经尝试将其在美国和欧洲的业务与在中国和印度的投资活动切割。然而，美国立法者对这一切割策略表示质疑，认为其不能真正阻止美国资本流向中国，并对红杉资本的投资活动进行了深入的审查。

出口管制方面，截至2023年6月，美国商务部已将超过600家中国企业列入"实体清单"，包含众多人工智能相关企业。2023年10月，美国对人工智能芯片的出口管制再度升级：拜登政府更新了针对人工智能芯片的出

口管制规定，计划阻止英伟达等公司向特定国家出口先进的 AI 芯片。根据最新的规定，英伟达 A800 和 H800 芯片的对华出口都将受到影响。

（二）在人工智能治理方面，欧美地区已开始行动

欧美先后发布人工智能监管法案，既有对人工智能技术造成的风险加强监管的诉求，也有主导人工智能领域发展的考量。2023 年 6 月，欧盟议会通过全球首个《人工智能法案》草案。该法案采取了基于风险的监管方式，并将人工智能系统按照风险等级分为四类，分别为禁止性、高风险、有限风险与最小风险，将采取不同程度的监管措施对不同风险等级的系统进行监管。禁止性人工智能系统主要指会对人类构成严重安全威胁或严重侵犯隐私的系统，例如采用潜意识技术或有目的地操纵、欺骗技术，利用个人或特定群体的任何弱点实质性改变用户的行为，对自然人及其群体进行社会评分、评价或分类的行为等。高风险人工智能系统主要指系统用于安全用途时可能对自然人的健康、安全、基本权利构成重大损害风险的系统，此类系统需遵守透明度、可追溯、非歧视性和环境友好等原则，并在欧盟数据库中登记。ChatGPT 等聊天机器人被归为高风险类人工智能系统。对有限风险人工智能系统，要求其遵守公开透明原则。对最小风险人工智能系统则不作干预。

2023 年 10 月，美国总统拜登签署了美国首份关于人工智能的行政令，提出人工智能安全新标准。具体包括：要求人工智能开发人员与美国政府分享安全测试结果和其他关键信息；任何开发可能对国家安全、国家经济安全或国家公共健康安全构成严重风险的基础模型的公司，必须在模型训练时通知政府，并和联邦政府共享所有安全测试结果。开发和使用人员需加强测试，确保人工智能系统安全、可靠。同时为避免美国公民受到人工智能的欺诈和诈骗，要监测人工智能生成的内容、形成验证官方内容的标准和最佳实践。

二、主要动向：美对华投资已出现实质性下滑，转而流向印度、越南等其他国家

（一）受中美科技竞争加剧的影响，美对华人工智能领域投资在禁令之前已经实质性下滑

根据Crunchbase数据，如图9-1所示，截至2023年7月12日，美国资本在中国的投资数量和投资总额分别为153笔和32亿美元。无论是投资数量还是投资总额，均是2015年以来的最低点。而2015年后的高点分别为2018年和2021年，投资数量分别为814笔和1081笔，投资总额分别为485亿美元和454亿美元。

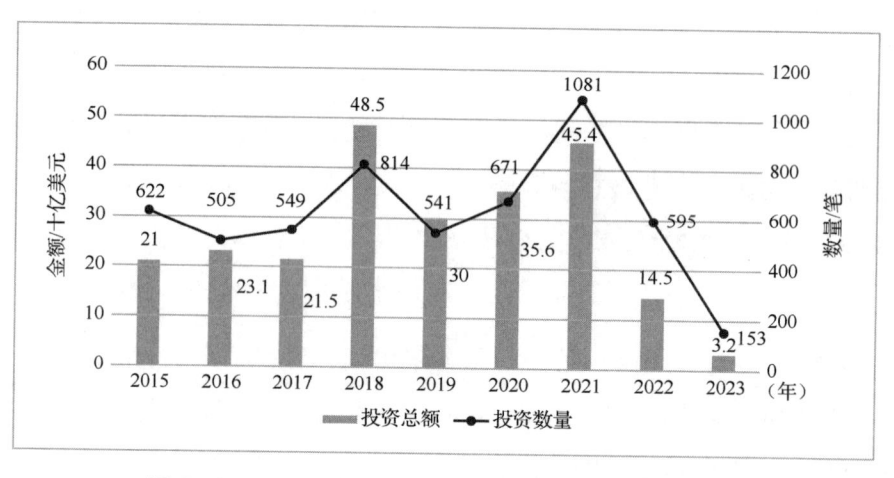

图9-1 2015—2023年美国资本在中国的投资情况

数据来源：Crunchbase，赛迪研究院整理

如图9-2所示，在AI和机器学习领域，美国资本对中国投资的高点为2020年，投资数量和总额分别为140笔和99亿美元；受美国相关政策影响，2022年投资总额已经降至26亿美元，2023年前7个月仅3亿美元。

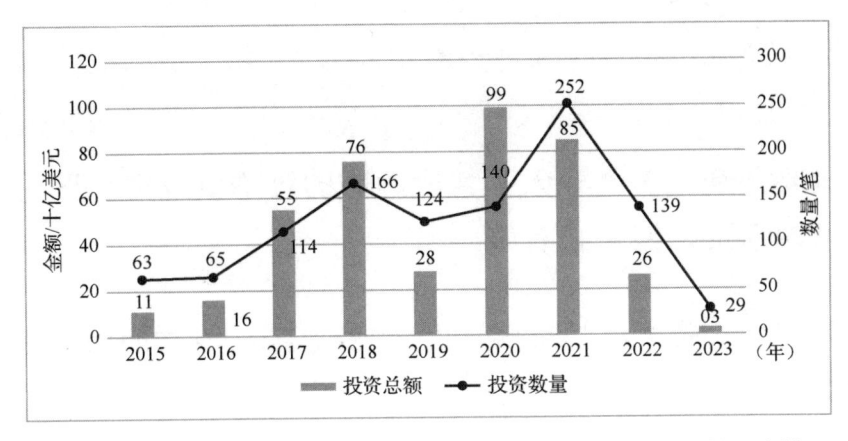

图 9-2 2015—2023 年美国资本在中国的 AI 和机器学习领域投资情况

数据来源：Crunchbase，赛迪研究院整理

（二）美国正在加大对印度、越南等新兴经济体的投资布局

随着美国政府在人工智能领域加大对华技术管控，美国科技巨头、制造商们纷纷开启与越南、印度等国的合作布局。2023 年 6 月，印度联合新闻社报道称，美国科技巨头谷歌、亚马逊的负责人与印度总理莫迪会晤后分别宣布，将在印度投资 100 亿美元和 150 亿美元[①]。2023 年 8 月底，美国政府欲限制英伟达、AMD 的先进人工智能芯片对华出口的消息传出几天后，英伟达宣布与印度信实工业和塔塔集团建立人工智能（AI）合作伙伴关系，共同建设云基础设施，开发大语言模型及生成式应用程序[②]。

美国国防部高级研究计划局（DARPA）也表示，将在未来两年内，为越南提供价值 5 亿美元的人工智能技术支持。虽然该机构尚未明确承诺多少资金将用于人工智能领域，但根据该机构的说法，美国企业和政府机构正考虑在越南投资数十亿美元，以发展人工智能技术。DARPA 认为，越南有可能成为美国在亚洲地区的一个重要经济伙伴。DARPA 发言人称："这不仅符合越南的国家利益，而且符合美国的国家利益。我们希望帮助越南在人工智

---

① 谷歌、亚马逊宣布将扩大在印度投资[N]. 俄罗斯卫星通讯社，2023(06).
② 刘程辉. 英伟达与印度开展 AI 合作：搭建 AI 基础设施，开发大语言模型[OL]. 观察者网，2023(09).

能领域实现重大突破，使其成为全球领先的人工智能技术中心之一"。

三、风险判断：美主导人工智能领域的排华供应链企图对我国低端锁定，但未必有效

（一）发达国家在人工智能领域以美式标准划定"生态圈"恐将形成排他供应链

2023年6月欧盟议会通过的《人工智能法案》草案，同年10月美国总统拜登签署《关于安全、可靠和可信地开发和使用人工智能的行政命令》，这些举动表明欧美正在积极推出各自的人工智能治理标准。2023年10月18日，中国发布了《全球人工智能治理倡议》，围绕人工智能发展、安全、治理三方面系统阐述了人工智能治理的中国方案，为全球人工智能治理提出了11项主张。在各国人工智能治理全球竞速的背后，避不开话语权这一问题。

2023年11月初，首届全球人工智能安全峰会在英国召开，美国、英国、欧盟、中国、印度等多方代表就人工智能技术快速发展带来的风险与机遇展开讨论。在峰会上，美国商务部部长吉娜·雷蒙多表示，"即使我们激烈竞争，我们也必须为全球问题寻找全球解决方案……这项工作不仅仅始于美国和英国，我们希望在全球范围内扩大信息共享、研究、合作，并最终实现政策协调"，鉴于美国已经加大对人工智能领域的技术管控，可以确定美方的治理思路依然是一种"小院高墙"的竞争策略，即通过提高壁垒，维系自身优势，强化对于产业生态的管控，以美式标准划定"生态圈"。美式标准落地过程中，对人工智能产业链、供应链的管控会进一步加强，关联生态的封闭性和排他性也会进一步强化[①]。全球人工智能治理领域已经出现以意识形态区分或构建排他性集团的趋势，短期内难以扭转。

---

① 郑雪，冯恋阁. 白宫发布首个 AI 行政命令！或以美式标准划定"生态圈"？[OL]21世纪经济报道，2023(11).

（二）前瞻性美元投资的缺失，将对我国人工智能创新创业带来冲击

一方面，我国人工智能底层基础技术欠缺，内接受阻意味着我国与全球领先技术交流的渠道有被切断的风险。我国在人工智能相关领域的研究起步较晚，在基础理论、核心算法、开源软件框架等方面与国外相比还存在较大差距，对国外技术生态的路径依赖较高。据统计，我国人工智能企业主要集中在语音和视觉识别方面，致力于机器学习算法的只有不到 9%。我国人工智能领域面临根基不牢、后劲不足等问题，再叠加国外尖端技术、互联网平台、开发工具渠道被切断的风险，产业链风险较大。

另一方面，我国人工智能产业将面临"投不准""发力慢"等现实问题。我国人工智能企业多处于早期阶段，存在技术和商业的不确定性，恐难以满足国内资本对回报稳定性的要求，因此需要依靠国外资本风险投资。此外，外资还为我国企业带来了知识转移、行业资源和基金背书等隐性帮助。例如，美国 SOSV 基金针对我国人工智能市场设立了"中国加速器"，通过一对一的培训辅导帮助中国初创企业在全球市场立足。投资禁令将影响中美产业技术生态交流，导致国内投资者对人工智能领域引领性、潜在成长性技术的认知不足，企业技术研发迭代和产业发展试错的机会将受到一定影响。

（三）保持战略自信，美实现对我国低端锁定企图的概率很低

第一，中国持续的自主创新攻关已经让美国及其盟友开始严重质疑其出口管制效果。一方面，人工智能、量子信息、生物技术等新兴产业所依赖的科学基础已经有所突破，其后续发展更多侧重于技术而非科学。中国虽然在基础科学领域仍落后于美国，但在工程技术领域已经接近美国。到 2025 年，中国 STEM 领域的博士研究生数量将是美国的 2 倍。依托技术人才、持续加大研发投入、超级计算领域的领先地位、庞大数据基础等优势，美国想要完全阻断新技术在中国的传播是非常困难的。另一方面，正如 ASML 全球总裁温宁克所言，"如果中国人无法购买这些机器，他们就会自己制造，这

可能需要时间，但最终会实现"。

　　第二，盟友对美国以国家安全为名、行遏制打压之实的行径并不愿意全力跟随。联合盟友一直是拜登政府对华出口管制的重点。五眼联盟成员国澳大利亚对美国采取的扩大化禁运也深感担忧，澳大利亚学者 John Edwards 表示"美国政策已突破国家安全范畴，本质是保证美国关键产业的全球领导力，其将全球经济分割为相互冲突的技术领域的做法损害了澳大利亚的繁荣基础"。2023 年 4 月，美国彼得森国际经济研究所所长撰文称，美国试图对中国随意施加出口和投资限制并要求其他国家照做，这一行为很可能"适得其反"。①

---

① Adam Posen. America's Zero-Sum Economics Doesn't Add Up[J]. Foreign Policy, 2023(03).

CHAPTER 10

第十章
纺织服装：时异势殊，
外扩加速

作为受劳动力成本影响较大的产业，纺织服装是在此轮产业转移中率先"主动外扩"的代表。具体表现为，2008 年左右，不仅耐克、阿迪达斯等跨国公司逐渐将代工环节的主要产能转移至劳动力成本更低的越南，国内的纺织巨头也开始积极在东南亚布局。尽管 2018 年以后受到非市场因素的些许影响，纺织服装产业出现了局部的外迁案例，但整体上，转移仍是以外扩为主。

一、转移动因：主动外扩与被动外迁往往交织在一起难以清晰地切割，最终影响企业决策的原因是多元的

（一）在前几轮产业转移中，纺织服装产业都是率先转移的产业

我国纺织服装产业的产业转移起步早，属于新一轮产业转移初期"主动外扩"的典型代表。从前几轮产业转移看，纺织服装产业受劳动力成本影响明显，因此基本上都是在产业升级初期优先向外转移的，经历了从英国-美国-日韩-亚洲四小龙-中国大陆的转移路径。

在我国承接全球产业转移的初期，纺织服装产业积极顺应时势，成为改革开放的先行者。依靠"三来一补"的外贸模式，纺织服装产业逐渐成为我国出口创汇的核心来源。1984—1992 年，纺织服装出口额增长了 5.9 倍，年均增长 27.2%，我国占全球纺织服装出口的比重从 6.4% 上升到 10.2%；进口纤维原料从 60 万吨扩大到 134 万吨，年均增长 10.6%；进出口顺差增长了 5.7 倍，成为扭转我国货物贸易持续逆差局面的重要力量[①]。2001 年我国加入 WTO 后，我国纺织服装产业抓住全球化浪潮的历史机遇开始深度融入全球价值链，成为支撑全球纺织工业体系平稳运行的核心力量。

（二）随着我国纺织服装产业综合成本持续上涨、招工难等问题加剧，部分纺织企业开始布局海外产能寻求更大发展空间

近年来，我国纺织服装产业综合成本持续上涨情况客观存在，尤其是制

---

① 马艳. 变革中重塑发展格局 中国纺织工业开启"十四五"新征程[N]. 中国工业报，2021(06).

造环节在国际竞争中的优势逐渐降低。例如，我国工业用电价格远高于越南、孟加拉国、埃塞俄比亚等国家，纺织服装产业人均工资以年均10%左右的速度持续增长，且社保费用负担较重，用工成本明显高于东南亚、南亚等国，即使生产效率不断提升，依然无法完全化解压力。除了用工成本，随着生态环保要求日趋严格，纺织企业的环保建设投入逐年增加，各类原料、辅料价格逐年上涨，关税成本与享受对欧美国家出口优惠的地区相比处于相对劣势地位，国内产品出口海外市场面临的国际竞争不断加大，利润空间受到挤压。

除成本压力外，招工难问题也日渐成为纺织企业产业转移的动因之一。现有员工年龄偏大，年轻劳动力不愿进入生产一线的现实困难不易得到解决，不仅东南沿海地区的纺织企业面临"用工荒"问题，中西部地区的纺织企业也同样面临巨大的招工压力。而东南亚、南亚、非洲等地区充足的年轻劳动力及低廉的用工成本成为吸引下游服装生产企业布局海外产能的重要因素。

（三）涉疆法案对供应链溯源提出较高要求

美国所谓的"维吾尔强迫劳动预防法"（UFLPA，即涉疆法案）于2022年6月21日正式生效。具体内容包括：

（1）公布以"人权"为由的"维吾尔强迫劳动预防法实体清单"，对被列入清单主体实施更多制裁。截至2023年9月底，美国分四批共将36家企业列入该清单，其中纺织企业11家。9月20日，前美国众议院中国问题特别委员会主席麦克·加拉格尔致信并呼吁美国国务院和国土安全部就所谓涉疆问题对中国主体实施更多的制裁。

（2）由美国海关利用多种信息源头对相关产品进行供应链溯源。该法案采用"可反驳的事实推定"机制，要求进口商向海关与边境保护局证明货物不是强迫劳动制造的，否则将受到扣押、没收、罚款和其他处罚[①]。为此，美海关设计了一套复杂的供应链审查机制，主要包括五个方面：一是尽职调

---

① 王垚. 美涉疆法案，"损人"不"利己"[N]. 环球时报，2023(03).

查制度信息,即进口商提供能证明存在合规调查制度或流程的文件;二是供应链溯源信息,包括与整个供应链相关的信息、与商品或其组成部分有关的信息、与开采者、生产者或制造商有关的信息;三是供应链管理信息,包括生产环节的内控机制、供应商操作和审计报告内容;四是证明货物不是全部或部分在新疆生产的证据;五是证明源自中国的货物不是全部或部分由"强迫劳动"开采、生产或制造。供应链溯源不仅要求了解各层次供应商及其劳动力来源,"绘制"整个供应链地图,还要追溯原材料供应商,以及从供应链起始端到最终产品的购买者等各环节的情况。

二、主要动向:虽然出现部分"被动外迁"情况,但当前纺织产业转移仍以"主动外扩"为主

(一)随着2001年我国加入WTO,纺织龙头企业迎来快速发展机遇并主动外扩布局海外

借助加入WTO的契机,我国纺织服装产业的对外投资开始逐步发展、投资规模日渐增大。根据商务部统计,2001—2007年,纺织行业对外直接投资额在年均1亿美元上下浮动。2008—2013年,纺织行业对外投资速度略有加快,全行业对外直接投资3~5亿美元左右。我国纺织龙头企业也从这一时期开始主动外扩,迁往越南。例如,申洲国际2013年在越南建立了生产基地,天虹纺织于2014年建设越南海河工业园区,打造包括原料、纺纱、制造、染整、制衣及品牌的全产业链[1]。

(二)新冠疫情发生后,纺织服装的跨国企业采用"中国+1"的策略,是在国内市场存续的基础上向外拓展

新冠疫情对纺织行业对外投资影响较大,2020年纺织行业对外投资额

---

[1] 马鑫,李嘉怡等.似曾相识:全球产业链向东南亚转移情况分析报告[OL].第一财经资讯,2022(11).

仅为 7.4 亿美元，虽然 2021 年恢复至 13.5 亿美元，但投资主体主要为国有企业，投资流向也以中国香港（资金池作用）为主。2022 年，纺织行业对外投资额创近 10 年新低，仅为 7.1 亿美元，其中纺织业 3.9 亿美元，纺织服装服饰业 2.6 亿美元，化学纤维制造业 0.6 亿美元。2022 年，纺织行业对外投资目的地依旧以中国香港为主（投资额为 2.2 亿美元），其次为越南（1.9 亿美元）、柬埔寨（8274 万美元）、新加坡（7150 万美元）、泰国（2665 万美元）、埃塞俄比亚（2290 万美元）、印度尼西亚（2019 万美元）、孟加拉国（1604 万美元）、美国（1107 万美元）、缅甸（956 万美元）。一些跨国服装企业采用"中国+1"的策略，即保持在中国业务存续的同时，进行多元化经营，把越南作为整个供应链上的补充，做到快速反应，完成预期生产计划。

（三）尽管纺织服装产业转移受到了非市场因素的影响，但与国内投资相比中资企业的对外投资仍十分有限

出于降低采购成本、供应链多元化、减少政治风险等多重因素考虑，国内纺织服装企业加大在东南亚地区的布局。例如，2022 年，山东鲁泰纺织全资子公司万象纺织在越南西宁省规划总投资约 2.1 亿美元建设用于生产梭织和针织等产品的生产基地，并在其对外投资公告中表示此次投资是为了"有效规避潜在贸易壁垒的影响，实现集团利益最大化的需求"。广东华利集团在 2023 年 6 月表示，考虑到 2023 年全球经济形势的不确定性和客户订单的需求，未来 3～5 年，公司将在印尼及越南新建多个工厂。

近年来，纺织服装行业对外投资规模在不断扩大，但和国内投资相比，占比仍处在较低水平。例如，2017 年纺织服装产业国内固定资产投资额为 1.35 万亿元人民币，对外投资额为 11.8 亿美元，根据当年美元兑人民币平均汇率粗略计算，对外投资额在 80 亿元人民币左右，仅占该行业国内投资额的 0.6%。另外，根据前面的分析，尽管纺织服装产业有被迫转移的压力，但从出口数据看，部分纺织企业在越南工厂的出口与我中西部地区工厂的出口都保持较快增速且规模相当，表明纺织服装产业的大规模外迁并未出现。特别是，随着智能工厂建立和技术能力提升，纺织业对劳动力依赖持续下降，我国产业优势反而得以强化。从数据看，2022年越南棉制男裤（HS620342）出口额为11.6亿美元，我国中西部地区共出口13.1亿美元；越南出口棉制女裤（HS620462）11.3亿美元，我国中西部出口13.6亿美元。

三、风险判断：存在出口订单受损等不利影响，但整体可控

（一）涉疆法案使我国部分以美国为出口市场的纺织服装企业面临短期风险

一方面，随着涉疆法案的生效，我国纺织品出口至美国面临扣押风险，部分企业暂停美国订单。美国海关和边境保护局（CBP）的数据显示，截至2023年3月，CBP已根据该法案扣留了3237批货物，总价值高达9.61亿美元。其中，纺织、服装和鞋类居第二位，占被扣留总批数的19.5%、总金额的3.1%。部分企业为避免这种风险，被迫将涉及的订单全部暂停。据测算，2023年上半年国内纺织原料及纺织制品在美国市场的占比较2018年下降了12.4个百分点，已经转移了34.8%，主要承接国为印度、越南、墨西哥，各国分别承接了18.0%、17.2%、3.9%。另一方面，供应链溯源证明给出口企业带来一定负担。随着美国在棉花溯源方面越来越严格，不仅部分欧美地区企业明确要求禁用新疆棉，日本、韩国、加拿大等国的服装企业、采购商也要求提供"非新疆棉"的证明。但国内棉纺服检测机构基础薄弱，且发展缓慢。有企业表示，棉花基因检测权威机构位于新西兰，检测费用高达7000美金，检测时间也较长，给企业出口带来一定负担[①]。

（二）尽管纺织服装等劳动密集型产业外迁对就业的影响被广泛讨论，但我国纺织服装产业转移不会引发巨大的失业潮

一是如前所述，尽管出现了局部的外迁压力，但与国内投资相比，纺织

---

① 基层反映美涉疆法案生效使我国纺织服装产业出口风险骤增亟待关注[OL]. 中国人民政治协商会议绍兴市柯桥区委员会，2023(01).

服装产业对外投资规模占比较小，因此当前我国纺织服装产业未出现无序外迁的情况。二是从就业数据上看，纺织服装产业的就业人员在2013年就开始出现明显的下滑态势。2003—2013年基本保持在400万人以上的规模，但是从2013年开始便一路下行，到2021年已经降至226万人，年均降幅9.1%。三是从行业增加值看，除去新冠疫情期间及2023年去库存压力增大导致增加值增速较低外，纺织服装产业基本保持了正增长；在就业减少的情况下产业增加值仍然增长，意味着劳动生产率的不断提升，或者说纺织服装产业已经通过升级跨越了依靠低价值环节的阶段。这种情况下，产业外迁带给就业的压力实际上大大降低，相关企业不应该过分解读、因噎废食。

CHAPTER
11

第十一章
电子：因地制宜，
内外同步

与纺织服装行业一样，电子行业的制造环节受劳动力成本影响较大，在前几轮的转移中都是转移至成本更低、劳动力更加充足的国家和地区。由于电子行业特别是在整机制造环节对供应链带动作用强。例如，一台笔记本电脑需要约 2000 个零部件，单个品牌相关的供应链企业数量超过 200 家，一旦整机产能规模化外迁，很容易引发产业链上下游企业跟随式外迁，因此电子行业的产业转移动态会受到更多关注。在新一轮产业转移中，我国电子行业呈现内外同步转移的趋势：一方面，综合考虑降低成本、供应链多元化、地缘政治风险等因素，国内外跨国公司纷纷加大在越南、印度等国家的布局；另一方面，企业积极前往中西部，全国范围内形成了相对完善的产业链供应链。

一、转移动因：多因素交织促进电子行业的产业转移

（一）电子行业在全球前几轮产业转移中仍以低成本为导向

电子行业在全球第三轮产业转移中已经从日本向"亚洲四小龙"转移，并在第四轮产业转移中从"亚洲四小龙"转移至中国大陆，其背后逻辑基本都是考虑劳动力等要素成本。中国电子行业尤其是消费电子的崛起起初得益于人口红利，随着国家技术创新能力提升，产业配套趋于完善；以融入苹果公司等全球供应链系统为契机，本土企业也开始考虑布局海外，形成了主动外扩局面。例如，我国电子元器件企业在亚洲、欧洲、非洲、南美、北美都有生产工厂，有些海外工厂的成立时间已超过了 10 年。

（二）2018 年以来，引发电子行业产业转移的因素更加复杂和多元

第一，2018 年美对华加征关税，电子行业作为美国对中国加税的主要大类行业之一，共涉及 585 个 HS6 位税号产品，占清单所列产品的 7.9%。据调查，2018 年之后，关税增加成为我国本土企业海外设厂的主要原因。有一半以上企

业表示，海外客户要求其到中国之外的其他地区设厂，否则将减少订单。

第二，美国开始积极努力引导制造业回流企图恢复本土制造能力，电子行业正是美国重点关注的领域之一。2022年2月，美国商务部和国土安全部评估了信息通信（ICT）工业基础的关键部门和分部门供应链，重点是通信设备、数据存储和终端用户设备。美国声称，过去几十年，由于对ICT设备的依赖增加（2018年，84%的美国家庭拥有智能手机，78%的家庭拥有台式或笔记本电脑），加之美国在全球电子制造业中的份额从30%下降到5%，美国薄弱环节不断增加。在此基础上，美国商务部和国土安全部提出了振兴美国信息通信技术制造基础、与国际伙伴合作提高美国和盟友或伙伴的供应链韧性等8条建议[1]。2022年8月公布的《芯片和科学法案》中包含了护栏条款，根据该规则获得美国资金的半导体制造商在未来10年内不得"大幅扩大"其在中国等相关国家的半导体生产能力，这一条款对相关企业的全球布局产生重大影响。

第三，新冠疫情之后企业供应链多元化的需求客观上加速了电子行业产业转移的趋势。例如，受新冠疫情影响，苹果等电子巨头开始向供应链的全球分散化生产策略转变。

二、主要动向：我国电子行业的产业转移是内外同步的

（一）整机组装环节通过国外建厂方式进行全球布局

随着国内用工成本的增加、东南亚等地制造业的发展，以及政治压力的增大，部分跨国公司开始要求整机组装环节企业进行转移。例如，苹果通过富士康、和硕等代工在印度扩产，将原先位于中国的产能持续转移。2022年，印度开始承接苹果部分iPhone14和iPhone14 Plus等最新款机型的产能，

---

[1] Executive Order on America's Supply Chains: A Year of Action and Progress[R]. The White House, 2022(02).

在苹果 2022 年财报中,印度的 iPhone 生产份额由 4%提升至 7%。我国国内品牌 vivo、OPPO、小米等从 2015 年开始在印度、印度尼西亚等国建厂,主要以生产组装环节为主。我国主要整机企业海外建厂情况如表 11-1 所示。

表 11-1 我国主要整机企业海外建厂情况[①]

公司	关键节点	国家	位置	备注
vivo	2015 年投产	印度	诺伊达	2 家工厂
	2016 年投产	印度尼西亚	芝古巴	生产工厂及研发中心
OPPO	2015 年投建	印度尼西亚	唐格朗	OPPO 在海外的第一家工厂
	2017 年投建	印度	诺伊达	2019 年每月产能约 400 万台手机
	2018 年投建	印度	海德拉巴	OPPO 在海外最大的研发中心
小米	2017 年投产	印度尼西亚	巴淡岛	—
富士康	2007 年投建	越南	北宁省	1 家工厂,位于桂武县工业园区
	2007 年投建	越南	北江省	2 家工厂,分别位于越安县云中工业园区和亭蘸工业园区
	2015 年投建	印度	安德拉邦	2015 年与小米合作建厂,产权归富士康
	2017 年投建	印度	泰米尔纳德邦	位于金奈,iPhone 代工厂
	2018 年投建	印度	泰米尔纳德邦	与小米合作建厂,位于斯里普卢姆布杜尔(Sriperumbudur)

数据来源:中信证券研究,2022.06

(二)越南、印度当地企业尚不具备配套能力,中国配套企业出海趋势加速

受整机组装环节多元化布局,以及越南、印度当地企业尚不具备配套能力的影响,国内部分配套环节出海趋势加速。据中信证券的统计,2022 年我国主要电子零部件企业除了歌尔股份、瑞声科技曾于 2013 年在越南建厂,其他企业均是在 2018 年以后开始在越南和印度建厂,且歌尔股份、瑞声科

---

① 徐涛,胡叶倩雯,苗丰,梁楠. 消费电子:逆全球化下消费电子产业链外迁可能性分析[R]. 中信证券研究,2022(06).

技也在持续投建和扩建。我国主要零部件企业海外建厂情况如表 11-2 所示。

表 11-2 我国主要零部件企业海外建厂情况

公司	关键节点	国家	位置	备注
歌尔股份	2013 年投建，2020 年扩建	越南	北宁省	耳机产线、声学器件等
	2021 年投建	越南	义安省	电子产品、网络设备、多媒体音频产品
舜宇光学	2019 年投建	越南	太原省	综合生产基地
	2019 年投建	印度	安得拉邦	摄像头模组产线，2019 年完成一期投产
鹏鼎控股	2019 年投建	印度	—	SMT（表面组装技术）产线
瑞声科技	2013 年投建	越南	北宁省	精密声学元器件
	2018 年投建	越南	永福省	—
	2019 年投建	越南	北江省	—
欧菲光	2019 年投建	印度	安得拉邦	智能手机摄像头、指纹识别模组

数据来源：中信证券研究，2022 年 6 月

以苹果为例，近年来其带动上下游供应链企业在越南、印度布局的工厂数量明显增加。根据苹果 2022 年财报，其在越南建厂的供应链工厂数量从 2016 年的 18 家增加到 25 家，在印度的供应链工厂数量从 2016 年最初的 1 家增加到 14 家。但这些工厂仍以美国、中国、日本、韩国的企业出海为主，印度、越南尚无本土公司进入苹果的供应链体系。例如，越南的 25 家企业中，8 家来自中国大陆及香港，4 家来自中国台湾，韩国 5 家，日本 4 家，美国 2 家，新加坡 1 家；印度的 14 家企业中，中国大陆 5 家，中国台湾 5 家，美国 4 家；在印度和越南均有所布局的企业有 3 家，分别是中国台湾富士康、美国莫仕（连接器）、中国深圳裕同（包装）。

（三）国内方面已经形成了相对完善的后端产业链，产业转移呈现内外同步态势

在遭遇美国遏制后，中国本土手机品牌充分认识到供应链安全的重要性，纷纷加大本土化供应链的布局。从供应商占比来看，中国厂商在中国手机企业供应链中占比过半。比如，2019 年华为全球 342 家供应商中，来自

中国的供应商共有 192 家，占比 56%；2018 年小米 51 家核心供应商中，40 家来自中国，占比 78%。

从产业链环节分布看，我国本土企业主要集中在后端环节。例如，在声学领域企业包括：歌尔股份、瑞声科技、立讯精密等；光学领域企业包括：大立光、玉晶光、舜宇光学、欧菲光、丘钛科技、立景创新等；结构件、功能件领域企业包括：长盈精密、比亚迪电子、领益智造等；FPC/PCB 领域企业包括：鹏鼎控股、东山精密等。凭借充足的劳动力供应、完备的产业链配套及更低的生产成本，这些为苹果、三星、华为等大客户配套的供应链企业迅速成长为国际品牌的核心供应商。

从布局看，主要电子企业均选择在我国中西部省份和越南或印度同时布局，表明电子行业的转移是内外同步的。如欧菲光在江西南昌和安徽合肥、印度安得拉邦均有设厂，主要生产智能手机摄像头、触摸屏、摄像头模组；歌尔股份在越南的北宁和义安、南宁均有设厂，主要生产耳机、网络设备、耳机；瑞声科技在南宁、重庆、马鞍山设建厂，主要生产声学、光学等产品，在越南的永福和北江也有设厂，主要生产声学元器件；舜宇光学在河南信阳和越南太原省和印度安得拉邦均有设厂，其中河南信阳和印度安得拉邦工厂分别生产玻璃镜片、手机摄像头模组，越南工厂为综合生产基地。

三、风险判断：近期电子产业转移影响可控，但长远看仍要未雨绸缪

整体看，我国电子产业的产业链成熟，具备走出去、进行国际布局的良好基础，但也要警惕过急、过快转移风险。尤其是，外资企业在中国的工厂为我国电子产业带来了先进的管理经验，培养了很多技术人员和高素质工人。外企的转移减少了我国企业与国外优秀企业的交流，对行业转型也带来一定不利影响。每一次产业转移，都会孵化出当地的本土企业。当前，越南、印度尚未形成配套的能力，从当前"果链"企业中没有印度和越南本土企业

即可见一斑。但随着我国电子企业大量到这些地区设厂，必然会逐渐地将管理经验、技术经验传授给当地人，使这些国家和地区培育出自己的本土企业。未来 5～10 年是我国电子产业链不断聚焦更高附加值的产业链环节、并将低附加值环节缓慢转移的时期。如果不能实现这一转变，我国电子产业链部分制造环节将面临竞争压力增大甚至被市场淘汰的风险。

CHAPTER

12

第十二章
新能源汽车：主动外扩，
不止执黑

借助新技术、新赛道，我国新能源车企在新一轮产业转移中已经抢占先机，形成领先优势。但是，在各国开始注重本土新能源汽车产业布局的形势下，想要进一步保持住领先优势，继续做大做强成为最终赢家，我国新能源车企仍需要付出努力。

一、转移动因：新技术带来的新赛道改变全球产业布局

（一）前几轮汽车产业的转移动因是技术扩散带来的成本比较优势变化

回溯历史，全球汽车产业曾经发生过三次转移。第一次产业转移发生在20世纪初，汽车产业从汽车的发明地欧洲转移到开创大规模生产体系的美国。得益于福特汽车著名的"流水线"（moving assembly line）生产模式，美国汽车产业的生产效率大幅提升，一辆汽车的装配时间从原先的12小时缩短至90分钟，到了1927年流水线每24秒就能组装一辆汽车。福特汽车公司所在的城市底特律也因此被称为"汽车城"，汽车产业成为美国制造业的重要支柱。第二次产业转移发生在"第二次世界大战"后，随着大批量生产技术向欧洲扩散，以及德国经济的复苏，德国汽车工业重新焕发活力，欧洲再次成为汽车产业的中心。第三次产业转移则发生在20世纪80年代，欧美汽车行业在第二次石油危机期间纷纷减产，美国汽油价格暴涨翻倍，日本低油耗小型汽车受到了国际市场的欢迎。以美国市场为例，20世纪60年代，外国汽车在美国市场的占比不到7%，其中日本汽车仅占1%，但是到了1985年，外国汽车在美国市场的占比已经超过30%，日本汽车在其中占比最高。与此同时，第二次石油危机给美国汽车产业带来巨大的冲击，通用、福特、克莱斯勒三巨头不得不削减生产，导致30万工人失业，美国引以为傲的汽车产业不得不向日本转移。进入21世纪后，我国在汽车产业发展上取得一定进步，但在传统燃油车的赛道上仍处于追赶地位。

（二）借助新能源汽车的新赛道，我国汽车企业迅速崛起并积极带动产业链布局海外

过去 100 多年的汽车工业史上，我国汽车工业一直是跟随者。近几年，我国新能源汽车产业迅速崛起，成为新能源汽车产业的领跑者。整车方面，2016 年以来，我国在新能源汽车保有量、新增年销量方面始终位居世界第一，新能源汽车产销量的年复合增长率处于 50%左右的高位，涌现出一批以比亚迪、上汽等为代表的龙头企业。2023 年 10 月 31 日，在 2023 年全球新能源与智能汽车供应链创新大会上，中国电动汽车百人会副理事长兼秘书长张永伟表示，从全球的区域布局来看，汽车供应链正在形成中美欧新三角格局，围绕这三个核心区域将会形成本地化或者近岸的新能源汽车供应链。预计到 2030 年，中国、欧洲和美国的新能源汽车销量在全球的占比分别为 33%、27%、20%。动力电池领域，我国电池企业在产业规模、技术水平等方面都走在世界前列，包括电池超级快充（4C 超充）、电池高效率成组（CTP）、磷酸铁锂电池、钠离子电池等在内的电池前沿新兴技术均处于全球领先位置。2023 年 11 月，电池能源研究公司 SNE Research 的报告称，宁德时代和 LG 新能源 9 月份在中国以外的海外市场份额均为 28.1%，并列第一，日本松下控股以 14.7%的份额排名第三[1]，宁德时代等动力电池企业在全球的影响力不断扩大。

二、主要动向：我国新能源汽车产业加速向海外拓展的同时，吸引了大量外资品牌的来华投资

在我国强大的技术创新能力与产业基础支撑下，中国新能源汽车、汽车零部件企业正在加速对外投资，进军欧洲、东南亚等市场，打造跨国供应链，同时也吸引了外资来华投资。

---

[1] 并列第一！宁德时代海外电池市场份额追平 LG 新能源[OL]. 华尔街见闻，2023(11).

（一）外扩趋势：从"产品出口"向"全产业链出海"升级

1. 整个产业链在海外加速发展

2009 年，中国汽车产销量跃居世界第一；2015 年，中国成为全球最大的新能源汽车市场；2022 年，中国超越德国成为全球第二大汽车出口国。随着在全球出口中的占比不断提升，我国新能源汽车也逐渐从"产品出口"向"全产业链出海"升级，拉动了整个产业链在海外的发展。例如，2020 年长城汽车买下美国通用汽车的泰国工厂后，为了更好地配合长城汽车在泰国工厂的本土化生产，2023 年 7 月 5 日，长城汽车的电池供应商蜂巢能源的泰国工厂正式开工建设，与此同时，中策轮胎、立中轮毂、国轩高科等国内新能源汽车供应链企业，也跟随新能源整车厂的步伐进入泰国。2017 年，宁德时代锂离子动力电池出货量达 11.84 GWh，首次登顶全球动力电池出货量榜单。2018 年 7 月，宁德时代在德国建厂，迈出新能源汽车产业链全球化的重要一步。

2. 外扩地区多元化，既有"一带一路"国家辐射欧亚大陆，也有墨西哥、巴西等美洲国家

过去十年，上汽、比亚迪、长城汽车等中国车企积极外扩，形成多元化的全球布局。

东南亚方面，以泰国、印尼为外扩据点辐射东南亚。上汽集团在泰国成立了上汽正大有限公司，设计产能 4 万台/年，上汽正大有限公司于 2013 年 2 月成立，是由上海汽车集团股份有限公司和正大集团合资成立的汽车公司，注册地为泰国曼谷，占地面积逾 70 万平方米。2023 年 4 月，上汽集团宣布，旗下企业上汽通用五菱与印度尼西亚海洋与投资统筹部正式签署新能源汽车新项目投资谅解备忘录，将积极扩大在印尼投资，向当地市场导入更多新能源车型。2022 年 9 月 8 日，首个比亚迪全资投建的海外乘用车工厂

正式在泰国落地，此工厂将采用最先进的技术，预计将于2024年开始运营，年产能约15万辆，生产的汽车将投放到泰国本土市场，同时辐射周边东盟国家及其他地区。2020年长城汽车接管了美国通用汽车的泰国工厂，该工厂目前生产两款哈弗混合动力汽车在泰国销售；2023年5月，长城汽车计划投资3000万美元在泰国新建电池包装配厂。

欧洲方面，宁德时代在德国爱尔福特（Erfurt）建设了首个海外工厂，规划产能14GWh，主要为宝马配套，该工厂于2022年12月实现锂离子电池电芯量产，意味着宁德时代已具备对欧洲客户的本地化生产及供货能力；宁德时代第二个欧洲工厂位于匈牙利德布勒森（Debrecen），于2022年9月正式启动，规划产能100GWh，梅赛德斯-奔驰是该工厂最大的客户。宁德时代预计，到2023年，两座欧洲工厂的产能将达到180GWh。2023年2月，国轩高科全资子公司合肥国轩与欧洲电池制造商InoBat签署谅解备忘录，双方将在欧洲合资建设40GWh产能的动力电池工厂；远景动力在法国、英国、西班牙已经布局了三个零碳电池工厂，2030年远景动力在欧洲的电池产能将超过80GWh；蜂巢能源2020年在德国萨尔州建设了其首家欧洲电池工厂，并于2022年9月宣布在德国勃兰登堡州建设其第二家欧洲电池工厂；亿纬锂能于2022年宣布与匈牙利德布勒森市政府控股子公司签署意向书，拟购买45公顷土地用于建设圆柱电池生产工厂。

美洲方面，2023年7月，比亚迪与巴西巴伊亚州政府共同宣布，双方将在卡马萨里市设立由三座工厂组成的大型生产基地，总投资额达30亿雷亚尔（折合人民币约45亿元）。这个生产基地将由三座工厂组成，分别为一座电动客车和卡车底盘生产工厂、一座新能源乘用车整车生产工厂，以及一座磷酸铁锂电池材料加工工厂。此外，在特斯拉的带动下，中国汽车配件企业均胜电子、拓普集团、金力永磁、三花智控等积极在墨西哥开展产业布局。

（二）内接趋势：外资来华合作呈"反向合资"潮

1. 受国内市场快速扩张、供应链完备等利好因素影响，我国新能源汽车产业不断吸引外资来华

在燃油车时代，我国汽车产业选择"以市场换技术"的合资道路逐渐成为历史。目前中国造车新势力已占据新能源汽车转型的先机，无论在智能化和电动化技术还是在产业链上都已形成全球领先优势。数据显示，新能源汽车在中国的市场占有率接近40%，欧洲仅为20%，比中国落后了2～3年[①]。美国国际战略研究中心（CSIS）的一项调查显示，中国新能源汽车成本优势明显，2022年电池生产成本比美国低了24%[②]。在这种优势对比下，国外汽车企业开始积极在华布局甚至与中国新能源车企寻求"反向"合作，给中国新能源车企带来新的发展机遇。

如宝马、奥迪、大众等德国汽车企业纷纷加大了在华投资。2023年6月，宝马集团在辽宁沈阳投资，总投资额为150亿元人民币，是该集团进入中国市场以来的最大单笔投资。同一时期，奥迪一汽新能源汽车项目在吉林长春开工，这是奥迪在华首个纯电动车型生产基地，总投资额为26亿欧元。大众汽车集团于2023年7月向小鹏汽车注资7亿美元，收购小鹏汽车约4.99%的股权，双方同时达成技术框架协议，预计于2026年在中国市场推出两款大众汽车品牌电动车型；2023年10月，大众汽车集团宣布投资24亿欧元，与北京地平线机器人技术研发有限公司共同成立合资公司，聚焦自动驾驶领域的技术开发。2023年11月，全球第四大汽车集团斯泰兰蒂斯宣布将投资约15亿欧元收购零跑汽车约20%的股权，并在其董事会拥有2个席位，双方还将以51∶49的比例共同组建一家名为"零跑国际"的合资公司[③]。

[①] 巩持平. 外企找上门来合作，中国新能源车企"反向合资"潮起[N]. 解放日报，2023(11).

[②] Ilaria Mazzocco. China's Electric Vehicle Industry's Internationalization[R]. CSIS, 2023(08).

[③] 中德务实合作符合两国共同利益[N]. 人民日报，2022(11).

数据显示,2022年欧洲对华直接投资中,德国所占份额从2020年的46%提升至52%,德国汽车行业则从50%提升至68%,德国汽车制造商及其供应商在欧洲对华直接投资中所占份额最大。根据德国联邦外贸与投资署发布的报告,这一投资增幅比2016年至2020年的增幅还要大[①]。中国德国商会2023年6月公布的一项由288家在华德企参与的调查显示,55%的受访企业计划在未来两年增加对华投资,比2022年同期增加4个百分点[②]。

2. 国内的分工和布局不断精细化,各地借助新能源汽车产业的细分环节进入产业升级的快车道

随着我国新能源汽车产业的蛋糕不断做大,各地也在纷纷布局。根据第一财经的数据,全国398家整车厂中有278家设有新能源产线。重庆、广州、成都、上海是新能源整车厂最多的城市,分别有16家、11家、10家、10家。如果将动力电池、电机制造厂等也纳入考虑,上海与重庆并列第一。对于地方来说,虽受限于城市能级或存量资源,但也可以通过找准细分环节乃至细分产品的方式,将普通禀赋转化为绝对优势,搭上新能源汽车产业发展的快车道。

表12-1 全国整车及新能源汽车产线分布

城　　市	无新能源汽车产线的整车厂(家)	有新能源汽车产线的整车厂(家)
重庆	4	16
成都	4	10
广州	2	11
上海	1	10
天津	3	8
合肥	3	8
北京	5	5
长春	1	8

---

① 德国企业顶住政府施压加大在华投资,"中国市场事关生死存亡" [OL]. 观察者网, 2023(09).
② 马孝文. 中国德国商会发布快速调查结果 德工商界对中德政府磋商充满期待[N]. 北京周报, 2023(06).

续表

城　　市	无新能源汽车产线的整车厂（家）	有新能源汽车产线的整车厂（家）
武汉	0	9
杭州	0	9
青岛	3	6
南京	2	7
长沙	3	5
潍坊	3	4
十堰	3	4
南昌	4	3
宁波	4	3
郑州	2	5
常州	4	2
西安	1	5

数据来源：第一财经，赛迪研究院整理

三、风险判断：政治风险在一定程度上干扰我国新能源汽车产业出口、外扩和内接节奏

（一）在欧美反补贴调查、碳关税的影响下，我国新能源汽车和电池出口欧美面临贸易壁垒

从钢铁、轮胎、光伏、液晶面板等我国优势产品的出口轨迹看，任何产品一旦在海外市场取得成绩，随之而来的都是双反调查等贸易救济措施。汽车产业是德法等欧洲国家的传统优势产业，可以预见，未来几年欧洲国家与我国在新能源汽车、动力电池等领域的贸易摩擦将持续增多。

一是设定"碳"贸易壁垒，增加我国新能源汽车的出口成本。2023年7月，欧盟通过实施《电池与废电池法》，从碳足迹角度出发，规范"生产、再利用和回收"的电池全生命周期，限定退役电池、废旧金属锂、钴的最低回收率，引入电池二维码、数字护照等数字化标签。随着《电池与废电池法》

生效，中国电池制造商若要在欧洲市场销售电池，将受到更严格的环境和尽职调查要求。2023 年 8 月，美国国际战略研究中心（CSIS）在其报告中建议在继续征收较高关税的基础上，利用碳关税等新型贸易壁垒抑制中国新能源汽车产品出口。未来，欧美利用碳关税、碳足迹等工具抬高中国企业出口成本将成为大概率事件，这将影响我国新能源汽车出口。

二是欧洲对新能源汽车开启反补贴调查，将扰乱我国新能源汽车产业在欧洲布局的节奏。2023 年 5 月，法国政府计划重新分配电动汽车补贴资金，将其用于奖励购买欧洲制造的电动汽车的企业和个人，并敦促其他欧洲国家效仿。数据显示，2023 年第一季度，法国支付的激励措施中约有 40%用于中国制造的电动汽车。因此，法国计划以"更具针对性"的方式发放补贴，以扶持本地的电池、电动汽车生产。法国总统马克龙提出要降低对中国工业的依赖，公开表示"欧盟不应该让中国在汽车行业取得像在太阳能光伏领域那样的成绩"。2023 年 9 月 13 日，欧盟委员会主席冯德莱恩宣布对中国出口到欧洲的新能源汽车启动反补贴调查，认为中国电动汽车扰乱了欧盟市场。2023 年 10 月 25 日，欧盟委员会宣布将对比亚迪、上汽集团和吉利汽车这三家汽车公司进行反补贴调查。

三是不排除美国对我国新能源汽车启动新一轮 301 调查的可能性。2023 年 11 月 8 日，一个由美国两党议员组成的小组在一封信中敦促美国贸易代表提高对中国汽车征收的关税。信中说，"美国贸易代表办公室应该考虑对中国汽车发起新的 301 条款调查，应当认识到中国汽车工业对美国汽车工业和美国工人造成的伤害，应该采取行动来对抗中国主导全球汽车市场的产业战略"。信中还提到，美国"必须准备好应对即将到来的从墨西哥等其他贸易伙伴国出口的中国汽车浪潮，因为中国汽车制造商希望通过我们的自由贸易协定在中国以外建立战略业务，以此获取进入美国市场的优惠待遇"。

（二）美国欲吸引大量外资重构本土制造能力，但针对我国新能源汽车产业的投资实施严格审查

美国愈发注重新能源汽车产业链供应链安全，我国新能源汽车车企赴美投资面临严格审查。2021年，大容量电池已经被列为美国首批供应链审查的重点。根据美国供应链百日审查报告的论述，中国作为全球最大的电动汽车市场，拥有超过75%的全球电池制造产能，而美国没有足够的电动汽车需求，电池制造产能全球占比不到10%[①]，因此建设本土制造能力迫在眉睫。《基础设施投资和就业法案》提出，5年内为电动汽车充电站及电动校车提供150亿美元的补贴；《通胀削减法案》提出，为可再生能源、清洁交通等提供共计3690亿美元的补贴。

在高额补贴的影响下，全球车企赴美投资步伐加快，但是鉴于美国对我国高科技领域赴美投资审查趋严，我国新能源汽车企业的投资遭遇波折，甚至技术输出也受到影响。以宁德时代与福特的合作为例。2023年2月，宁德时代与福特汽车的电池合作项目受到美国国际贸易委员会（ITC）调查，确定福特汽车拥有电池工厂100%的股权，宁德时代仅负责运营和提供技术。2023年3月，《华尔街日报》报道称，美国联邦参议员卢比奥提出，希望禁止对使用中国技术生产的电动汽车电池提供税收抵免。2023年9月，据澎湃新闻报道，美国众议院三个委员会的主席已要求福特汽车提交与中国电池公司宁德时代合作的文件，并威胁要传唤福特汽车首席执行官吉姆·法利到国会作证，另据《华尔街日报》消息，福特汽车正考虑暂停电池厂建设。

宁德时代遭此调查与《通胀削减法案》中所设立的"受关注外国实体"清单息息相关。2023年11月13日，据路透社报道，美国参议院能源委员会主席曼钦在致美国财长耶伦的信中表示，对中国电池公司正在积极寻求商

[①] Washington, D.C.Building Resilient Supply Chains, Revitalizing American Manufacturing，and Fostering Broad-Based Growth:100-Day Reviews under Executive Order 14017[R]. The White House, 2021(06).

机以利用税收抵免的报道表示担忧,并要求财政部就《通胀削减法案》中的"受关注外国实体"提供指导,敦促相关企业对该定义实施尽可能严格的标准,以确保电动汽车中的电池最大限度地源自美国或其盟友。随着中国电池企业的崛起,在汽车和电池制造领域,中美双方的竞争和博弈越发激烈,美国对于中国企业的技术实力和知识产权也产生了警惕,我国新能源汽车产业外扩之路面临重重阻碍。

（三）欧洲"去风险"和"减少对华依赖"的政治风险上升,新能源汽车对华投资遭遇施压

随着中国经济发展从价值链微笑曲线底端向高端升级,中国与德国之间的经济贸易关系的互补性开始逐步弱化而竞争性却在不断加强[1]。"去风险"和"减少对华依赖"已经成为欧盟和德国政府讨论对华关系时的高频词汇。2023年7月,德国政府通过首个全面"中国战略",再次鼓吹所谓"减少对华依赖"和"去风险"。2023年9月,德国央行称依赖中国关键材料的德企中有超过40%还未采取防范行动,警告这些企业应重新考虑供应链结构,在扩大对华投资一事上三思而后行。2023年11月,欧盟成员国政府谈判代表和立法者就锂和镍等关键矿物的内部供应目标达成协议,此举旨在减少对第三国的依赖,确保锂、镍等能源转型"刚需材料"自给自足。尽管当前欧洲企业在华投资尚未如美国企业一样面临其政府严苛的审查,但这种"过度监管"已经引发了德国商界的担忧。德国部分企业虽然加大在华的本土供应链建设,以规避政治风险,但从长远角度看,这些举措将加速中国和全球生态系统的分离。

---

[1] Noah Barkin, Gregor Sebastian. Tipping Point? Germany and China in an Era of Zero-Sum Competition[R]. Rhodium Group, 2024(02).

第五篇
政策篇

CHAPTER
13

第十三章
抓住机遇、迎接挑战，对全球新一轮
产业转移的思考与应对

当前，全球产业布局大洗牌、产业矩阵大调整的势头日趋明显。作为上一轮全球产业转移的最大受益者，我国不可避免地处于此轮调整的暴风眼中。随着美国供应链不断向"友岸""近岸"方向调整，越南、墨西哥等国家在美国供应链体系中的占比不断上升，以"果链"为代表的产业外迁案例频频出现，这些因素对我国产业链韧性和安全造成的影响不可忽视。本章从国家、区域和行业三个维度剖析新一轮产业转移，在此基础上提出"一观三力"的应对思路，即构建推动产业有序转移全局观的同时，增强产业竞争力、挖掘承接潜力和扩大国际影响力，为系统思考这一命题提供参考。

一、构建推动产业有序转移的全局观，掌握好产业转移的节奏性、原则性和针对性

（一）应充分认识到产业转移的整体作用是正面的、积极的，但需要与自身经济发展节奏相匹配

前几轮产业转移的历史经验表明，在经济发展到一定阶段时将低端产业进行转移是推进产业结构调整、加快经济发展方式转变的必然选择，每一次产业转移都对承接产业转移地区的工业化进程起到了强力的推动作用。从国家维度看，当前我国产业发展不平衡、不充分的矛盾依然存在，仍需要通过国内的产业转移解决我国东西部发展不平衡的状况；同时也需要依靠产业梯度转移构建新发展格局、推动产业和经济高质量发展。但是，由于欧美通过政治手段干扰正常的产业链布局和重塑，我国主动产业转移的节奏有被打断的风险，部分领域甚至出现外迁情况。与此同时，受中美竞争、俄乌冲突等事件影响，对于正处于转型升级关键时期的我国来说，既要避免过急过快外迁造成的产业空心化风险，也要避免过度干预而阻碍产业国际化布局步伐。

（二）按照市场为主、政策为辅的大原则推动产业有序转移

影响当前全球产业转移的动因既有市场因素也有政治因素。伴随产业转

移势头日趋明显，必将引发全球产业链供应链的调整和重塑。即使没有政治因素的影响，我国部分产业对外转移也是不可逆的，是产业升级、对外合作的必然选择。在应对产业转移的过程中，尤其要理性地看待产业转移与保就业的关系。我国对产业转移的担忧之一是走上发达国家将纺织、电子制造等"去工业化"造成大量失业的老路。尽管保留劳动密集型产业是当前解决低技能劳动力就业的重要途径，但需要理性地看待当下产业对外转移和保就业之间的关系，不能本末倒置，为了保就业而过度干预符合正常经济规律的产业转移。在未来推动产业有序转移的过程中，应多听企业的诉求，简化政府作用，减少强制干涉，对企业的去留要给予一定的宽容度，对于正常的对外转移不宜过多限制。

（三）对不同类型的产业转移分类施策

对产品在国内没有竞争力、主动从中国市场撤出的企业，应严格执行资金汇兑、厂房转移、人员遣散等政策，确保其合规合法有序外迁，以免留下"后遗症"。对于产业基础好、科技创新能力强的企业，鼓励其强化科技创新和技术创新，推动国内产业加快向高端环节跃升，将技术含量高的生产环节留在国内，以维持产业链的掌控力；强化科技创新和运营模式创新，在产业核心技术和核心环节留在国内的前提下，优先保障国内产能；提高这类产业的研发和设计能力，增强其核心竞争力，不断提高其国际市场话语权；增强相关企业对产业的话语权，促使企业在国内保留关键产能或吸引其升级后回流。对于需要向国外布局部分产能的国内企业，鼓励以抱团的方式"走出去"，在投资地建立上下游协同的中国产业生态圈，以提高与承接国谈判的筹码和抗风险能力。同时，通过在国外布局产能，可及时获得国外跨国公司发展的最新动态，预防极端情境下的"脱钩"，助力国内产业发展。

二、提升产业综合竞争力，对冲局部性外迁带来的不利影响

（一）更大力度降低制造业成本，增强企业发展活力

一是切实落实好结构性减税降费政策，提高政策精准性和针对性，重点支持科技创新和制造业发展。一方面，通过税费优惠政策支持企业增加研发投入，引导企业自主创新；另一方面，在现有基础上，以更大力度下调制造业增值税税率，继续实施制造业增值税留抵退税，进一步减轻企业负担。

二是以数字化、绿色化趋势为契机，将我国部分受劳动力成本影响较大的制造环节留下来。通用电气生产线回归美国本土的案例已经表明，数字化转型有利于降低制造业成本，重塑制造业的竞争力。在我国劳动力成本不断上升的情况下，也应鼓励制造业企业积极引入以人工智能、机器人流程自动化为代表的数字劳动力，利用数字工厂、机器换人等控制生产成本，保留制造环节。

（二）借助产业升级培育本土链主型跨国公司，掌握新一轮产业转移的主导权

跨国公司是主导全球生态网络变化、全球产业链变化的最重要因素，是统筹国际国内，以及产业链上下游环节的关键。因此，想要在产业链外迁过程中掌握主动权，关键是要形成本土链主型跨国公司，掌握国家在全球产业链供应链空间布局的主导权，基于本国的优势和利益来调配全球资源。

要将"走出去"和"引进来"相结合，在转移产业链低端环节的同时，还要将产业链中具有更高附加值、更具技术创新的环节引进来。同时要发挥国内产业链在研发设计、关键中间品零部件、全球销售网络等方面的比较优势，实现国内国外产业链的互动。持续深化与产业转移承接国的产业链分工合作，持续推动我国在全球价值链中向上迁移，提高企业研发和设计能力，

形成自主品牌的国际影响力、核心竞争力。

（三）提升技术创新能力，继续夯实"全链条"竞争力

一是持续加大电子和电气设备、工业工程等领域的研发投入，推动创新成果高速转化，增强产业发展实力。二是打造具备优势的技术能力，解决产业链"卡脖子"问题。聚焦核心零部件与关键材料等环节，推动关键核心技术快速攻关，切实增强"全链条"竞争力。三是鼓励大型企业深耕重大技术的追赶式与引领式创新，保持研发投入高速增长，以大型企业自主创新能力的提升带动整个产业发展。

三、挖掘内部承接产业转移的潜力，形成区域协调发展的格局

（一）推动产业转型升级，用蓬勃发展的中高端产业的"大市场"优势吸引更多投资，弱化外迁带来的冲击

一方面，依托自动化、智能化，开拓汽车电子、航空航天、医疗电子、人工智能、智能家居、智能电网、安全监控、高端装备制造等领域的中高端市场，吸引企业将研发中心、高端产品生产线等留在中国，用内需市场的扩大抵消产业外迁的影响。

另一方面，支持国内企业加快科技创新，持续推出有竞争力的产品，提高国内同类产品占有率和产业规模，弥补产业外迁留出的市场空间，降低因产业外迁对供应链和就业造成的冲击。

（二）推进开放性制度改革，让更多外资企业"在华发展、在华生根"

通过加大制度型开放、对标国际高标准规则等举措，优化营商环境。梳理国内国际立法和产业政策等方面的制度性成本，进一步深化"放管服"改革，减少不必要的行业准入、生产、交易、退出的审批和监管。根据中国体

制机制改革和相关规则条款在对标上的难易程度，制定对标路线图和时间表，分类推进营商环境改善和相关制度改革。要打通政策服务的"最后一公里"，营造更加稳定、公开透明、可预期的投资营商环境。

（三）抓住下一个世界产业转移承接地尚未成熟的时间窗口，务实推进国内不同区域之间的产业转移

我国中西部地区在承接新一轮产业转移中将起到重要作用。根据前文分析，以中西部18个省份的出口数据为分析样本，对标墨西哥、越南、印度，评估中西部与墨越印承接产业转移的成效，可知双方几乎在同一时期承接产业转移。尽管有局部的产业外迁，但整体上中西部承接了更多，下一阶段，要抓住纺织、皮革、电子等劳动密集型产业向中部地区聚集的机遇，进一步挖掘我国中西部地区的产业承接能力。

一是继续落实《关于中西部地区承接产业转移的指导意见》《产业转移指导目录（2012年本）》《关于促进制造业有序转移的指导意见》，引导东部地区向中西部地区合理有序地进行产业转移。二是加强东部地区与中西部地区劳动密集型产业对接。应呼吁中西部地区关注东部地区仍有市场订单、带动就业强的纺织服装、电子组装产业，立足国内大循环，以带动就业、促进中西部地区发展为出发点，推动这些产业向中西部转移。三是强化中西部比较优势。针对中西部地区研究更为有力的税收、土地、财政支持，以及排污指标倾斜等激励措施，针对向中西部转移而增加的物流成本采取物流补贴方式予以鼓励和补偿，强化中西部的比较优势，引导优质产业从东部沿海地区向中西部地区有序转移。四是在广西、云南等边境地区建设一批跨境产业园区。积极落实《促进中国（广西）自由贸易试验区跨境贸易便利化若干政策措施》《云南省智慧口岸建设总体方案》等文件，依托广西中韩东盟跨境产业智造物流园区、凭祥跨境电子产业园、云南的沿边8个州（市），建设一批能够实现要素互补、优化资源配置，有效带动边境地区产业升级的跨境产业园区。

四、扩大国际影响力,增强我国在全球产业链供应链空间布局中的主动性

(一)积极谋划提前布局,在助力新兴经济体工业化过程中分享红利

全球新一轮产业转移相较于前几轮产业转移的一个重要区别在于多极化。我国作为重要的一极深度参与新一轮产业转移,同时承担了转出国与承接国的双重身份。其中,中国作为转出国,将不可避免地向其他中低收入经济体转移自身比较优势丧失区域的产业[①]。与此同时,随着近年来印度、印度尼西亚、尼日利亚、菲律宾、越南、埃及等人口过亿的发展中国家工业化进程显著加快,对高性价比的中国制造,特别是投资品、中间产品的需求快速增长,这给我国全球范围内布局产业链供应链带来历史性机遇。未来应主动谋划我国相关产业的新定位,与发展中国家、新兴经济体形成错位发展格局,深度推进我国与发展中国家在交通、能源等基础设施方面的合作,深化国际产能合作,推动产业有序转移,抓住发展中国家工业化进程加快的战略机遇,分享其发展红利,巩固提升我国在全球产业链供应链体系中的地位。

(二)加快推进自由贸易协定签署,创造更加良好的经贸环境

一是在区域全面经济伙伴关系协定(RCEP)已经正式生效并开始发挥作用的良好基础上,加快推进与重点国家和地区的自贸协定谈判,如CPTPP等,依托"一带一路"倡议,深化双、多边经贸关系。特别是加快东亚经济圈、中国-非洲、中国-欧洲的自贸区谈判,为企业对外经贸投资合作创造更广阔的市场空间和要素流动空间。

二是鼓励企业"走出去"参加国际性展会,发挥境内国际性展会开拓市场的作用,积极组织外贸企业参加各类博览会,更大力度拓展东盟、中东、

---

① 白雪洁. 中国新一轮产业转移:动因、特征与举措[J]. 国家治理周刊,2022(08).

拉美、非洲等新兴市场。

三是依托共建产业园区，加大跨境产业合作。通过商务协议，允许我国派驻商务服务人员，服务当地的中国企业，改善当地的营商环境，促进中国企业的海外工厂健康发展。加强对派驻海外工厂管理人员有关当地政策、社会责任的培训，让其适应当地的法律法规和风俗习惯。通过奖励、表彰优秀海外工厂的方式，树立海外工厂标杆和榜样，提升中国企业的整体形象。

（三）借势全球化布局，推动产业向高附加值升级

继续深化与产业承接国的产业链分工合作，继续推动我国在全球价值链中向上迁移，实现产业升级和贸易替代的双重目标。在优质产能"走出去"的基础上，引导和鼓励企业探索自主品牌"走出去"的发展道路，摆脱单一的"接单生产"方式，参与国际供应链体系，逐渐减轻对国际品牌商的订单依赖，提升自主品牌的国际影响力。

后记

中国电子信息产业发展研究院（赛迪研究院）长期跟踪国际经贸及产业发展动向，围绕全球政治经济格局变迁、全球产业链供应链重塑、货物贸易谈判、数字经贸规则、国际投资与出口管制等相关议题开展理论研究和实证分析，由此形成一系列研究成果。此次付梓的《瞰视变迁：三维视角下的全球新一轮产业转移》是继2023年出版的《国际经贸规则变局与重塑》《中国与CPTPP：货物贸易机遇与挑战》之后又一力作，希望能为学术界和相关部门探讨全球新一轮产业转移的趋势、影响和应对提供参考。

全书共五篇，其中撰写分工为：第一篇由韩力、梁一新完成，第二篇由韩力、张滢星、赛西娅完成，第三篇由韩力、金枫完成，第四篇由韩力完成，赫荣亮、电子所秦靓、赛迪顾问王高翔和李晶晶对本篇亦有贡献，第五篇由韩力、梁一新完成，规划研究所李杨对本篇亦有贡献。赛迪研究院副院长张小燕为本书提供方向性指导，梁一新、关兵作为本项研究的主持人和负责人还承担了课题的立项申请、研究设计、研讨活动组织、成果发布、书稿的统稿和校对等工作。本书在研究和撰写过程中得到了研究智库、行业和企业专家的大力支持与指导，在此一并表示衷心的感谢。

本书写作之际正值全球新一轮产业转移进入全面调整的时期，中国需要把握好此轮产业转移带来的新机遇，应对好其带来的新挑战，才能保持、延续和提升在上一轮全球产业转移中创造的巨大成果。赛迪研究院也将一如既往地紧跟国内外形势，不断丰富研究工具和研究方法，力争推出更多、更丰富的研究成果。不足之处还请批评指正。